디지털 미디어와 저널리즘 4.0

미래 미디어

디지털 미디어와
저널리즘 4.0

미래 미디어

초판인쇄 2019년 9월 30일
초판발행 2019년 9월 30일

지은이 임현찬 · 권만우
펴낸이 채종준
펴낸곳 한국학술정보㈜
주소 경기도 파주시 회동길 230(문발동)
전화 031) 908-3181(대표)
팩스 031) 908-3189
홈페이지 http://ebook.kstudy.com
전자우편 출판사업부 publish@kstudy.com
등록 제일산-115호(2000. 6. 19)

ISBN 978-89-268-9650-1 93070

이 책은 방일영문화재단의 지원을 받아 저술·출판되었습니다.

임현찬
권만우
지음

DIGITAL
MEDIA
JOURNALISM

디지털 미디어와
저널리즘 4.0

미래 미디어

머리말

20여 년 전 70%이던 신문 구독률이 이제 한 자릿수로 내려갔다. 책을 읽지 않는 국민에게 미래는 없다는데 책과 신문으로 상징되는 핫(hot) 미디어는 저물고, 스마트폰과 유튜브로 대표되는 쿨(cool) 미디어 시대가 도래했다. 20년 만에 전 국민 열 명 중에서 한 명도 신문을 읽지 않는 시대가 온 것이다.

신문뿐이랴. 본방사수로 대표되는 방송 시청도 스트리밍 방식의 넷플릭스에 밀려나고 사람 기자 대신 인공지능 로봇이 기사를 쓰고 뉴스 앵커를 대신하고 있는 세상에 살고 있다. 앞으로 20년 뒤엔 어떤 미디어와 콘텐츠가 생겨날지 가늠하기 힘들다. 네이버와 구글, 다음카카오가 지금은 대세지만 그때는 현재 신문처럼 쇠락할지 아무도 모르는 일이다.

기술과 서비스 혁신의 속도가 사회를 예측 불가능하게 만들고 있다. 4차 산업혁명의 시대라는데 20년 뒤엔 5차, 6차 산업혁명의 새로운 불씨가 지구를 뒤덮을지도 모른다. 웹 2.0이라는 신조어가 나온 것이 엊그제 같은데 이제는 4.0의 시대다. 본 저서는 제목과 달리 현재 미디어를 둘러싼 이슈와 생태계를 다루고 있다. 미디어 미래를 다룰 수 없는 게 현실이다. 그런데도 미래라는 제목을 붙인 이유는 아직 우리 미디어 현업에서 심각하게 생각하고 있지 않거나 도입이 활발히 이뤄지지 않고 있는 이슈들을 다루고 있기 때문이다. 인공지능과 빅 데이터, 드론, 가상현실, 증강현실, 오감 미디어 등이 접목된 저널리즘이 그것이다. 이런 저널리즘 사조(思潮)는 이미 더 이상 미래가 아니다.

특히 4차 산업혁명의 핵심인 인공지능과 빅 데이터 기술은 기술수준으로만 볼 때 미국과 일본 같은 선진국은 물론, 중국과 인도에도 밀리고 있는데 이를 접목한 저널리즘 기술과 서비스, 콘텐츠 또한 그럴 우려가 크다. 국민의 수준이 나라의 수준이며 언론의 수준이 국민의 수준이라면 새로운 나라와 미래를 만들기 위해서는 새로운 미래 미디어 기술과 콘텐츠, 서비스를 혁신해야 한다. 디지털 기술의 급속한 발전으로 미디어 시장은 한 치 앞을 내다보기 어려울 정도로 급속하게 변화하고 있다. 따라서 디지털미디어의 빠른 변화상을 이론적인 논고가 미처 따라가지 못하는 한계가 있다. 디지털미디어에 대한 이론적이고 학문적인 정의가 부족한 상황에서 디지털미디어 시장의 정확한 방향을 예측하기는 매우 어려운 실정이다. 하나의 이론적인 연구가 마무리될 때쯤 벌써 다른 기술의 개발로 이미 그 연구는 구문이 되기도 하는 상황이 펼쳐지기도 한다. 그러므로 이 책이 완성될 시점의 디지털미디어의 상황은 또 다른 연구가 필요해질 수도 있다.

이러한 현실적 어려움으로 내용과 구성에 있어 미비한 점이 많지만, 이 책은 필자들의 다양한 언론 현장 경험과 논문들을 바탕으로 학부생들과 일반인들에게 미디어와 새로운 기술들이 만나는 접점들을 소개한다는 취지에서 졸고를 정리한 것임을 밝힌다. 내용은 개괄적이나 표현에서는 되도록 기술적인 부분을 배제하면서 언론 비전공자도 이해하기 쉽게 서술했다. 향후 디지털미디어 기술의 발전에 따라 급속하게 변화하는 제작 현장의 경험을 더욱 빠르게 전문적인 내용으로 계속 보충해 나갈 것을 기약하면서 이 책이 학부생들과 현업에 종사하는 언론인들에게 작은 소개서가 되기를 소망한다.

2019년 8월 저자.

목차

Chapter
3

새로운 저널리즘의 등장

⟨표 차례⟩

⟨그림 차례⟩

Chapter **1** | ICT 기술 혁명과
미디어 산업의 변화

1 디지털 기술 발전과 미디어

　전통매체인 신문과 방송 대신에 인터넷과 모바일 미디어로 대표되는 디지털미디어가 어떤 계기로, 어떤 사회적 배경과 요구로 등장하게 된 것인지를 이해하기 위해서는 역사적 관점에서 접근하는 것이 필요하다. 매체의 디지털화가 일어난 근본적인 동인은 바로 20세기 후반 컴퓨터와 정보통신 기술로 일컬어지는 ICT(Information and Communications Technologies) 기술의 발전 때문이다. 새로운 ICT 기술은 신문, 방송 등 전통 미디어가 디지털화하는 것은 물론이고 이전에 존재하지 않던 새로운 디지털미디어들의 등장을 촉발했다.

　인공지능(AI)과 빅 데이터, 모바일 기술의 결합은 이제 기존 미디어 간 경쟁과 대체는 물론, 앞으로 그 변화의 방향과 속도를 예측하기 힘든 상황이다. 심지어 미디어 기업은 동종, 이종 미디어뿐만 아니라 전혀 연관성을 찾아볼 수 없는 산업과도 합종연횡하는 4차 산업혁명 시대에 어떤 미디어는 사라질 수도 있고, 또 어떤 미디어는 혁신적 변화를 통해 새롭게 변신할 수밖에 없는 시대가 되었다. 향후 변화될 디지털미디어 산업의 지형도는 산업뿐만 아니라 4차 산업혁명이라는 단어처럼 우리 삶을 혁신적으로 변화시킬 것으로 기대된다는 점에서 디지털미디어의 변화상을 이해하는 것은 디지털미디어 연구자뿐 아니라 일반인들에게도 의미 있는 일이 될 것이다.

'디지털'이라는 개념이 대중화된 것은 1980년대 초 개인용 컴퓨터의 등장과 때를 같이하지만 디지털미디어가 대중적 용어로 사용되기 시작한 것은 1990년 중반 이후라고 할 수 있다. 디지털미디어는 전통적 전달 매체인 종이나 전파, 패키지 등에 의해 콘텐츠가 전달되던 것이 디지털 기술의 발달로 디지털 전송 매체에 의해 뉴스와 콘텐츠가 전달되기 시작한 이후 용어가 널리 사용되게 되었다. 1990년대 이전에는 디지털미디어라는 용어보다는 멀티미디어나 뉴미디어라는 용어들이 통용되고 있었다.

1990년대 이전의 미디어들도 일부 디지털화 경향을 보이지만, 상당 부분 아날로그 미디어들이 혼재된 양상을 보여서 TV, 라디오, 신문, 잡지 등 전통 미디어들은 1990년대 전후 컴퓨터 반도체 기술과 텔레커뮤니케이션 전송기술의 혁신적인 발전에도 불구하고 아날로그 방식을 유지하고 있었다. 그러나 1990년대 이후 다양한 디지털 압축, 전송, 저장 기술의 혁신을 토대로 삼아 기존의 방식에 비해 훨씬 방대한 정보를 더욱더 실시간으로 전송할 수 있게 된 이후 디지털미디어라는 단어가 보편화 되었다. 이에 따라 1990년대 이후 국내의 미디어 관련학과 명칭들도 과거 신문방송학과나 언론정보학과에서 미디어학부 혹은 디지털미디어, 디지털콘텐츠 학부 등으로 변화되는 추세이다.

디지털미디어의 등장에 영향을 미친 가장 중요한 요인으로는 다양한 휴대형 디지털 기기의 고성능화와 대중화를 들 수 있다. 통계에 따르면 2017년 기준 전 세계 평균 스마트폰 보급률은 59%이며 스마트폰이 아닌 휴대폰 보급률 31%까지 포함했을 경우 전 세계 인구 10명당 9명은 휴대폰을 소유하고 있다. 전 세계에서 스마트폰 보급률이 가장 높은 나라는 한국(94%)이며 이스라엘(83%), 호주(82%), 레바논(80%), 스웨덴(80%), 네덜란드(80%), 스페인(79%), 미국(77%) 등이 뒤를 잇고 있다.

또한, 인터넷을 비롯한 모바일통신망 등 브로드밴드 통신망 보급률과 속도에 있어 우리나라는 한때 세계에서 가장 빠른 속도를 자랑했으나 2014년 이후 홍콩 등에 밀리고 있는 형국이다. 하지만 여전히 초고속인터넷 보급에서는 유무선을 막론하고 100%에 가까운 보급률을 자랑하며 부동의 1위를 차지하고 있다.

이처럼 보급률과 속도 면에 있어서 세계 제1의 정보통신 강국이지만 그러한 인프라를 활용해 뉴스나 콘텐츠를 제공하는 미디어 산업의 경우 이러한 급속한 발전을 따라가지 못하고 있는 것은 아이러니라 할 수 있다. 과거를 돌이켜보면 불과 20여 년 전 반도체 메모리와 저장장치의 용량이 킬로(kilo)에서 메가(Mega), 기가(Giga)를 거쳐 테라(Tera)바이트까지 발전했다. 무선통신 속도 또한 1G에서 5G까지 증가했는바, 향후 2십여 년 동안 또 얼마나 더 빠르고 더 많은 데이터를 처리할 수 있을지 그 증가 폭을 상상하기 힘들다. 현재 10대들이 기가 세대라면 앞으로 2십 년간 테라, 페타(peta), 엑사(exa), 제타(zetta), 요타(Yotta) 바이트의 시대로 이행할지도 모른다.[1]

---

1) 10의 21승은 제타(zetta), 10의 24승은 요타(yotta)라고 불린다.

2 4차 산업혁명과 저널리즘

디지털미디어 산업의 변화와 가장 밀접한 관계를 맺은 핵심 키워드 중의 하나가 4차 산업혁명이라고 할 수 있다. Industry 4.0으로 흔히 지칭하는 4차 산업혁명은 인공지능, 빅 데이터, 사물인터넷(IoT) 등 혁신적 IT 기술이 구현하는 미래 사회의 모습과 이를 통해 변화되는 새로운 기업 환경, 나아가 미디어 환경에도 지대한 영향을 미치고 있다.

1) 4차 산업혁명의 도래와 의미

4차 산업혁명이 21세기의 화두로 떠오른 것은 2016년 세계경제포럼[2] 의제로 「4차 산업혁명의 이해(Mastering the Fourth Industrial Revolution)」라는 주제가 제시되면서부터라고 할 수 있다. 4차 산업혁명은 3차 산업혁명의 확장된 개념으로 ICT를 비롯하여 여러 분야가 융합된 기술혁신에 기반을 두고 있으며 사물인터넷, 인공지능, 빅 데이터, 로봇, 3D 프린팅 등이 핵심 기술이다. 1~3차 산업혁명

---

2) WEF; World Economic Forum

이 손과 발을 기계가 대체하여 자동화를 이루고, 연결성을 강화했다면, 4차 산업혁명은 초지능화로 사람의 두뇌를 대체하는 시대의 도래를 포함하고 있다.

<그림 1> 기술 변화에 따른 산업혁명 4단계

4차 산업혁명은 문헌에 따라 조금씩 다르게 정의되고 있지만, 정보통신기술(ICT), 사물인터넷(IoT),[3] 사이버 물리 시스템(CPS)[4]에 기반을 둔 새로운 산업혁신의 시대로 정의되며 3차 산업혁명을 기반으로 한 디지털, 생물학, 물리학 등의 경계가 없어지고 융합되는 기술 혁명을 의미한다. 즉 1차는 동력, 2차는 자동화, 3차는 디지털로 인해 산업혁명이 촉발되었지만, 4차 산업혁명은 여러 분야의 기술이 융·복합되어 새로운 기술혁신이 일어나는 것으로 이해된다. 이처럼 4차 산업혁명은 3차 산업혁명이 더욱 확장된 개념으로 속도와 범위, 시스템에 미치는 영향이 매우 큰 것을 의미한다.

---

3) Internet of Things
4) CPS : Cyber Physical System

즉 속도(Velocity) 차원에서는 인류가 경험하지 못한 빠른 속도의 획기적인 기술 진보가 이루어질 것으로 전망되며, 범위(Scope) 차원에서는 전 세계, 전 산업 분야에서 혁신적 기술에 의해 대대적으로 산업구조가 개편될 전망이고, 시스템에 미치는 영향(System Impact) 차원에서는 생산, 관리, 지배구조 등을 포함해 시스템 전체적으로 커다란 변화가 예상된다는 것이다.

4차 산업혁명의 도래에 따라 기업들은 디지털 트랜스포메이션을 통한 디지털 트랜스포머(Digital Transformer)가 되기 위해 대규모 자원과 인력을 투입하고 있다. 과거 대량생산 중심 시대에는 원가 절감, 인건비 절감을 위한 생산기지 이동 등을 통해 경쟁력을 유지해 왔으나, AI(인공지능) 로봇이 숙련된 노동자를 대체하고, IoT 센서를 통해 수집한 데이터를 기반으로 한 데이터 기반 경제가 도래하면서 4차 산업혁명에 대비하는 기업과 그렇지 못한 기업 간의 디지털 격차(Digital Divide)는 큰 사회적 문제로 대두될 가능성이 커지고 있다.

예를 들어 세계 최대의 전자상거래 업체인 아마존이 시애틀 인근에서 운영하는 축구장 46개 크기의 물류센터에는 로봇 1,000여 대가 이미 사람을 대체하고 있고, 전 세계 수억 명에 달하는 고객들에게서 모은 방대한 데이터를 AI(인공지능)로 분석해 경쟁자를 초토화하는 등 디지털 선도 기업의 시장 독점력이 지난 20년간의 IT(정보기술) 시대 때보다 훨씬 강화될 것으로 전망되고 있다.

2) 4차 산업혁명과 미디어

이러한 디지털 디바이드는 언론 미디어 시장도 예외가 아니다. 인공지능과 빅 데이터 등의 신기술에 혁신적이고 적극적으로 대처하는 미디어 기업과 그렇지 않은 미디어 기업 간의 경쟁력은 갈수록 벌어질 것이며 궁극적으로는 이러한 혁신적 기술을 가진 미디어 기업만이 살아남을 가능성이 크다.

일반 기업에서도 이미 오프라인 리테일/유통망과 기존 대규모 제조기반 화학/전자/통신/반도체/자동차 영역의 선두 대기업들도 스스로 디지털 트랜스포머가 되어 시장을 계속해서 리드하려는 노력을 전개하고 있는데 인공지능, 빅 데이터, 사물인터넷, 클라우드, 3D 프린팅 등 디지털 기술의 발전은 대기업들이 기존의 서플라이 체인 파트너(Supply Chain Partner)인 중소기업을 더 이상 필요로 하지 않을 수 있기에 중소기업 또한 스스로 제품/서비스 경쟁력을 확보하지 못한다면 심각한 경영위기에 처할 수 있다.

디지털 기술의 상호연결성이 불러온 4차 산업혁명은 이미 제조업과 서비스산업의 경계를 허물고 있다. 특히 스마트폰과 인터넷의 폭발적인 발전으로 정보 이용자들이 언제 어디서나 자유롭게 원하는 콘텐츠와 정보를 이용할 수 있는 모바일 중심의 개인화 서비스가 대세가 되고 다양한 기술과 플랫폼의 '융합과 혁신'이 가속화되면서 4차 산업혁명은 기존 언론의 공고하던 경계를 해체하기에 이르렀다.

기존 언론의 고유영역에서는 매체별로 안정적인 수용자층과 이에 대한 광고수익이 존재했었다. 그러나 4차 산업혁명이 불러온 매체 간 융합 현상의 확산은 언론의 정보독점과 광고주에 대한 우월한 지위를 변화시켰다. 정보를 독점적으로 생산해내는 언론사 못지않게 일반 이용자들이 개인 미디어와 소셜미디어 플랫폼을 통해 더 빠른 정보를 실시간으로 전파하고 기자들보다 더 전문가의 지식을 가지고 있는 경우도 많아 정보 유통의 많은 부분을 대중에게 넘겨주는 시대가 온 것이다. 결국, 언론의 경계가 와해(瓦解)되고 진입장벽이 사라져 언론계에 새로운 가치사슬 순환 구조와 생태계가 형성되게 되었다.

한국언론진흥재단의 '2018 언론수용자 의식조사'에 따르면 종이신문 열독률은 1993년 87.8%에서 2018년 17.7%로 급감했고 TV 뉴스 시청률은 2010년대 들어 하루 평균 이용 시간이 50분대에서 30분대로 떨어졌다. 전통 언론이 담당하던 정보 수집과 분류, 의제 설정과 배포의 역할이 다양한 미디어로 분산되었으며 주요 매체의 영향력을 페이스북이나, 유튜브, 트위터 등 소셜미디어가 대신하게 된 것이다. 이에 따라 대인 커뮤니케이션과 공공 커뮤니케이션의 경계가 사라져 여러 가지 부작용과 문제점도 대두되게 되었다.

예를 들어 소셜미디어의 성장은 그 영향력에 따르는 책임과 공적 의식까지는 동반 성장시키지는 못해 상업적 동기를 숨긴 유사 정보들과 가짜 뉴스들이 공적 기능을 수행하는 뉴스와 혼재되기 시작했다. 공공생활에 필요한 정보를 사실 확인을 통해 보도하도록 직업적으로 훈련된 전통 저널리즘이 유사 저널리즘(pseudo journalism)과 정체성 경쟁을 하며 산업적 위기에 대처해야 하는 상황에 직면하게 된 것이다. 이처럼 기술혁신이 정보 영역을 재편해가고 있는 과정에서 산업적 경쟁력을 상실한 언론이 미래에 대비하며 본연의 임무 수행을 기대하기는 어렵게 되어가고 있다(박성희, 김창숙, 2018).

해외의 경우 이러한 혁신적 IT 기술로 무장한 창조적 혁신기업들이 새로운 프로세스와 고객 가치를 제공하는 방식으로 신규 시장을 창출하면서 기존 전통 사업자의 시장 지위를 위협하고 있다. 전통적 사업자들도 디지털 기술을 이용하여 새로운 고객의 수요와 시장 환경의 변화에 발 빠르게 대응하고 있다. 언론도 뉴욕타임스를 비롯한 AP, 블룸버그 등 미국 주요 언론사는 드론, 기사의 자동화, AI, VR, 라이브 스트리밍 등을 활용한 새로운 디지털 뉴스 스토리텔링을 중점적으로 개발하고 강화(신동희, 2017)하는 등 디지털 기술을 미디어 혁신에 도입하려고 끊임없이 시도하고 있다.

4차 산업혁명을 가져오는 기술 중 대표적인 기술인 블록체인 산업 규모에 대해 미국 시장조사기관 리서치앤마켓은 2018년 12억 달러였던 블록체인 산업 규모가 2023년 233억 달러에 이를 것으로 전망(연평균 성장률 80%)하고 있으며[5] 세계경제포럼(World Economic Forum)은 4차 산업혁명을 견인하는 다양한 디지털 기술 중 가장 핵심적인 기술로 블록체인을 선정하였으며 2025년까지 블록체인 기반 플랫폼이 전 세계 GDP의 10%를 차지할 것으로 예상하였다.

구글은 2015년 구글 뉴스 랩을 출범시키며 '뉴스 미디어 플랫폼' 전략을 추진하고 있는데 검색포털 기업으로 출발한 구글은 이제 거대한 언론사로서의 새로운 패러다임을 만들기 시작하고 있다. 국내에서도 네이버, 다음, 페이스북(코리아) 등 포털 사업자가 뉴스 서비스를 바탕으로 사회적 영향력을 확대하면서 기존 언론사들보다 더 큰 영향력을 발휘하고 있다. 이제는 뉴스 콘텐츠를 활용하고 유통을 촉진하도록 공유하는 포털사이트와 같은 플랫폼이 대세가 되고 있다. 이러한 포털의 뉴스 큐레이션 서비스가 시작되자 정보소비자들은

---

5) https://www.marketsandmarkets.com/PressReleases/blockchain-technology.asp

뉴스를 볼 때 제목을 보고 선택할 뿐, 어느 언론사의 기사인지를 확인한 후 언론사의 호감 여부에 따라 콘텐츠를 소비하지 않게 되었다. 즉 언론사 브랜드보다 콘텐츠 그 자체가 우위를 점하는 뉴스 소비 양식의 변화가 일어나고 있다. 이렇듯 정보소비자들이 포털로 뉴스를 소비하는 비율이 절대적으로 우위를 보여 기존 언론사로서는 포털과 기사 제휴 계약을 어쩔 수 없이 해야 하는 종속 관계가 되었다. 레거시 미디어 브랜드의 파편화(破片化) 현상이 심화하고 있는 것이 디지털미디어 시대의 현실인 것이다.

이렇게 포털이 언론사와 제휴한 뉴스 서비스로 연간 수천억 원의 광고 매출을 올리게 됨에 따라 전통적 언론사와의 갈등도 심화하고 있다. 국내 대표적 포털 업체인 네이버는 뉴스 콘텐츠 사용료를 지급하고 있으나 전체 매출대비 적정한 수준이라고 할 수 없다는 것이 일반적인 평가다. 이 같은 비판에 따라 네이버는 언론사와 별도로 제휴를 맺고 네이버 자체의 특화된 콘텐츠 수급을 시작했다(표1 참조). 이러한 공동 콘텐츠 제작, 유통 전략은 언론사가 수익전략으로 선택한 버티컬 전략6)과 네이버의 이해가 부합한 결과이다. 이 같은 경영전략이 언론사 처지에서 정당한지와 아울러 언론사가 생산하는 콘텐츠의 포털 유통과 관련된 전반적인 검토와 함께 적정한 저작권료 산정이 시급한 과제라는 지적이 있다(박성희, 김창숙, 2018).

일각에서는 위와 같은 포털과 언론사 간의 콘텐츠 제공 제휴로 인해 레거시 미디어사들이 포털의 콘텐츠 제작사로 전락했다는 평가

---

6) 버티컬 미디어 전략은 특정 주제를 기반으로 한 전문분야 매체를 만드는 것을 일컫는다. 과거처럼 불특정 다수를 위한 정보 제공이 목적이 아닌, 특정 주제에 관심을 두고 있는 수용자를 겨냥해 트래픽은 물론 비즈니스 모델까지 발굴하기 위한 전략이다(한국기자협회보, 2016.5.11).

도 있다. 네이버는 '전재료'를 지급하고 자신들의 입맛대로 기사를 배치하고 유통하는 반면 다음(카카오)은 '파트너십' 전략으로 기사가 잘 유통되면 해당 언론사의 방문자 수(UV)와 구독(PV) 트래픽이 증가하는 전략을 구사하고 있다.

<표 1> 네이버-언론사 협력사업(박성희, 김창숙, 2018)

구분	서비스명 (시작 일자)	내용	비고
동아 일보	비즈니스 (2017.3.23)	- 전문 경영 콘텐츠, 글로벌컨설팅 업체와 경영대학원, 마이크로소프트(MS)나 IBM 등 유수 기업들이 제공하는 정보, 경영전략, 조직관리, 마케팅, 리더십 등 경영 각 분야 콘텐츠 제공	동아 비즈니스리뷰(경제경영 잡지)
매일 경제	여행+ (2016.6.10)	- 전 세계 여행 트렌드와 핫스폿, 맛집, 여행의 기술, 빅 데이터 기반 여행 정보인 여행 알파고 등 소개. - 특히 △힐링(월) △문화(화) △신비(수) △탐험(목) △레저(금) △총알 여행(토·일) 등 요일별 주제 설정을 통해 여행 마니아에게 인기	트레저 (TREASURE)
조선 일보	잡앤 (2016.2.25)	- 대기업 인사 담당자의 심층 인터뷰를 통해 만든 '기업 인사이드', 일자리 시장의 최대 이슈를 소개하는 '테마', 해외 취업 성공사례를 소개하는 '글로벌 젊은이들', 창업을 준비하는 사람들을 위한 '스타트업', 실제 취업자들의 사례 등으로 구성	잡스앤 (JobsN)
중앙 일보	중국 (2016.10.24)	- 알면 돈 되는 중국 사업 정보 및 중국법, 빅 데이터로 본 중국 소비 트렌드, 대륙의 스타트업, 중국 장수기업 스토리를 다룬 100년 기업 등 제공	차이나랩 (China Lab)
한겨레 신문	영화 (2016.7.14)	- 화제가 되는 영화 이야기와 동영상 예고편은 물론, 영화 용어를 쉽게 풀어 설명하는 '씨네피디아', 영화의 뒷얘기를 재미있게 풀어주는 '무비 비하인드', 당신의 영화 '덕력'(덕후 능력)을 테스트하는 '영화퀴즈', 남들이 영화를 어떻게 봤는지 귀띔해주는 '옆자리 관객 평' 등 요일별 콘텐츠 제공	씨네플레이
한국 경제	FARM (2017.4.6)	- 농업, 어업, 축산업 등과 관련된 모든 이야기를 다룸. 귀농·귀촌이나 주말 텃밭을 준비하는 사람을 위한 실용적인 정보, 전원주택, 스마트 팜, 도시농부, 제철 먹거리, 팜 스테이, 농업 벤처, 신기술, 해외 농업과 식품 트렌드 등 제공	㈜아그로 플러스

구분	서비스명 (시작 일자)	내용	비고
경향 신문	공연전시 (2017.6.22)	- 국내외 모든 공연·전시·예술 정보. 그림, 조각, 뮤지컬, 연극, 무용, 클래식 등. 화제의 뮤지컬 하 이라이트, 큐레이터가 설명해주는 전시 소개.	㈜아티션
머니 투데이	법률 (2017.8.3)	- 네이버 지식iN 상담에서 키워드를 뽑아 네티즌이 가장 자주 겪을 수 있는 법적 다툼의 해법 제시. - 사측 앞에 선 직장인, 사장 앞에 선 알바 등 법적 약자들의 문제 및 교통사고나 보험 등 이해당사 자가 많은 분야의 문제 해결, 무엇보다 법적 다툼 이전에 문제를 키우지 않고 푸는 방법 제시 등	법률N 미디어
문화 일보	연애·결혼 (2017.9.1)	연애·결혼 판은 재미와 공감을 주는 콘텐츠는 물 론, 연애나 결혼 문제를 심리학·경제학·인문학적 측면에서 다룬 콘텐츠 제공. - 웨딩 트렌드, 실제 예비 신랑·신부들이 체험한 '웨딩 투어' 체험기, 결혼 준비과정에서 궁금한 가격 정보 제공. - 대학가 사랑 이야기 '캠퍼스 커플', 직장인들의 사 랑 '직장인 커플 이야기', 밀당의 초절정 '썸' 등 소개. 심리학 분야 전문가 등이 자신들이 전공한 학문을 바탕으로 이 시대의 연애·결혼 풀이. 비 연애·비혼 문제도 조명.	(주)썸랩
전자 신문	테크 (2017.9.21)	밀레니얼과의 세대 공감을 이끌어 가는 테크 이야 기, 전자신문의 전문기자가 풀어가는 재밌고 흥미 진진한 테크 관련 콘텐츠.	㈜테크 플러스

3) 4차 산업혁명 시대 언론의 과제

4차 산업혁명의 핵심인 가상현실과 인공지능, 빅 데이터 등 디지털 기술의 진보는 매체 간의 경계를 허물고 새로운 판짜기를 하고 있다. 4차 산업혁명 시대의 미디어 이용자는 태생부터 전통 미디어가 아닌 소셜미디어와 스마트 미디어를 접합에 따라 자연스럽게 디지털 네이티브7) 세대로 자리 잡게 되었다. 나아가 인간보다 인간을

---

7) Digital Natives. 태어날 때부터 디지털 기기에 둘러싸여 성장한 세대를 말하는 것으로 미
국교육학자 Marc Prensky가 "On the Horizon"이라는 논문에서 'Digital Natives, Digital
Immigrants'라는 용어를 사용한 데서 유래.

더 잘 이해하는 인공지능의 도움으로 현실과 가상을 넘나드는 미디어 서비스를 접하는 새로운 신인류가 등장하고 있다.

특히 공유와 초(超)연결이 핵심 특징인 소셜미디어의 역할과 비중이 강화되어 미디어 제작의 주체가 언론에서 일반 이용자로 무게중심이 넘어가고 있다. 대표적인 것이 첨단 디지털 장비를 갖춘 이용자들이 1인 미디어를 중심으로 미디어의 주체이자 소비자의 역할을 하는 것을 들 수 있다. 결국, 미디어 산업의 진입장벽이 거의 없어지고 새로운 콘텐츠나 서비스 아이디어를 가지고 있으면 누구나 쉽게 사업자로 등극할 수 있는 '오픈 미디어'의 시대인 것이다. 결국, 미래 언론의 형태는 미디어와 콘텐츠를 분리한 후 정보를 공유하는 플랫폼 중심의 미디어로(신동희, 2017) 전환할 것이 예상된다.

4차 산업혁명 기술의 핵심 중 하나인 블록체인기술이 향후 미디어 산업 지형을 근본적으로 혁신할 수 있을 것이라는 기대 또한 높다. 블록체인기술의 도입은 미디어 산업 내에서 시장 지배적 사업자인 플랫폼 중심의 시장 질서를 혁신할 수 있을 것이라는 예측이 등장하고 있다. 블록체인기술은 콘텐츠의 소유와 이용에 관한 기록을 나누어 가짐으로써 콘텐츠의 트래킹이 가능한 창작자와 소비자 중심의 콘텐츠 소비 직거래 구조로 변환되기 때문에 콘텐츠 이용에 따른 과금 체계와 수익배분 과정을 투명하게 할 수 있다. 이에 따라 수익 배분 구조에 있어 과다한 중개 이익을 취하고 있는 기존의 플랫폼 사업자 중심에서 창작자 중심으로 이동시키는 것이 블록체인 기반의 미디어가 추구하는 핵심 가치이기 때문이다. 블록체인이라는 데이터 나눔의 새로운 기술이 '오픈 미디어' 시대를 더욱 성숙시키고 플랫폼(포털) 위주의 '기울어진 운동장' 체제를 바로잡는 대안적이고 혁신적인 수단이 되어가고 있다.

정보의 분산화와 개인 미디어로 인해 의제설정(agenda setting)과 같은 언론 고유의 기능이 약해지고 있지만, 위기는 오히려 기회로 작용할 수 있다. 로봇과 인공지능이 전통적 저널리즘을 대체할 것인가 하는 우려와 논쟁에서 벗어나 4차 산업혁명이 언론의 미래에 미칠 영향을 실증적으로 검토하고 이에 대처하는 현실적인 방안과 생존 전략을 마련한다면 인간의 전문성과 창조성이 첨단 기술과 상생하는 새로운 저널리즘을 탄생시킬 수 있을 것이다.

예를 들어 속보성, 단발성, 객관성 기사를 AI(로봇)가 작성하고 통찰을 요구하는 심층 기사나 가치판단이 필요한 기사들은 기자들이 쓰는 것으로 역할 분담을 한다면 이러한 새로운 저널리즘이 가능해질 것이다. 앞으로는 인간이 로봇보다 더 잘할 수 있는 분야에 집중해 더 전문적인 기사를 작성하는 방향으로 저널리즘의 본질을 바꾸어야 할 것이다(신동희, 2017).

4차 산업혁명의 시대에 혁신하지 않는 미디어는 사라지고, 혁신하는 콘텐츠는 살아남을 것이다. 이러한 콘텐츠의 핵심 요소 중 하나로 공감과 공유의 스토리텔링을 들 수 있다. 단순 정보전달을 넘어 사회적 사건의 분석과 해석을 통해 세계를 좀 더 잘 이해할 수 있는 통찰력과 독창적인 관점을 제공하는 것이 저널리즘의 본질이 될 것이다. 산업혁명과 정보혁명 이후 새로운 기술의 발달로 새로운 직종과 다양한 직업군이 탄생한 것처럼 AI 등 디지털 기술로 인한 4차 산업혁명은 미디어 분야에서도 창조적 파괴를 통해 새로운 직업과 시장을 탄생시킬 것이다. 이 창조적 파괴를 혁신과 선순환 구조 창출의 기회로 적극적으로 활용해야 한다.

3 다양하고 새로운 수익모델의 등장

미디어 시장의 생태계 변화로 인해 미디어 기업이 만들어 내는 콘텐츠의 유통방식과 소비방식은 급격하게 변화하고 있으며 특히 사용자의 특성과 기호가 개별적으로 반영되는 스마트 미디어의 사용이 늘어남으로써 콘텐츠의 생산과 가공도 맞춤형 방식으로 전개되고 있다. 생산-유통-소비의 영역으로 구분되던 미디어 가치사슬의 단계가 디지털 융합으로 경계가 허물어짐에 따라(박주연, 2010) 융합 미디어 시장 환경은 기존 대규모 언론기업의 수익 상황을 악화시킨 요인이 되었으며, 특히 종이신문의 경우 급격하게 떨어지는 발행 부수와 하락하는 광고수익으로 인해 이중의 타격을 받는 실정이다.

미디어 시장의 기본 수익모델은 전통적으로 직접 소비자들에게 콘텐츠를 파는 것과 독자들에게 상품을 팔고 싶은 광고주들에게 광고를 파는 것으로 구분할 수 있다. 그중에서 광고를 파는 일은 주요 언론기업들의 주 수입원 중 하나였다. 충성도 높은 독자층의 지속적인 구독률은 광고주들에게 매우 매력적이고 안정적인 노출 기회를 제공하였다.

그러나 디지털미디어 시대가 되면서 다양한 플랫폼을 통해 콘텐

츠를 소비하는 소비자들의 소비패턴 변화로 인해 더 이상 광고시장
은 거대 언론기업들의 독점적인 시장이 될 수 없게 되었다. 게다가
전통매체의 구독률과 시청률은 갈수록 떨어지고 기존 신문사나 방
송국들은 매체의 한계를 극복하기 위해 더욱 다양한 채널을 통한 사
용자들과의 접촉을 시도하고 있으나 ICT 기술에 우위를 가진 네이
버나 구글, 모바일 기술에서 우위를 점하고 있는 다음카카오 등에
비해 기존 언론사들은 이러한 ICT 기술을 본격적으로 활용한다기보
다 소극적으로 적응한다는 표현이 어울릴 정도로 대응이 느리다.

  예를 들어 구글이나 네이버 등은 인공지능을 이용한 검색 광고와
맞춤형 광고로 진화하고 있다. 구글의 경우 애드센스(AdSense)라는
광고프로그램을 활용해 웹사이트를 소유한 사람이 애드센스에 가입
하면 구글에서 광고비를 지급하고 광고를 자동으로 그 사람의 웹사
이트에 올려줌으로써 해당 웹사이트를 찾은 방문자가 그 광고를 클
릭하면 구글이 광고주로부터 돈을 받아 그 일부를 웹사이트 소유자
에게 나눠주는 방식으로 운영하고 있다. 구글이 운영하는 유튜브 채
널에 붙는 광고가 대표적이다. 국내 1위 인터넷 기업인 네이버가
2017년 벌어들인 매출이 4조 6천785억 원인데 구글이 2017년 한국
에서 거둔 매출이 많게는 5조 원, 적게는 3조 2천억 원으로 추산된
다(이태희, 한국미디어경영학회, 2018).

  애드센스는 사용자의 접속과 클릭 등 사용자의 사용맥락(Context)
을 분석해 그에 알맞은 광고를 내보내는데 국내 신문사나 방송의 경
우 자체적으로 이 같은 콘텍스트 광고(context advertisement)를 처리
할 대처 능력이 부족하다. 미국 뉴스 미디어 연합(NMA, News
Media Association, 2018)의 연구보고서는 구글이 언론사에 돈을 주

지 않고 뉴스 웹사이트를 "긁어와 스크랩"하는 방식으로 2018년 약 47억 달러의 매출을 올린 것으로 나타났다고 보고하고 있다.[8] 한국에서도 법과 규제만 없다면 네이버가 뉴스 큐레이션을 통해 벌어들일 광고수익은 이에 상응할 것으로 예상한다. 구글의 애드센스나 네이버 애드[9] 같은 인공지능 기반 맞춤형 검색 광고의 수익이 전통매체의 광고수익을 넘어선 지는 이미 오래다. 그런데도 아직 국내 언론사들은 광고영업 또한 전통적 방식으로 하는 상황이다.

뉴스의 제작 또한 취재, 사진, 편집 등 다양한 분야의 기자들이 참여하던 시대에서 누구나 기자가 될 수 있다는 1인 저널리즘의 시대를 넘어서서, 이제 독자가 무료로 콘텐츠를 볼 수 있으면서 원하는 만큼 지급하는 자발적 유료 플랫폼인 '크라우드(Crowd) 제작'과, 넷플릭스(Netflix)[10] 플랫폼처럼 월정액 구독료를 지급하고 전 세계의 모든 뉴스 콘텐츠를 구독하는 '구독경제모델'[11]로 다양하게 진화하고 있다.

스타트업들이 자금 조달 모델로 사용하고 있는 킥스타터, 인디고 고 같은 크라우드 펀딩(Crowd Funding)[12] 사이트는 누구든 제품이나 아이디어와 관련된 프로젝트를 공개하고 익명의 다수에게 투자

---

8) 한편에서는 구글 뉴스와 구글 검색엔진이 오히려 매달 100억 회 이상의 클릭을 언론사의 웹사이트로 유도하며 언론사의 구독과 광고수익을 크게 올려준다는 관점도 있다.

9) https://adpost.naver.com/

10) http://www.netflix.com

11) 신문처럼 매달 구독료를 내고 필요한 물건이나 서비스를 받아쓰는 경제활동 모델로 무제한 스트리밍 동영상을 제공하는 넷플릭스의 성공 이후 다양한 분야로 확대되고 있다. 이 같은 구독경제모델은 자동차나 명품 같은 제품뿐만 아니라 헬스클럽과 병원, 음식배달 등 서비스 분야로 확대되고 있다.

12) 군중(crowd)으로부터 자금조달(funding)을 받는다는 의미로 자금이 필요한 개인, 단체, 기업이 불특정 다수로부터 자금을 모으는 것을 말한다. 주로 소셜 네트워크 서비스(SNS)를 통해 자금을 모으는 경우가 많아 소셜 펀딩이라고도 한다.

(펀딩)를 받아서 제품이나 서비스를 판매하는 방식을 사용한다. 마찬가지로 국내에서 카카오가 시도했던 '스토리 펀딩'은 모든 독자가 무료로 콘텐츠를 볼 수 있으면서 원하는 만큼 지급할 수 있는 자발적 유료 콘텐츠 플랫폼이다. 강연 사이트인 TED(테드)[13] 플랫폼처럼 발행할 만한 가치가 있는 뉴스스토리를 가진 창작자와 그것을 읽어줄 독자를 연결하는 크라우드 뉴스 콘텐츠 제작이 시도되고 있다. 웹2.0의 롱테일(Long-tail) 법칙[14]을 뉴스에 적용하듯 사용자 참여를 극대화하는 새로운 수익모델이 등장하고 있다. 이러한 크라우드 방식의 뉴스스토리 펀딩은 돈을 받으려고 할 때 미디어가 가장 많이 부딪치는 어려움인 지급 장벽(Pay Wall, 인터넷에서 일정액의 돈을 지급해야 내용을 볼 수 있도록 한 것)을 넘어서려는 시도라고 할 수 있다.

게임아이템 하나를 수천 원 지급하고 사며, 매월 넷플릭스를 정액으로 1만 원에 구독하는 사용자가 신문 대금으로는 한 달에 1만 5천 원을 지급하려 하지 않는 것이 이러한 지급 장벽의 대표적인 예이다. 이제 미디어는 콘텐츠 제작도 중요하지만 어떻게 하면 이러한 지급 장벽을 무너뜨리고 새로운 지급 동기를 설계할 수 있을지를 연구해야 하는 시대를 맞이했다.

뉴욕타임스는 혁신보고서 등을 통해 이제 뉴욕타임스는 종이 매체가 아니라 온라인 미디어로서의 체질 변화를 꾀해 왔고 온라인 포털이라고 스스로 주장할 정도로 과거 종이신문의 기억을 지우고 있

---

13) https://www.ted.com

14) 파레토(Pareto)가 유럽국가들의 소득분포에 관한 통계를 통해 상위 20% 사람들이 전체 부(富)의 80%를 가지고 있다는 소위 '80:20 법칙'(Pareto's Law)을 내놓은 데 반해서 거꾸로 80%의 다수가 20%의 핵심 소수보다 뛰어난 가치를 창출한다는 이론.

다. 그런 노력 덕분에 뉴욕타임스는 뉴스 콘텐츠에 대한 유료화를 성공적으로 진행해왔고 광고수익의 경우 온라인 광고시장에서 다양한 플랫폼을 통해 독자들을 세분하는 전략으로 수익을 올리고 있다. 즉 무료 콘텐츠로 비고정(非固定) 독자들을 유인하는 한편, 충성도가 확보된 독자들에게는 더욱 양질의 서비스로 유료화를 추진하는 이원화 전략을 구사하고 있다.

뉴욕타임스는 새로운 수익모델로 디지털 유료 독자를 늘리는 전략을 구사하고 있다. 그동안 뉴욕타임스는 광고수익을 주 수익원으로 삼아왔으나 디지털미디어 환경으로의 전환 이후 광고보다 콘텐츠 자체에 대한 수익모델을 주 수익원으로 삼고 있다. 뉴욕타임스는 또한 국내뿐 아니라 해외 시장에서의 수익창출도 생각하고 있다. 영어라는 세계 공용어의 장점을 살려 뉴스 헤드라인을 지역어로 번역해서 공유, 확산시키고 이를 뉴욕타임스로 링크를 걸어 유인하게 하는 전략이 그것이다. 각 나라의 언어로 뉴스를 서비스하는 이러한 수익전략은 종이신문을 배달하는 것보다 훨씬 많은 구독자를 늘릴 수 있으며, 종이신문으로서는 불가능했던 새로운 시장 전략을 가능케 하고 있다. 이는 국경이 없는 디지털미디어 환경의 특성을 살린 수익 다변화 전략이라 할 수 있다.

또한, 온라인 독자층을 실시간으로 분석하는 시스템을 도입해 타깃층에 최적화된 광고를 세분화하여 제공함으로써 광고의 실효성을 높여 광고 단가와 가치를 올려 수익에 기여하도록 하고 있다. 이처럼 타깃층을 매칭할 수 있는 광고 전략이 가능한 것은 온라인 미디어의 강점이다.

이처럼 새로운 수익성 제고를 위해서는 결국 비용을 지급하는 독자 혹은 사용자에 대한 파악이 가장 중요하다. 아날로그 매체는 소비자에 대한 파악을 제대로 할 수 있는 시스템이 구축되어 있지 않기 때문에 이들이 원하는 콘텐츠의 내용과 형식을 파악하여 끊임없이 새로운 콘텐츠를 제공하는 것이 불가능하다. 뉴스의 경우 매체별로 거의 유사한 콘텐츠를 제공하는 경향이 있는데 해당 매체만의 특별하고 독특한 콘텐츠가 아니면 소비자들의 관심을 끌 수 없다. 국내 뉴스 소비유통 플랫폼의 주 창구인 네이버 뉴스의 경우 기사의 소비가 개별적으로 이뤄지기 때문에 독자들 처지에서는 어느 신문사의 기사인지 식별하기가 어렵다. 신문이나 방송의 경우 대부분 매체마다 자체적인 디지털미디어 사이트를 운영하고 있지만, 수익에서는 자체 수익모델이 거의 없는 이유가 지금도 기존 매체에서 수익을 내는 기업들이 많기 때문이며 디지털미디어는 부가적 수익 요소로 보는 경향이 강하기 때문이다. 즉 적극적으로 디지털콘텐츠의 수익모델을 개발하기보다 명확한 수익모델 없이 무료로 콘텐츠를 서비스하는 것이 일반적이며, 경영진 관점에서는 디지털 뉴스를 단순한 서비스품목으로 인식하고 있는 것이 현실이다.

4 융합 미디어 플랫폼의 등장

플랫폼(platform)이라는 단어의 원래 의미는 기차에서 승객들이 타고 내리는 승강장과 같은 물리적 공간을 의미한다. 이러한 물리적 승강장의 의미가 확대되어 특정 장치나 시스템 등에서 이를 구성하는 기초가 되는 틀 또는 골격을 지칭하는 용어로 사용되고 있다. 플랫폼에는 서비스의 기반이 되는 하드웨어나 소프트웨어 환경, 유통되는 네트워크 등이 포함된다. 이러한 개념이 미디어에 적용되면 미디어 플랫폼은 미디어 서비스나 콘텐츠가 구현되고 유통되는 환경 또는 기반이라고 정의할 수 있다.

1) 새로운 융합 플랫폼의 특징

공유와 개방을 지향하는 새로운 디지털 융합 플랫폼의 특징은 우선 집단지능을 이용한다는 점이다.

- 집단지능을 이용

대표적인 사례가 댓글과 같은 것이다. 예를 들어 인터넷 서점인 아마존을 모방할 수는 있어도 아마존의 북 리뷰와 같은 댓글까지 카피할 수는 없다. 즉 대중의 지혜는 한 명의 전문가보다 낫다는 것이 디지털미디어의 철학이다. 대표적 사례인 위키피디아(Wikipedia)[15]는 사용자가 내용을 추가할 수 있다는 독특한 생각에 기반을 둔 온라인 백과사전으로 이 같은 집단 지혜의 장점을 손쉽게 발견할 수 있다. 위키피디아는 세계 최대라고 하는 브리태니커 사전의 정보를 수십 배 이상 뛰어넘었으며 그 정확도 또한 전문가 못지않고 지금 이 순간에도 수많은 대중에 의해 그 내용이 갱신되고 있다. 누구나 사전 편찬 작업에 참여할 수 있다.

즉, 디지털미디어의 핵심은 "더 많은 사람이 사용할수록 서비스는 자동으로 더욱 우수해진다"라는 참여와 공유의 철학인 것이다. 이러한 참여와 공유의 철학이 반영되어 성공한 대표적인 기업이 우버(Uber)[16]와 에어비엔비(Airbnb),[17] 트립어드바이저(Tripadvisor)[18]라 할 수 있다. 이들 사이트를 방문해보면 집단지능의 혜택을 실감할 수 있다.

- 롱테일(Long-tail)

이러한 집단 지혜의 장점으로 인해 디지털미디어는 롱테일(Long tail, 긴 꼬리)의 특징을 갖고 있다. 이는 특정 제품이나 계층에서 상위 20%가 전체 매출액의 80%를 차지한다는 소위 20:80의 법칙과 정반대되는 개념이다. 서점에 가보면 베스트셀러 몇 종이 전체 서적

---

15) http://www.wikipedia.org
16) https://www.uber.com
17) https://www.airbnb.com
18) https//www.tripadvisor.com

매출의 80%를 차지하는 것이 일반적이다. 이러한 상위 몇 제품을 빅헤드(big-head)라고 부르며 수천만 종의 판매가 미미한 서적들을 롱테일이라고 부른다.

디지털미디어의 시대에서는 거꾸로 하위의 80%가 전체 매출의 50% 이상을 차지하는 기현상이 일어나고 있다. 아마존(Amazon)[19]의 경우 상위 20%의 베스트셀러보다 조금씩 팔리는 수천만 종의 긴 꼬리들이 무려 57%의 매출을 올리고 있으며 구글(Google)[20]의 광고 수입 역시 대형 광고주보다 수많은 소액광고주의 매출액이 더 많다. 구글에는 수억 개의 소액광고주들이 참여하고 있다. 이러한 롱테일의 법칙을 미디어 기업들은 눈여겨봐야 할 것이다.

– 다른 사람과 기업의 자산을 활용하는 매시업(Mashup)

또 다른 디지털미디어의 특징은 매시업(mashup)이다. 공개된 응용 프로그램을 의미하는 매시업은 전혀 다른 서비스나 프로그램 등을 하나로 섞어 전혀 새로운 서비스를 만들어 낸다. 예를 들어 구글의 인공위성 지도서비스는 구글이 거액을 들여 샀음에도 불구하고 구글 내부에서 폐쇄적으로 사용하는 것이 아니라 서비스를 개방하고 공유한다. 미국의 부동산 중개 사이트나 여행 사이트들은 대부분 구글의 지도서비스를 매시업하여 운영하고 있다. 매시업만 잘 이용해도 별도의 자본 없이 비즈니스를 시작할 수 있다. 이러한 매시업은 비즈니스 모델에서 자주 이용되는 OPM(Other Peoples Money: 다른 사람의 자본)을 이용한 창업과도 비슷하다. 한국 미디어 기업

---

19) http://www.amazon.com
20) http://www.google.com

들의 경우 어떠한 매시업 전략을 구사하며 또 다른 기업들에 매시업 될 수 있는 공개된 콘텐츠와 프로그램을 혁신적으로 제공하는 생태계 조성에 노력하고 있는지 반문해봐야 할 것이다.

이처럼 우리의 경우 정보통신 강국임을 자부하며 이제까지 자만하고 있는 사이, 이러한 디지털미디어의 정신을 따라가지 못하고 상대적으로 규제와 분할 속에서 전통적인 미디어 환경을 유지해 왔다. 그러나 이미 이러한 공유와 개방은 세계적인 대세이며 더 이상 한국도 신문, 방송, 통신, 그리고 새로운 미디어가 각자 따로 노는 환경은 사라질 것으로 예견된다.

따라서 새로운 미디어 환경에 맞는 서비스와 정신, 마케팅이 필요하다. 저널리즘 3.0의 시대를 넘어서 4차 산업혁명 시대에는 저널리즘 4.0이 필요하게 되었다. 원하든 원치 않든, 이제 디지털미디어는 우리의 상상력만큼이나 무궁한 가능성을 열어두고 있다. 유튜브 개인 채널 하나가 웬만한 지역 신문사 매출보다 높은 수익을 올리고, 무명인을 유명 연예인으로 등장시키는가 하면 특정 제품의 매출액을 수백 배로 올려주기도 하는 세상이 왔는데 이제 한국 언론도 새로운 융합 플랫폼에 올라타야 할 것이다.

2) 미디어 플랫폼의 융합

전통적 미디어의 플랫폼은 신문의 경우 제작시스템이나 판매망 등이라 할 수 있고 방송의 경우 TV 단말기에서 송·수신망 등의 시스템 등을 들 수 있다. 또한, 디지털미디어 서비스와 콘텐츠는 텔레비전이나 컴퓨터, 스마트폰 등에서 구현될 수 있으며 이때 텔레비전이나 컴퓨터, 스마트폰 등의 기기가 미디어 플랫폼이 될 수 있다. 디지털미디어 플랫폼은 단순히 미디어 기기만을 의미하기보다는 그 기기와 기기를 구성하는 부품, 기기 간 연결을 가능하게 해주는 네트워크나 소프트웨어 등을 아우르는 개념이라고 볼 수 있다.

이러한 미디어 콘텐츠의 디지털화와 인터넷 및 통신망 기술의 발전으로 미디어 서비스와 콘텐츠를 이제 특정한 플랫폼에서만 이용할 수 있는 것이 아니라 이질적인 플랫폼 간에도 넘나들면서 사용할 수 있게 되면서 최근에는 미디어 플랫폼의 융합이 화두로 떠오르고 있다.

특히 스마트폰의 등장으로 기존 방송과 신문의 경우 전통적인 콘텐츠 유통과 소비방식에서 벗어나 스마트 미디어 환경에 적합한 방식으로 변화하고 있는데 기존의 콘텐츠 제작과 네트워크, 단말기의 수직적이고 폐쇄적인 연결구조와는 달리 동일 콘텐츠를 다양한 단말기로 이용할 수 있는 N-스크린[21] 시대로 들어서고 있다.

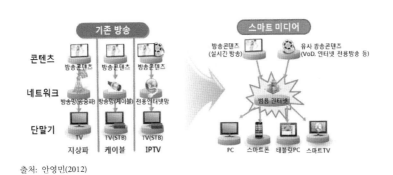

출처: 안영민(2012)

<그림 2> 스마트 미디어 시대 방송콘텐츠 유통

---

21) 하나의 콘텐츠(영화, 음악, 드라마 등)를 N개의 디바이스, 즉 스마트폰, 태블릿, TV 등에서 즐길 수 있는 기술 또는 서비스를 말한다.

광고 또한 이러한 스마트 미디어와 N-스크린 시대에 적합한 스마트 광고 유형으로 변화하고 있는데 현행 매체별 광고 유형과 시장의 구분이 점차로 의미가 퇴색되고 있어 향후 광고규제 체계의 점검과 정책의 전환도 요구된다.

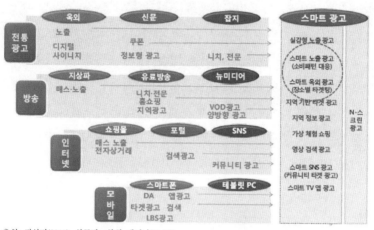

출처: 김성민(2011), 한국광고학회 세미나(11.18)

<그림 3> N 스크린 시대의 스마트 광고

이러한 크로스미디어 플랫폼 시대의 미디어 이용자들은 능동적인 수용자(Audience)에서 진화하여 새로운 유형의 집단으로 변화 중인데 단순히 미디어의 정보를 수용하는 단계와 능동적인 이용의 단계를 지나 정보를 재해석하고 새롭게 의미를 부여하여 생산하는 정보 창조자(Mediance)로 발전하고 있다.

<표 2> 미디어+오디언스=미디언스(Mediance)의 개념

캠페인	오디언스 시대	미디언스 시대
정의	일방적 메시지 수용	메시지 재해석 & 재생산 타인에게 발송하는 미디어 능력
커뮤니케이션 형태	One Way 선별적 피드백	Two Way 오디언스 수만큼 미디어 존재
통제 가능 여부	기업 통제 가능	통제 불가

(출처 : KAA, 2012)

플랫폼 융합의 대표적인 사례 중 하나로 케이블가입자들의 코드커팅(cord-cutting) 현상[22] 확산을 들 수 있다. 즉 케이블가입자가 포화상태가 되고 저가마케팅이 시도됨에 따라 훌루(Hulu)[23]나 넷플릭스로 대표되는 OTT 서비스로 가입자가 이동하는 현상이 심화하고 있으며 기존의 방송 채널 또한 통신사업자의 번들(bundle)프로그램으로 전락하는 일이 벌어지고 있다.

TV는 아직 소비자들의 인식 속에 주요한 매체로 인식되고 있지만, 일상생활에서 차지하는 비중은 점차 감소하고 있으며, 특히 30대 미만의 연령대는 TV보다 스마트폰이 더 중요하다고 생각하고 있다. 방송을 이용하는 매체로는 TV 수상기가 95%이지만, 젊은 층은 스마트폰 이용으로 인해 TV 프로그램 시청시간이 줄어들었다는 시청자 비율이 압도적으로 높다. 플랫폼 다변화에 따라 방송콘텐츠를 TV가 아닌 인터넷, 모바일 등 통신플랫폼을 통해 제작·유통하는 환경이 조성되어 실제 지상파 TV 직접 수신 가구는 10%대에 불과

---

22) 유료방송 시청자가 가입을 해지하고 인터넷 TV, 스트리밍 서비스 등 새로운 플랫폼으로 이동하는 현상을 말한다. 코드 커팅이 증가하고 있는 이유로는 셋탑박스 없이 스트리밍 방식으로 온라인 동영상을 제공하는 OTT(over the top) 서비스의 등장을 들 수 있다.

23) https://www.hulu.com

하며 이는 지속해서 감소하여 결국에는 플랫폼 간의 구별이 모호한 시대를 맞이할 것으로 예상한다.

또한, 새로운 플랫폼 사업자들이 속속 등장하면서 매체 간 균형발전 문제는 더욱 중요한 이슈가 되고 있다. 보편적 미디어 접근권과 망 중립성 논쟁 또한 미디어 플랫폼 융합에서 뜨거운 이슈가 되고 있다.

미국은 FCC의 보편적 접근권(Universal Access Rule)처럼 콘텐츠 뿐만 아니라 방송 채널을 물리적으로 시청할 수 있도록 보장해주는 권리를 유지하고 있다. 아날로그 시대의 보편적 시청권은 난시청으로 인한 보편적 접근권 제약의 개선을 통한 지상파 채널에 대한 무료 보편적 서비스를 의미했지만 디지털 시대의 보편적 시청권은 난시청, 장애인, 저소득, 농어촌지역 등 복지적 차원의 접근권과 아울러 전 국민이 더욱 나은 화질(UHD,24) MMS25) 등)을 통해 보편적 콘텐츠를 시청할 수 있는 권리를 의미한다.

그러나 사용자들이 이제 휴대폰 등 모바일 기기로 영상물을 시청하게 되면서 과도하게 발생하는 망 트래픽에 과금을 해야 하느냐도 중요한 이슈가되고 있다. 국내의 경우 망 중립성 이슈가 불거지면서 국내 최대 검색포털 네이버를 비롯해 주요 콘텐츠 기업들이 적지 않은 금액을 통신사에 지급하는 반면, 구글과 페이스북 등 외국 기업은 국내에서 막대한 트래픽을 일으키고 있음에도 사용료를 거의 내

---

24) 기존 풀 HDTV(Full HDTV)보다 높은 해상도의 고화질 비디오와 몰입형 오디오를 제공하는 Ultra High Definition TV의 약자

25) Multi-Mode Service의 약자로 주파수 1개 대역폭을 2개 이상으로 쪼개 여러 채널을 제공하는 것을 의미. 데이터 압축 기술의 발전에 따라 한 개의 주파수 대역폭을 일정 대역폭 6MHz 안에서 고선명(HD: High Definition) 채널 1개와 보통 화질(SD: Standard Definition) 채널 두세 개를 함께 운영하는 게 일반적이다.

지 않고 있어 논란거리가 되고 있다. 망 사용료란 통신망에 대한 사용료로 네이버 같은 업체들이 SK텔레콤과 같은 통신망 사업자에 콘텐츠 전송 대가로 지급하는 돈을 말한다.

전 세계적으로 가장 많은 트래픽을 발생시키는 동영상(예: 구글 유튜브)과 SNS 시장의 경우 막대한 트래픽을 일으키고 있으나 외국 기업은 자국에 서버를 두고 있어 해당 국가의 통신사에게만 망 사용료를 내면 되기 때문에 국경을 넘어서는 플랫폼에 대한 다양한 법적 이슈가 제기되고 있다.

Chapter 2

미디어 융합이 가져온 변화들

1 통합 뉴스룸(Convergence Newsroom)의 등장과 취재 보도방식의 변화

1) 통합 뉴스룸의 등장

융합(convergence)이란 단어가 21세기의 대표적인 키워드가 된 지 오래지만 정작 미디어 산업에 있어 그 정의는 논란이 분분하다. 미디어 산업에서 융합은 신문, 방송, 그리고 온라인 미디어의 기술적 융합은 물론, 경쟁 매체끼리의 협력 관계에서부터 편집국(newsroom)[1]의 융합, 시장에서의 공동 프로모션 캠페인에 이르기까지 매우 포괄적인 의미로 쓰인다(Dailey, 2003). 심지어는 스토리텔링에서의 장르 융합에 이르기까지 다양한 분야에서 사용되고 있다.

통신과 방송의 기술적 융합으로 인해 언론계에도 멀티미디어형 저널리스트가 요구됨에 따라 신문사의 취재현장과 제작 현장에서 원고지는 이미 아날로그 시대의 향수를 대표하는 단어가 되었다. 또한, 취재-보도-편집-제작이 분리된 것이 아니라 기자 1인이 이러한 다수의 역할을 동시에 수행해야 하는 기자편집, 기자 조판 혹은 순

---

1) Newsroom은 신문사의 경우 편집국으로, 방송국의 경우 보도국 등으로 번역할 수 있다. 뉴스가 생산되고 제작, 혹은 분배되는 중심적인 공간을 의미하나 본문에서는 원문 그대로 뉴스룸이라는 단어를 사용했다.

환 근무의 시대가 도래한 지도 이십 년이 지났다. 방송 또한 1인 2 역 이상을 하는 카메듀서나 비디오저널리스트 등의 용어가 보편화 된 지도 오래되었다. 이러한 기자의 다중역할도 넓은 의미의 미디어 융합 현상에 해당한다(Gordon, 2003).

또한, 디지털 기술의 도입으로 인해 발로 뛰며 취재원을 직접 만 나는 방식에서 컴퓨터와 통신을 이용해 기사 작성의 기본 재료를 구 하고 가공하는 컴퓨터 활용 취재 보도(Computer Assisted Reporting) 시스템이나 디지털 영상편집, 디지털 사운드 편집시스템이 도입됨에 따라 취재방식이나 제작방식이 바뀌는 것도 융합 현상으로 간주할 수 있다.

이렇게 볼 때 사실 융합 미디어 현상이란 전혀 새로운 것이 아니 다. 디지털 기술이 출현하기 전에도 이미 동종 혹은 이종 매체끼리 의 협력관계란 것이 존재해 왔으며 취재양식의 변화나 일인다역의 언론인 역할 또한 기자 전문화와 함께 오랫동안 논의되던 주제이기 때문이다. 또한, 미디어 간 시너지(synergy)를 위해 이종 매체끼리 단 순한 협력 관계를 구축하거나 기자 역할이 변화되는 수준이 아닌 뉴 스룸의 통합과 운영 시스템의 통합을 통해 운영의 효율화를 도입한 지도 이미 오래되었다.

뉴스룸의 통합은 그동안 주로 전통적인 신문사에 의해 시도되었 으며 이는 특히 발행 부수의 감소와 같은 시장 위기 상황에서 방송 국이나 온라인 미디어와 통합 뉴스룸을 운영함으로써 신문을 보지 않는 젊은 세대에게 뉴스의 제작과 배급을 다양한 매체로 시도할 수 있다는 점에서 많은 언론사가 채택해왔다. TV 방송국 또한 생산성 을 높이고 비용을 절감할 수 있다는 측면에서 컨버전스 뉴스룸을 도입해왔지만, 저널리즘 측면에서 부작용과 우려의 목소리도 있었다.

예를 들어 통합 뉴스룸은 미디어 간의 다양한 표현방식을 제한하고 획일화시키며 공중의 다양한 목소리를 반영할 수 없다는 것이 그것이다. 그러나 지난 1995년부터 뉴스룸을 통합운영한 결과는 오히려 뉴스룸 통합이 매체 간의 다양성을 저해하는 것이 아니라 상호 간의 저널리즘에 대한 이해와 양보를 가져왔으며 독자들의 피드백 또한 양적으로나 질적으로 활발해졌다고 보고한다(Lasica, 2002). 아무리 기술적으로 매체가 융합하고 뉴스룸이 하나로 통합되어 운영되어도 저널리스트들은 플랫폼을 떠나서 뉴스룸이 언론자유를 위한 하나의 독립된 공간이며 타 미디어와의 파트너십이 편집권을 해친다거나 하지 않을 것을 너무도 잘 알고 있다는 것이다(Luzadder, 2002).

2) 취재와 보도방식의 변화

디지털미디어 시대가 도래하면서 생긴 변화 중의 하나로 기자들의 역할과 근무 환경변화를 들 수 있다. 전통적 매체에서는 기자 등 취재인력이 가장 중요했지만, 디지털화로 인해 전통적 언론사에 기자가 아닌 기술자들이 더욱 필요한 상황이 생겼으며 이로 인해 기존 인력과 새로운 인력들의 통합적인 운영이 매우 중요해졌다.

미디어 산업에서 한동안 디지털 기술은 부수적이고 표피적인 도구로만 여겨졌으며 기자들을 비롯한 언론사 종사자들은 첨단 기술 직종에 대해 지극히 보수적이었다. 그러나 이제 뉴스 생산자인 기자들과 언론사 경영자들은 기술과 기술 인력에 대해 인식의 변화를 하기 시작했으며 심지어 디지털미디어 전문가들이 언론사에 데스크로 앉는 시대가 되었다. 나아가 이들 인력이 ICT 기술과 저널리즘 노하우를 결합하여 새롭게 변신하고 있는 미디어 기업의 디지털 퍼스트 전략을 주도하고 있다.

등장 초기에 온라인 콘텐츠 뷰어라고 조롱받던 버즈피드(Buzz Feed)[2]와 같은 온라인 미디어는 수백 명이 넘는 뉴스 스텝이 근무하는 중견 언론사로서 입지를 다지고 있으며 마크 슈프스(Mark Schoofs)와 같은 퓰리처상 수상자도 나올 정도로 명망 있는 언론사가 되었다. 매시어블(Mashable)[3]과 같은 회사에는 뉴욕타임스의 편집 부국장인 짐 로버츠(Jim Roberts)가 콘텐츠 팀장으로 옮겨가기도 했다. 이런 디지털미디어 기업들은 기존 신문사와는 달리 이미 디지털 기술을 접목한 뉴스 플랫폼을 구축하고 있으며 언론사로서 입지를 굳히고 있다(Amy Mitchell, 2014)는 것이 현재의 평가다.

즉 이제 전통매체 종사자와 디지털미디어 종사자는 구분이 사라지고 있으며 통합 뉴스룸(Convergence Newsroom)이 언론사에 도입됨으로써 신문과 방송, 통신과 모바일 등의 다양한 미디어가 공존하며 취재-보도-편집-제작-유통이 분리되는 것이 아니라 미디어 간의 상호 프로모션, 복제, 콘텐츠 공유, 협조가 상시로 이뤄지고 있다.

이러한 통합 뉴스룸 환경에서는 뉴스 내용을 제작하고 가공하는 전문가만큼이나 인터페이스와 서비스 전문가가 중요하고, 또한 그보다 이용자 데이터를 다루는 전문가가 중요해졌다. 즉 결정적으로 뉴스를 만드는 것은 언론인이지만 그것의 가치와 생존력을 결정하는 것은 독자이고 이를 서비스하는 방식이 이전 종이신문방식과는 달라진 것이다(이준웅, 2014).

---

2) https://www.buzzfeed.com

3) https://www.mashable.com

이에 따라 디지털미디어 기반의 뉴스 서비스를 하기 위해서 기존 조직을 개편하여 ICT 기술은 물론 영상, 드론, AI, 빅 데이터 전문 기술자들을 충원하여 디지털콘텐츠 생산에 적합한 조직으로의 변화를 꾀하게 되었다. 뉴욕타임스의 경우 종이신문이 디지털화되면서 아침 판과 저녁 판의 개념이 사라지고 전 세계 독자들을 상대하다 보니 근무 형태가 24시간 돌아가게 되는 것은 물론이고 세계 특파원들은 아시아지역과 미주지역의 시차로 인해 언제 어디서나 기사를 송고하고 의논하고 결정할 수 있는 시스템이 생겼다.

3) 저널리즘 영역에서의 융합의 의미

미국 미디어 시장이 ①패키지형 미디어 ②방송계 미디어 ③통신 미디어 시장으로 구분되어 90년대 초까지 유지될 수 있었던 것은 정부가 미디어 산업을 3분할 모델(The Three-Segment Model)에 따라 시장진입과 소유를 제한해 왔기 때문이다(김원용 역, 1995). 3분할 모델에 따라 인쇄미디어(신문, 잡지, 출판 등) 시장은 수정헌법 제1조에 보장된 언론의 자유 논리를 적용해 이를 해칠 우려가 있는 어떤 기업도 인쇄미디어를 겸영할 수 없도록 규제했다.

두 번째 시장인 방송 미디어 또한 전파자원은 유한하며 그 영향력이 막대하므로 공익성의 원칙에 따라 그 소유를 철저히 규제해야 한다는 정책 기조를 유지해 왔다. 이에 따라 공중파 방송에 대한 소유와 통제는 미국 통신위원회(FCC)에 의해 한 주체에 배당될 수 있는 면허를 TV 방송 12개, AM 방송 18개, FM 방송 18개로 제한해 왔다.

세 번째 시장인 통신 미디어 시장은 모든 사람이 서비스를 공평하고 차별 없이 널리 사용할 수 있어야 한다는 '보편적 서비스(universal service)'의 철학을 적용해왔다. 이에 따라 AT&T 등의 통신 미디어 기업들은 정보전달의 수단, 즉 인프라를 제공하는 데 매진해야 하며 콘텐츠를 제공해서는 안 된다고 규제해 온 것이다(권만우, 2003. 15쪽).

이 같은 3분할 제도하에서 미디어업계가 시장 확대를 꾀할 방법은 동종 미디어 간의 합병과 제휴를 통해 수익을 극대화하는 길밖에 없었다. 이러한 동종 산업 내 소유 집중에 따라 거대 신문그룹과 전국적 방송 체인점, 그리고 거대 통신기업의 탄생 등 동종 미디어 간 합병이 줄을 이었다. 미국에서 전통적인 미디어인 신문 산업 내에서 합병 바람이 분 것은 80년대부터이다. 미국의 수도 워싱턴에서 140년간 발행되어 오던 일간지 워싱턴 스타(Washington Star)가 연간 매출액 30억 달러를 자랑하는 거대 신문사였음에도 1981년 폐간했다. 이후 1백 년이 넘는 역사를 가진 신문사들이 줄어드는 독자 수와 55%에 이르는 막대한 상속세를 견디지 못해 줄줄이 도산하는 사태가 발생했다. 미국 굴지의 신문사들은 대부분 19세기 말에 설립되었는데, 3세대 동안은 상속세가 면제되었지만 1960년대가 되자 수백 개 신문이 3세대 간 면세 혜택이 끝나버렸기 때문이다.

거대 신문기업이 탄생하게 된 또 다른 요인은 미국 세무제도가 인수하는 기업에 유리하게 되어 있기 때문이다. 이에 따라 톰슨(Thomson), 가네트(Gannett), 나이트 리더(Knight-Ridder) 그룹 같은 전국적인 신문 미디어 체인이 이 같은 신문사들을 사들여 현재 미국 신문의 3분의 2 이상이 체인에 의해 소유, 경영되고 있으며 20여 개의 신문재벌이 현재의 인쇄미디어 시장을 장악하고 있다.

영상미디어 시장의 경우 거대기업의 탄생은 할리우드와 방송의 만남에서 시작됐다. 80년대까지 서로 상충함이 없이 영화시장과 방송시장이 공존해 오다 연방 통신위원회(FCC)가 81년 HBO(Home Box Office)와 같은 유료케이블 영화방송을 허가하면서 할리우드 메이저들의 방송 참여 바람이 불었다. 터너(Turner), 바이어콤(Viacom), TCI(Tele-Communication Inc) 같은 방송재벌과 파라마운트(Paramount), 타임워너(Time Warner), 디즈니(Disney), 폭스(Fox) 같은 영화-엔터테인먼트 재벌들 간의 제휴가 줄을 이었다.

FCC는 1975년 동일 지역에서 신문과 방송국 교차소유를 금지했었다. 그러나 이 금지 조치 이전의 교차소유에 대해서는 FCC가 약 40개의 예외를 인정했기 때문에 교차소유는 존재하고 있었다. FCC는 또한 대도시에서 매체 합병의 결과로 생긴 일부 예외를 인정하고 있다. 예를 들면 트리뷴은 LA와 시카고, 뉴욕과 마이애미에 방송국과 신문사를 모두 갖고 있다. 그러나 Tribune, Knight Ridder, Media News Group, New York Times와 같은 대형 미디어 기업들은 그 금지를 풀 것을 끊임없이 요구했으며 그 당위성으로는 교차소유가 더욱 나은 저널리즘을 위해 필요하며 컨버전스의 시너지가 비용 절감을 하고 수익을 증대시킬 것이라 주장한다(Lasica, 2002). 이러한 목소리를 반영하여 급기야 FCC는 2003년 6월 2일 미국의 대도시에서 방송과 신문의 미디어 교차소유를 허용하는 법안 검토를 제안했다.

저널리즘 영역에 있어서 컨버전스란 단어의 의미는 AOL과 타임워너의 합병과 같은 기업전략을 지칭하기도 하고, IPTV나 OTT 같은 기술적 융합을 의미하기도 하며, 신문과 방송국 간의 상호판촉을 위한 협력을, 그리고 심지어는 현장에서 문자와 오디오 비디오가 가득한 자료들을 담고 돌아온 백팩 저널리스트(Backpack Journalist)[4]

---

4) Pavlik(1998)이 사용하기 시작한 이 용어는 배낭여행자들이 메고 다니는 무거운 등짐

와 같은 직업을 지칭하기도 하고 종이신문의 텍스트 뉴스와 모바일 매체의 멀티미디어 뉴스의 융합과 같은 스토리텔링 방법[5])의 융합을 의미하기도 한다. 동일한 단어를 이렇게 미디어업계, 기술, 그리고 저널리즘의 관점에서 접근하다 보니 융합이란 단어는 매우 혼란스러울 수 있다.

융합이란 용어를 처음으로 사용한 것은 18세기 초에 활동했던 영국인 과학자 윌리엄 더햄(William Derham)이다. 그는 소리의 속도를 최초로 측정한 과학자로 1713년 저술 "Physico-Theology: Or a Demonstration of the Being and Attributes of God, From His Works of Creation"에서 "빛의 수렴(Convergence)과 발산(Divergence)"에 대해 언급하고 있다. 이후 융합이란 용어는 대류의 흐름과 다윈의 진화생물학[6])에 이르기까지 확대 사용하게 되었다. 20세기 중반까지 이 용어는 또한 미국과 소련 체제의 융합과 같은 정치학 분야에 사용되었으며 국가 경제의 글로벌 경제로의 융합과 같은 경제학 분야에도 사용되었다(Gordon, 2003).

컴퓨터와 네트워크 기술의 출현으로 이 용어는 새로운 의미가 생기게 된다. 정부 기관과 산업체들이 정보를 저장하고 검색하는 수단으로 컴퓨터를 사용하게 되면서 정보가 디지털 방식으로 저장되고

(Backpack)처럼 기자들이 텍스트와 사진, 오디오, 동영상 데이터 등을 한꺼번에 수집해야 하므로 배낭에 카메라와 마이크, 노트북컴퓨터 등 각종 장비를 가득 담아 다녀야 한다는 의미에서 이렇게 이름 붙였다. Pavlik은 또한 컨버전스 미디어 기자를 위한 표준 장비를 모아 등짐 형태로 선보이기도 했다.

5) Stevens(2002)는 신문과 TV, 그리고 웹 미디어에 맞는 각각의 스토리텔링 방법이 있다고 본다. 인쇄 매체와 방송 매체는 선형적(Linear)으로 그리고 일방적으로 스토리를 전달하며 이는 곧 피드백에 대한 기회가 일시적이며 적다는 것이다. 그러나 디지털미디어의 스토리텔링은 비선형(Nonlinear) 형식으로 제공되며 쌍방형이다. 스토리텔링의 융합이란 이러한 매체 간의 경계를 넘나드는 다매체형 저널리스트들을 의미한다.

6) 다윈은 이 용어를 1866년 그의 저서 종의 기원에서 사용했다.

전송될 수 있게 되었다. 이에 따라 1983년 커뮤니케이션 학자인 솔라 풀(Ithiel de Sola Pool)은 컨버전스란 단어를 커뮤니케이션 기술과 관련하여 언급하게 되었으며 그는 이를 "커뮤니케이션 양식의 융합(Convergence of mode)"이라고 지칭하면서 역사적으로 단절된 영역에 놓여있던 커뮤니케이션 양식들이 하나의 양식으로 통합하게 되었다고 서술하고 있다(원우현 역, 1985).

그러나 융합에 관한 새로운 발전이 신문업계로부터 나타나게 되었는데 그것은 신문사들이 TV 방송국과 경쟁정책 대신 새로운 협력 관계를 모색하면서이다. 1993년에 시카고의 트리뷴(Tribune)사는 24시간 지역 케이블 채널인 CLTV(Chicago Land TV)를 출범시키면서 시카고 트리뷴 신문사의 뉴스 콘텐츠를 방송에 사용하기 시작했다. 처음에는 단순히 서로의 콘텐츠를 상호 판촉하는 차원에서 시작된 협력 관계가 결국 신문과 방송 모두를 소유한 미디어 기업들이 상호 판촉과 콘텐츠 공유를 보다 공격적으로 가져오게 하는 계기가 되었다. 이후 시카고 트리뷴처럼 동일한 소유주와 모기업 아래에서의 협력뿐만 아니라 소유 구조와 관계없는 이종 매체 간에도 상호 프로모션과 마케팅 커뮤니케이션이 발생하게 되었는데 이는 전적으로 FCC의 동일 지역에서 교차소유 금지법에 따른 결과이다.

초기에 이러한 신문-방송 간의 협력 관계는 융합이라 불릴만한 것이 못되었다. 시카고의 트리뷴 내에서도 그것은 시너지를 추구하자는 것이었다. 그리고 대부분의 신문-방송 협력 사례가 기술적 융합을 바탕으로 한 것이 아니라 전통적인 각자의 전송 매체를 유지하면서 협력하자는 것이었다. 그러나 융합이 진행되면서 저널리즘 분야의 융합 양태는 다음과 같이 다양해지고 있다(Gordon, 2003).

- **미디어 기술의 융합** : 이는 뉴스라는 콘텐츠의 생산, 분배, 그리고 소비단계에서의 기술적인 융합을 의미한다.

- **미디어 조직의 융합** : 조직의 융합은 뉴스 생산과 분배 채널에 대한 소유권(Ownership)의 융합이다. Viacom, Disney, Vivendi Universal, 그리고 AOL Time Warner가 대표적이다. Tribune Company, Belo Corporation, Hearst도 규모는 작지만, 신문과 방송 인터넷 미디어 그리고 여타 미디어 기업을 소유한 소유융합의 사례로 꼽을 수 있다.

- **미디어 전략(Tactics)의 융합** : 전략의 융합은 공동의 미디어 소유를 전제로 하지 않는다. 즉 오너가 다른 미디어 기업끼리 융합하는 것을 의미한다. 즉 소유주가 다른 신문사와 방송국 간의 콘텐츠 제휴나 공동 마케팅, 수익 강화 행위가 그것이다. 이러한 전략적 융합의 목적은 상호판촉 활동을 통해 신문 독자들이 TV를 보게 만들고 TV 시청자들이 신문을 읽게 만드는 것이다. 또한, 방송국 관점에서 보면 더욱 많은 수의 현장 기자들이 더해지는 부가효과를 볼 수 있다.

- **미디어 구조(Structute)의 융합** : 소유나 전략의 융합은 반드시 조직구조의 변화를 수반하지는 않는다. 대부분 각자의 매체를 위해서 조직의 변화 없이 업무를 수행한다. 그러나 컨버전스의 목표가 보다 분명할수록 기자들의 직무나 조직구조에 변화를 수반한다. 예컨대 타임워너 케이블과 공동으로 24시간 뉴스 채널을 운영하는 올란도 센티널(Orlando Sentinel) 신문사는 멀티미디어편집자라는 직위를 신설했다. 대부분 방송국 출신인 편집자들은 신문과 방송 두 매체의 뉴스룸을 상호 조정하는 역할을 한다. 사라소타(Sarasota) 신문은 신문사 편집국장이 방송국 뉴스룸까지도 책임지게 했으며

2002년부터는 신문사 편집국장이 방송과 웹사이트 뉴스 운영도 모두 담당하게 하고 있다.

- **정보 수집(Information Gathering)의 융합** : 전통적으로 신문기자는 텍스트로 된 기사를, 사진기자는 스틸 사진을, 그리고 방송 카메라 기자는 동영상을 수집했으나 이제는 신문기자가 비디오카메라와 녹음기를 들고 다니며 여러 가지 소스의 취재정보를 수집하고 있다. 이러한 현상을 정보 수집의 융합으로 명명할 수 있다.

- **스토리텔링(Storytelling Presentation)의 융합** : 모든 매체는 그 매체가 고유의 정보 제시방법이나 스토리를 전달하는 일련의 관습들이 있다. 그러나 이제는 미디어 융합으로 인해 지면의 제약이나 길이, 분량의 제한이 사라지고 있으며 상호작용적인 인터페이스에 맞는 새로운 정보제시방법 및 스토리텔링 기법들이 등장하고 있다.

데일리(Dailey)는 저널리즘 영역의 다양한 융합에 관한 논의를 실증적으로 연구하기 위해 뉴스룸에서 일어나는 구체적인 언론 활동(behavior)들을 사용하여 뉴스룸 융합에 대해 조작적 정의를 내리고 있다. 그는 뉴스룸 융합을 역동적인 연속체(dynamic continuum)로 간주하고 이를 <그림 4>와 같이 다섯 가지의 단계로 구분한 후 각각의 단계에 해당하는 구체적 언론 활동들을 예시하고 있다. 즉 5C라고 일컫는 매체 간 상호 프로모션(cross promotion), 복제(cloning), 경쟁협조(coopetition), 콘텐츠 공유(contents sharing) 그리고 완전한 융합(full convergence) 단계에서 각 단계는 각 매체 간의 상호작용과 협력 활동 정도에 따라 중복되기도 하며 화살표는 각 단계가 고정된 것이 아니라 뉴스의 속성과 언론인들의 관여도 정도에 따라 이동이 가능한 것을 의미한다(Dailey, 2003, pp3~4).

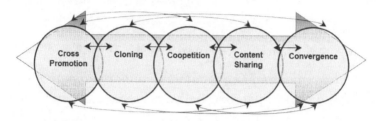

출처 : Larry Dailey, Lori Demo, Mary Spillman(2003), The Convergence Continuum: A Model for Studying Collaboration Between Media Newsroom

<그림 4> Convergence Continuum

- **Cross promotion** : 다른 뉴스 조직 간의 협조와 상호작용이 일어나는 수준. 타 매체 간에 상대 언론사의 뉴스를 프로모션 해주는 행위, 예를 들면 신문사가 텔레비전 방송국의 로고를 기사 사이에 게재하거나 방송국 뉴스 앵커가 신문사나 웹사이트의 정보를 고지해주는 것이 그것이다. 단, 뉴스 콘텐츠 생산은 함께하지 않는다.

- **Cloning** : 협력사가 다른 협력사의 콘텐츠를 약간의 편집과정을 거쳐 복제하여 재발행하는 것을 말한다. 예를 들면 신문사의 뉴스를 방송국의 웹사이트에 게재하는 것을 들 수 있다. 클론 단계의 뉴스 융합은 취재 과정에 대해 상호 토론하지 않고 단지 뉴스가 완성된 후 공유하기만 한다.

- **Coopetition** : 네트워크 소프트웨어 회사인 노벨(Novell)사의 창립자 레이 누르다(Ray Noorda)가 지어낸 이 말은 언론사들이 뉴스 생산과 분배에 있어 상호협력(cooperate)과 경쟁(competition)을 함께 추구하는 것을 의미한다. 이 단계에서는 이종 매체 간에 동일한 취잿거리에 대해 정보를 공유하며 상대 매체를 위해 뉴스를 생산하기

도 한다. 예를 들어 신문사 기자가 텔레비전 방송국의 프로그램에 기자나 앵커, 혹은 사회자나 토론자로 참여하는 것이 그것이다. 그러나 이 매체 상호 간에는 특종과 같은 독립적인 정보가 겹치지 않도록 신경을 쓰는 상태이다.

- **Contents sharing** : 이 단계에서 매체들은 규칙적으로 정보를 공유하고 함께 뉴스를 생산, 출판한다. 뉴스 예산을 함께 공유하기도 하며 타 매체사의 편집회의에 참석하기도 한다.

- **Full convergence** : 파트너 언론사 간에 뉴스의 수집과 전파를 완전히 공유하는 단계이다. 이 단계에서 두 언론사는 논리적으로 하나의 하이브리드 뉴스팀을 구성하여(반드시 물리적으로 뉴스룸이 하나일 필요는 없다) 뉴스의 기획, 취재, 보도에 있어 함께 일하며 콘텐츠가 어떻게 하면 효율적으로 인쇄, 방송, 그리고 디지털미디어로 출판할 것인지를 결정한다.

데일리의 이러한 모형은 뉴스룸 융합이라는 개념을 정의하기 위해 각 단계를 구성하는 특정한 언론 활동이나 행동들을 조작적으로 정의하고 있어 이종 미디어 간의 뉴스룸 융합 정도를 계량화하기에 적합하다.

이와 유사하게 카(Carr)는 뉴스의 종류에 따라 다음과 같이 뉴스룸 융합을 가장 관여도가 낮은 단계에서부터 심층 보도에 이르기까지 일곱 단계로 구분하고 있다(Carr, 2002).

- **level 1 뉴스에 관한 일상적인 정보 공유단계** : 가장 관여도가 낮은 단계로 매체 종사자끼리 뉴스에 관한 일상적인 정보를 공유하는 단계이다. 즉 때때로 좋은 신문기사가 방송용으로 적합하지 않고 반대로 방송용으로 적합한 뉴스가 신문용으로 적합하지 않을 때가 많

아서 서로의 관심 분야나 커버리지가 중첩되는지 아닌지를 판단하는 정도이다.

- **level 2 스폿 뉴스** : 스폿(spot) 뉴스는 뉴스룸 융합이 가장 극명하게 장점을 발휘하는 분야이다. 특정한 사건이 발생하면 신문과 방송이 현장으로 함께 출동한다. 멀티미디어 데스크는 생생한 방송 현장중계에 신문사 기자와 사진기자를 함께 동원해 현장성과 심층성을 모두 추구한다. 동시에 인터넷 미디어는 사건에 대한 심층, 해설 데이터를 제공한다.

- **Level 3 사진기사** : 신문, 방송, 인터넷 미디어 간에 가장 빈번하게 뉴스를 공유하는 분야가 사진이다. 방송 카메라 기자는 스틸 카메라를 함께 휴대하며 신문사 사진기자는 비디오카메라를 함께 갖고 다닌다. 이를 통해 상호 효율성을 극대화할 수 있다.

- **level 4 탐사 사건 보도** : 뉴스룸 융합은 탐사 사건 보도에 있어 진가를 발휘하고 있다. 대표적인 사례가 WFLA-TV의 선샤인 스카이웨이 다리 결함 보도이다. 1백 년 이상 된 이 다리는 중간의 지지 케이블이 부식된 문제가 방송팀에 발견되었다. 방송팀은 멀티미디어 데스크에 이를 보고했고 트리뷴 신문사는 방송기자가 신문에 기사를 써줄 것을 주문했다. 멀티미디어 데스크에선 이를 신문에서 먼저 보도할 것인가 방송에 먼저 할 것인가를 결정했으며 신문이 먼저 보도한 후 방송이 후속 보도를 하는 것으로 결론 내렸다. 이는 대단한 반향을 가져왔고 방송 시청률이 25%에 이르는 결과를 가져왔다. 이는 뉴스룸 융합이 아니었다면 불가능했을 것이며 시청자와 독자, 그리고 사용자가 그들이 원하는 각각의 플랫폼으로 기사에 접근하는 것을 가능케 해주었다.

- **Level 5 뉴스 프랜차이즈** : 이는 방송에 정기적으로 신문기자가 스탠드업[7]하는 것을 의미하며 신문의 경우 방송기자가 칼럼이나 피처 기사를 고정적으로 쓰는 것을 말한다.

- **Level 6 대형 뉴스 이벤트** : 올림픽이나 슈퍼볼, 그리고 대통령 선거와 같은 대형 이벤트는 뉴스룸 융합이 효율성을 발휘할 수 있는 훌륭한 분야이다. 플로리다의 WFLA-TV는 2002 솔트레이크 동계올림픽에 취재진을 파견하지 않고 파트너 신문사인 탬파 트리뷴의 취재진을 활용해 매일 밤 올림픽 하이라이트를 편성해 내보냈다.

- **Level 7 공공 뉴스 서비스 영역** : 뉴스룸 융합은 독자, 시청자, 사용자와의 관계에 있어 강력한 형태의 저널리즘을 창조해내고 있다. 탬파 트리뷴의 경우 하나의 뉴스룸으로 통합되어 운영되는 독자 옴부즈맨 제도는 독자와 시청자, 그리고 사용자로부터 피드백되는 모든 데이터를 한곳으로 집결시켜 신문, 방송, 웹사이트가 공동으로 뉴스센터 시민의 소리(News Center Pledge)라는 프로그램을 운영하고 있다.

심지어 글레이저(Glaser)는 이에 대해 정답이 없다고 말한다. 즉 그는 매우 철학적으로 뉴스룸 융합을 정의한다. 사람들이 함께 일하고 자발적으로 일하는 상황에서 <내> 방송국 <너희> 신문사라는 표현을 쓰지 않고 단지 <우리> 신문 <우리> 방송국 <우리> 웹사이트라고 지칭할 때 이를 의식의 융합이라고 할 수 있다(Glaser, 2004a).

이러한 다양한 개념과 정의들을 종합해 보면 뉴스룸 융합이란 뉴스의 생산(수집), 제작, 분배(유통) 과정에서 발생하는 모든 이종 매체 간 물리적, 정신적 협력 활동으로 정의할 수 있다.

---

7) stand-up. 카메라 앞에 서서 방송기자나 리포터가 멘트하는 행위

2 유통/플랫폼/판매방식의 변화

　국내 미디어 환경의 경우 글로벌 환경보다 포털의 콘텐츠 유통 지배력이 강력하고 광고시장 점유율도 매우 높은 상황이다. 디지털 공간의 뉴스 유통구조도 포털의 정책에 따라 언론사의 뉴스 트래픽이 급변할 정도로 뉴스 유통 종속성이 매우 큰 상황이다(최민재 외, 2014). 이렇듯 변화된 미디어 환경에서는 기존 시장과는 달리 새로 등장한 신규 언론사가 시장에서 빠른 성장을 보여주고 있지만, 전통 언론사는 신규 기업과의 경쟁으로 인해 지배력이 약화되는 현상을 보여 왔다. 따라서 미디어 산업 내 주 공급자였던 거대 신문기업은 새로운 융합 환경에 대응하고 경쟁하기 위해 전략적 디지털미디어 브랜드 경영을 적극적으로 모색하게 된다.

　미디어 시장의 생태계 변화로 인해 미디어 기업이 만들어 내는 콘텐츠의 유통과 소비방식은 급격하게 변화하고 있으며 특히 사용자의 특성과 기호가 개별적으로 반영되는 스마트 미디어의 사용이 늘어남으로써 콘텐츠의 생산과 가공도 맞춤형 방식으로 전개되고 있다. 생산-유통-소비의 영역으로 구분되던 미디어 가치사슬의 단계가 디지털 융합으로 경계가 허물어짐에 따라(박주연, 2010) 융합 미디어 시장 환경은 기존 대규모 언론기업의 수익 상황을 악화시킨 요인이 되어왔으며, 특히 종이신문의 경우 급격하게 떨어지는 발행 부수와 하락하는 광고수익으로 인해 이중의 타격을 받는 실정이다.

2009년 하반기 국내에 도입된 스마트폰은 우리의 삶을 송두리째 바꿔놓았다. 모바일 플랫폼은 전 세계를 하나의 세상으로 만들어 놓았고 수십만, 수백만 개의 애플리케이션이 스마트폰 사용자들의 모바일 라이프와 함께하고 있다(박종일 외, 2014). IT 기술의 발전과 서비스의 질적 고도화, 수용자의 태도 변화, 정보산업과 통신, 방송, 콘텐츠를 생산하는 사업자의 비즈니스 대응력 향상, 그리고 이를 규제 또는 진흥시켜야 하는 정부 기관 등의 이해관계가 서로 맞물리면서 미디어 환경에 일대 변화와 개혁이 일어났다(윤세한, 2011).

미디어는 그 자체가 의미와 상징의 전달수단으로서 오락적 기능을 제공할 뿐만 아니라 정보교환, 의사소통을 위한 커뮤니케이션 수단이 됨으로써 우리 삶의 핵심적 요소가 되었다. 오늘날 미디어는 물과 공기처럼 인간의 삶을 영위하기 위한 필수 요소로 자리 잡고 있다. 신문, 라디오, TV 등 전통적인 미디어는 물론이고 최근 등장한 휴대폰, 태블릿(tablet) PC 등의 이동형 미디어에 이르기까지 미디어 없는 삶은 상상하기 어려울 정도이다. 이런 미디어와의 접촉은 사적 영역에만 국한되지 않고 사람이 모이는 전철, 버스, 기차 등 이동환경에서도 다양한 종류의 미디어를 만나게 된다. 심지어 거리를 걸을 때조차 뉴스와 광고를 전달하는 전광판을 보게 된다. 눈 떠서 잠들 때까지 어떤 형태로든 미디어를 접촉하지 않고는 살 수 없는 세상으로 변화(이상호·김선진, 2011)된 것이다.

하지만 기존 미디어 기업들에 이러한 변화는 커다란 도전이 되고 있다. '변화에 능동적으로 대처하는 자만이 생존할 것'(박종일 외, 2015)이라는 기로에 서 있게 된 것이다. 거대 언론 미디어 기업들의 독주는 더 이상 어려워지고 새로운 경쟁 패러다임에서 살아남기 위한 다양한 전략들이 필요해졌으며 이런 전략을 통해 차별화를 해나가는 것이 거의 모든 미디어 기업들이 안고 있는 당면과제가 되었다.

미디어 환경의 변화로 인해 미디어 기업이 만들어 내는 콘텐츠들의 유통방식과 소비방식은 급격하게 변화하고 있다. 통상적인 미디어 생태계는 경쟁, 독점, 소유, 위계, 수직, 집중, 정적(static), 정형화(formal), 고정(rigid), 결과 중심 등이 핵심 가치이지만 디지털미디어 환경에서는 공유, 협력, 분산, 참여, 개방, 연결, 유동적, 평등 등이 핵심 가치이다. 이러한 새로운 가치를 바탕으로 실현되는 새로운 미디어 콘텐츠 생산과 이용 현상은 브룬스(Bruns)의 프로듀시지(produsage) 개념으로 설명할 수 있다.[8] 프로듀시지는 produce와 usage가 합성된 것으로 전문가가 한곳에 모여 콘텐츠를 만들고 이것을 소비하는 과거의 콘텐츠 제작과 소비방식에서 벗어나 이용자가 직접 콘텐츠 제작에 참여하고 이용하는 환경을 설명하는 개념이다(최영, 2013).

생산-유통-소비의 영역으로 구분되던 미디어 가치사슬의 개별 단계가 디지털 융합으로 그 경계가 허물어졌고, 미디어 시장의 각 단계에서 활동하던 공급자들의 시장성과도 변화하게 되었다(박주연, 2010). 신생 미디어 기업들도 얼마든지 콘텐츠 제공자로 시장에 쉽게 진입할 수 있으며 낮은 시장 장벽으로 인해 경쟁은 한층 심해졌

---

[8] Bruse, A.(2008). Blogs, Wikipedia, Second Life and Beyond: From Production to Produsage, Peter Lamg, New York(최영, 2013, 재인용).

다. 이런 가치사슬 구조가 변화하면서 콘텐츠 생산자들이 소비자들에게 직접 콘텐츠를 전달할 수 있게 되었고 생산자들은 디지털콘텐츠를 다양한 매체를 통해 공급하면서 직접적인 수익을 창출할 수 있게 된 것이다. 반면 이런 시장 환경은 기존 대규모 언론기업의 수익 상황을 악화시킨 요인이 되어왔다. 특히 종이신문의 경우 급격하게 떨어지는 발행 부수와 이와 함께 하락하는 광고수익으로 인해 이중의 타격을 받게 되었다.

이러한 상황에서 소셜미디어를 포함한 디지털미디어는 단순히 사람들을 편리하게 연결해주는 도구 이상의 함의를 지니게 되었다. 즉 수직적이고 독점적이며 중앙집권적 커뮤니케이션이 아닌 수평적이고 분산되고 공유하는 커뮤니케이션 생태계가 탄생하고 있다(최영, 2013).

통신기술의 발달로 인해 미디어 생산물은 다양한 플랫폼을 통해 동시에 유통될 수 있게 되었다. 특정한 메시지를 전달하는 수단만 있으면 많은 독자에게 전달할 수 있으므로 통합적인 미디어 전략으로 다양한 플랫폼을 활용해 독자들이 있는 곳을 찾아가는 전략이 중요해졌다. 온라인 기술의 발달로 인해 다양한 콘텐츠 공급자들이 늘어나고 이런 경쟁자들로부터 기존의 충성도가 높은 독자들을 빼앗기기 쉬워졌기 때문에 품질과 서비스의 지속성을 보장하고 독자와의 강한 연대감을 유지할 수 있는 다양한 플랫폼을 구축하는 브랜드 전략이 중요해졌다. 이를 위해 이용자들의 연령과 소비성향에 따라 세분된 경험을 제공하고 다양한 플랫폼을 통해 브랜드 접촉점을 만들어야 하며(Ahlers, 2006), 이 같은 멀티 플랫폼 전략을 위해 크로스미디어(cross-media), 머천다이징(merchandising) 등이 새로운 미디어 환경에서 브랜드 이미지 형성에 매우 중요한 전략으로 대두되고 있다(Wolff, 2006, Siegert, 2008: 재인용). 즉 여러 가지 플랫폼을 활용하여 다양하게 가공된 콘텐츠가 다양한 미디어를 통해 배포되는 크로스 미디어 전략이 브랜드 이미지 전략과 맞닿아 있다(Siegert, 2007).

3 뉴스 가치의 변화

1) 전통적 뉴스 가치

디지털미디어의 등장으로 전통적인 매체의 뉴스 가치와 다른 뉴스 가치들이 등장하고 있다. 전통적 뉴스 가치(News Value)로는 보통 다음과 같은 열 가지를 들고 있다.

- 시의성

시의성은 뉴스에 있어서 시간적 요인 즉 언제 그 사건이 일어났는가 하는 요소로 다른 조건이 같은 경우에는 더욱 최근에 일어난 뉴스가 더 중요한 의미를 지닌다. 시의성은 뉴스의 핵심으로 사회의 변화가 오늘날처럼 급속도로 진행되는 상황에서 더욱 중요시된다. ICT 기술의 발달로 사건 발생과 보도 사이의 시차는 분·초의 단위로 단축되었기 때문에 이제 뉴스에 있어서 속도에 대한 가치는 더욱 높아지고 있다.

소셜미디어의 발달로 사건 발생과 거의 동시에 뉴스를 전달할 수 있게 됨에 따라 라디오나 텔레비전, 신문 같은 전통 미디어에 있어서 시간적 요소의 가치는 상대적으로 감소하였다고 할 수 있다. 그러나 신문과 방송은 아직도 모든 뉴스에 있어서 시의성을 가장 중요한 요소의 하나로 섬기고 있다.

시의성은 최근에 일어난 사건이 아니더라도 그것을 보도하는 어떤 시점과 알맞을 때는 뉴스가 될 수도 있다. 이처럼 내용과 그것을 보도하는 시점이 알맞은 것을 '적시성' 또는 '시의성'이라고 한다. 시간적 요인 중 이러한 두 가지를 구별하기 위해 뉴스를 최근성 뉴스(current news)와 적시성 뉴스(timely news)로 나누기도 한다.

– 근접성

뉴스는 다른 조건이 동일하다면 먼 곳에서 일어난 것보다 가까운 곳에서 일어난 것이 훨씬 중요하게 느껴진다. 즉 사건의 발생 장소가 수용자에게 가까우면 가까울수록 그 뉴스의 가치는 높아진다. 이는 수용자가 사건의 현장을 상상할 수 있거나 거기에 관련된 인물을 개인적으로 알고 있을 때 그 사건을 수용자 자신이 바로 그 현장에서 관찰하는 것처럼 생생하게 느낄 수 있기 때문이다. 특히 수용자는 무엇보다도 자기가 속해 있는 공동사회에서 진행 중인 일들을 알고 싶어 한다. 자신의 직업, 자기 건강, 재산, 가족, 친지, 친목 단체, 교회, 학교 등에 관한 일은 수용자에게 관여도(self involvement)를 높여주며 더욱 중요하게 느껴진다.

Warren(1959)은 근접성의 강도를 몇 겹의 동심원으로 설명한다. 가장 핵심부에 있는 작은 원은 자기 자신에게 가장 가까운 대상이나 사건들 즉 자신의 욕망과 필요 또는 문제들을 대표하는 것으로 보고 그다음의 더 큰 원이 자기의 이웃(neighborhood)에 관한 관심, 그다음이 인근 마을(community), 그다음은 지방(province), 그다음은 국가(nation), 그다음이 지구상의 지역권, 그리고 그다음이 전 세계에 관한 관심을 대표하는 것으로 볼 수 있다는 것이다. 뉴스는 동심원의 안쪽에 가까울수록 더욱 중요시된다.

한편, 비록 공간적 거리는 멀다 하더라도 어떤 특정한 개인에게는 가까운 곳에 있는 사물보다 가깝게 느껴지는 경우가 있다. LA에 살다 온 사람에게는 제주도의 뉴스보다 LA의 뉴스가 더욱 가깝게 느껴질 수도 있다. 이처럼 개인적인 심리적 근접성은 공간적인 근접성을 넘어설 수 있다. 찬리(Charnley,1966)는 뉴스밸류의 요소로서 공간적 근접성의 비중은 일정한 것이 아니며 그 범위도 미디어의 종류, 매체의 도달 범위, 시대적인 상황에 따라 다르다고 지적하고 있다. 즉 오늘날에는 전달의 속도가 빨라지고 범위가 넓어짐에 따라 근접성의 비중이 과거보다 줄어들고 있다.

– 저명성

'Names make news'란 말처럼 평범한 사람과 유명한 사람 사이에는 뉴스 가치의 차이가 있다. 이 같은 차별성은 그 인물의 지위나 오락적 가치(entertainment value) 때문이라고 설명하고 있다. 사람들의 관심을 끄는 것은 지위뿐만 아니라 업적, 부 또는 광범위한 선전으로 인해 널리 알려진 인물, 장소, 사물 및 상황 등이 있다. 권력이 있고 영향력이 강한 공공기관의 책임자 동정은 뉴스 가치가 높다. 대통령, 총리, 지사, 시장 등의 발언은 평범한 시민의 발언에 비해 훨씬 권위가 있고 무게가 있다. 수용자들은 중요한 인물의 업적이나 지위뿐만 아니라 좋아하는 음식, 패션, 교우관계 등 사적 영역에까지 흥미를 갖게 해 준다.

저명성은 반드시 좋은 일, 훌륭한 일 때문에만 생기는 것이 아니고, 나쁜 일, 비도덕적인 일을 한 사람 즉 악한 등도 공중의 관심을 끈다. 인물의 저명성과 마찬가지로 장소의 저명성도 많은 경우에 뉴스밸류를 판단하는 데 작용을 한다. 유명한 장소에서 일어난 사건은 비록 작은 것이라 할지라도 훨씬 더 중요하고 흥미롭게 느껴진다. 저명성이라는 뉴스밸류는 또 수용자들에게 잘 알려진 특정한 사물에도 적용되며 그 사물의 가치는 크기나 저명성의 여러 가지 요소에 따라서 결정된다.

– 영향성

환경의 변화 즉 사건은 직접적이든 간접적이든 사람들의 생활에 영향을 미친다. 영향성이 크다는 말은 의의가 있거나 중요하다는 말과 동일하다. 이러한 차원에서 영향성을 의의성(意義性), 중요성이라고도 부른다. 하나의 사건이 그 자체로는 개인의 문제일지라도 그것이 널리 독자 전반의 이해와 관심의 대상이 되는 보편적인 문제성을 지니면 그 중요도가 높아진다. 영향성의 크기는 영향을 받을 독자의 수에 의해서 결정된다. 우리와는 직접 관련이 없는 것 같은 동유럽의 동향이 뉴스가 되고 트럼프나 김정은의 일거수일투족이 뉴스에 등장하는 것도 그들의 국제정치상의 영향력 때문이다. 국제 세계가 정보통신 기술의 발달로 인해 이제는 공간적 근접성보다는 영향성이라는 뉴스 가치가 더욱 중요시되고 있다.

- 신기성

개가 사람을 무는 것보다 사람이 개를 무는 것이 더욱 뉴스 가치가 높다는 우스갯소리가 있다. 이처럼 흔하지 않은 것, 색다른 것에는 사람들의 관심이 집중된다. 신기성에는 돌연성과 의외성이라는 속성이 포함되어 있다. 이러한 신기성을 지나치게 추구하게 되면 센세이셔널 저널리즘 또는 황색저널리즘이라는 비판을 받기도 한다.

- 인간성

사회가 발전하고 과학과 기계문명이 발달함에 따라 인간의 가치, 인권, 휴머니즘 등이 새로운 뉴스 가치로 떠오르게 되었다. 또한, 산업이 발달하고 환경오염이 늘어남에 따라 환경으로부터 인간을 보호하는 문제도 중요시되고 있다.

- 사회성

신문은 사회와 시대를 반영하는 거울이다. 그리고 뉴스는 시대나 사회나 국가와 크든 작든 간에 관련성을 가지고 있다. 그 관련성이 깊으면 깊을수록 그 뉴스 가치는 커진다. 따라서 인간존중이라든지 민주주의 또는 사회정의에 역행하는 어떤 뉴스가 발생하면 신문은 일반에게 경고하기 위해 그 뉴스를 크게 다룬다. 어린이 유괴사건, 청소년범죄, 잔혹한 살인사건 등이 대대적으로 보도되는 것은 그 뉴스에 내포된 사회성 즉 일반적인 사회규범을 무시한 것이기 때문이다. 사회여건의 변천에 따라 뉴스밸류의 척도도 달라진다. 이것을 '시대성'이라고 한다. 사회적으로 파장이 큰 사건이 발생하면 거기에 대한 각계의 의견이나 비판, 그리고 반응을 실어 그 뉴스를 분석하는 것은 그만큼 미디어에서 사회성을 중시하기 때문이다.

- 기록성

소셜미디어의 발달로 전통 미디어의 속보성은 줄어듦에 따라 기록성의 비중이 중요시되고 있다. 주요 내용의 텍스트 전문을 싣는가 하면 백서 같은 것을 상세히 보도하는 등이 그것이다.

- 국제성

인간은 고립된 개인이 아니라 그가 속한 지역사회와 국가가 있으며 국가 또한 국제사회의 일원이기 때문에 인간은 가까이는 그가 속한 공동사회, 나아가서는 국가나 국제사회의 동향에 무관심할 수 없다. 각양각색의 국제뉴스를 관련이 있건 없건 간에 언론이 보도하고 있는 것은 이 때문이다. 우리의 삶에 직접 간접으로 영향을 미치는 강대국들의 움직임, 우리의 이해와 직결되는 주변 정세, 새로운 국제 동향들을 매일 폭넓게 다루고 외국의 뉴스를 소개하는 것도 국제성 때문이다.

- 인간적 흥미(human interest)

인간적 흥미란 인간의 감정적 반응을 일으키는 요소를 말한다. Frank L. Mott(1962)는 이것을 '인간에게 흥미를 주는 뉴스'와 '인간의 생활을 다루고 있으므로 재미있는 뉴스'의 두 가지로 구분하고 있다. 수용자가 뉴스를 접하면서 개인적인 관여감을 느끼는 것은 그

속에 인간적 흥미의 요소가 있기 때문이다. 인간적 흥미가 있는 뉴스는 수용자와 정서적 접촉을 이루며 수용자의 지적 경험보다는 그 정서적 경험에 강력히 호소한다. 인간적 흥미가 강한 뉴스는 다음과 같은 몇 가지 하부 요소가 있다.

① 이상성(Unusualness, oddity) : 이상성이란 뉴스의 가장 기본적인 속성으로 일상적인 일과는 대조적인 이상한 사건을 말한다. 매체가 지나치게 이상성을 추구하는 것은 위험한 일이지만 그렇다고 피해 버린다면 지면은 무미건조해질 것이다.

② 투쟁 : 모든 인간에게는 투쟁이라는 요소에 강력하게 반응하는 본능이 있다. 친구 사이의 경쟁, 군대 간의 전투, 사람과 자연, 사람과 동물 간의 투쟁, 권력 간의 상충 등은 투쟁의 다른 형태들이다. 모든 운동경기 또한 투쟁의 일종이다. 이처럼 인간은 무의식중에 어느 한쪽의 편을 드는 심리가 있으며 모험이나 경쟁에 스릴을 느낀다. 어떤 뜻에서는 생활 자체가 경쟁이라고 할 수 있으며 인간은 나면서부터 죽을 때까지 정신적 육체적 투쟁의 무한한 연속 속에서 숨쉬고 있다 해도 과언이 아니다. 그러므로 투쟁의 요소가 들어있는 뉴스(전쟁, 선거, 스포츠 등)는 쉽게 광범위한 독자층의 공감을 얻을 수 있다.

③ 성(sex) : 성은 인간적 흥미 중에서도 가장 대표적인 것이라고 할 수 있다. 특히 섹스가 저명성과 결합하게 되면 뉴스밸류는 더욱 높아진다.

④ 어린이와 동물 : 어린이와 동물에 관한 이야기는 항상 사람들의 마음을 움직인다.

2) 디지털미디어 시대의 뉴스 가치

독자 중심의 신문 마케팅을 연구하는 기관 중 하나인 노스웨스턴 대학의 독자연구소(Civic Readership Institute)는 독자의 열독률을 높이기 위한 마케팅전략의 중요성을 강조하고, 이를 위해 대규모의 '임팩트 조사(Impact Study)'를 수행한 바 있다. '임팩트' 조사는 100개 이상의 미국 주요 신문사들이 참여한 대규모 독자연구 프로젝트로 어떻게 하면 뉴스 콘텐츠와 신문들의 서비스가 열독률을 높일 수 있을까를 탐구하는 프로젝트였다. 이 프로젝트는 5년 동안 진행되는 것으로 2001년 미국 신문편집자 그룹(ASNE, American Society of Newspaper Editors)에 의해 주도되었으며 3만 7천 명 이상의 소비자를 대상으로 설문조사가 시행되었다.

동 기관에서 조사한 연구보고서는 독자들의 뉴스 선호 기준을 조사하였는데 독자들은 디지털미디어 시대에 더 이상 뉴스 편집자들이 정해준 뉴스 가치나 중요성에 의존하는 것이 아니라 스스로 뉴스 가치를 판단하고 이를 기준으로 뉴스를 소비한다는 결과를 보여주고 있다. 스타트리뷴(the Star Tribune)과 독자연구소(Civic Readership Institute)가 함께 진행한 이 연구는 독자들이 '뭔가 내게 대화거리를 제공해 주는 이슈(Gives me something to talk about)' 와 '내가 관심 있는 즉 내 개인적인 생활과 밀접한 분야의 주제(Looks out for my personal and civic interests)', 그리고 그런데도 '전혀 색다른 주제로 흥미와 재미를 유발하는 내용(Turned on by surprise and humor)'을 경험하고자 하는 것이 주요한 뉴스 가치가 되었다는 것을 보여주고 있다. 이 연구에서 또한 간과할 수 없는 내용은 젊은 독자들이 엔터테인먼트나 가십 같은 뉴스에 관심을 보이고 더 이상 사회 정치 경제 뉴스와 같은 하드 뉴스(hard news)에는 소원해지고 있다는 여러 추측과는 달리 하드 뉴스일지라도 이런 경험의 요건들이 충족될 때에는 충분히 젊은 층의 열독률을 높일 수 있다는 점이다. 또한, 광고 콘텐츠도 같은 성향을 보여주고 있다. 즉 독자들은 자신의 경험과 인지에 따른 콘텐츠 선택이 가장 중요한 기준이 되고 있으며 이를 위해서는 신문사들은 기사의 작성이나 제목의 결정 방법 등에서 이런 독자들의 변화된 태도들을 반영해야 한다고 제시하였다(Readership Institute, 2005).

이와 함께 디지털미디어 시대에서는 뉴스의 공유와 확산이 중요한데 이에 가장 밀접한 관련이 있는 가치 요소가 콘텐츠의 창의성, 즉 재미와 공감 요소라고 할 수 있다(creativity-fun & empathy). 직관적인 선택에 의존하는 디지털 세계에서의 소비자들은 자신에게 재미를 주고 자신을 공감해주는 콘텐츠에 감정적으로 반응하며 선택하기 때문이다. 이러한 특징 때문에 소비자들은 신문이나 TV보다 상대적으로 집중도가 떨어지는 모바일 등 디지털 매체에서는 특정 콘텐츠에 오래 머무르지 않는 즉흥적 이용방식이라는 특수성을 보인다. 이런 콘텐츠 이용행태를 '스낵컬처'9)라고 하는데 웹툰, 웹 소설, 웹 드라마 등이 대표적이다.

미디어 기업의 생산품은 일반 기업이 생산하는 소비재와는 다른 특성이 있다. 따라서 이런 미디어 생산품의 특성을 먼저 파악하는 것이 중요하다. 이는 대개 경영의 전략적 결정이 그 생산되는 생산품의 특징에 의해 좌우되기 때문에 이와 같은 특성을 분석하는 것은

---

9) 스낵컬처 현상은 짧은 시간 동안 간편하게 즐기는 문화 예술 소비 트렌드를 지칭한다(한경 경제용어사전, 2015).

유의미한 일이라고 할 수 있다(Chatterjee & Wernerfelt, 1994). 미디어 관련 연구자들은 이런 미디어 상품의 특징에 대해 다양한 시각을 보여주고 있다.

도일(Doyle, 2002)은 문화상품으로서의 미디어 생산품은 특정한 질적인 가치를 지니고 있다고 주장한다. 미디어 생산품은 복잡하고 모호한 특성이 있어 수량적인 지표를 통해 그 경제적인 가치와 효율성을 판단하는 경제적인 적용법은 적용하는 데 무리가 있다는 것이다. 비록 대부분의 미디어가 자신들의 수익을 내기 위해 회사를 운영하고 가시적인 이윤을 내고 있지만, 문화적인 정체성과 사회적인 가치를 인식하고 이를 전파하는 것이 미디어의 중요한 역할이라고 할 수 있다. 이런 사회적인 목적은 미디어의 경영적인 요구 차이로 인해 더 복잡한 논의를 끌어내고 있다. 사회적인 가치는 경제적인 효율성을 분석하는 전통적인 경제이론에서는 설명되기 어렵기 때문이다(Doyle, 2002).

미디어 시장은 기술의 발전과 독자들의 기호에 매우 예민한 반응을 보이는 특징을 가지고 있다. 예를 들면 디지털 기술의 발전에 따라 초기 콘텐츠 비용이 낮아지고 미디어 상품이 노출되는 빈도가 높아질 수 있다. 이런 특성 때문에 경제적인 지표로만 미디어의 경제성을 계산하기가 매우 어려운 것이다(Chan-Olmsted, 2008). 레빈과 웨크만(Lavine & Wackman, 1988)은 '미디어 상품은 눈에 보이는 것이 아닌 무형의 것이고 소멸하는 것'이라고 정의하면서 미디어 상품을 배포하기 위해서는 유형의 배포 매체와 불가분의 관계를 맺고 있다고 강조하고 있다. 무형의 콘텐츠 생산물은 다양한 포맷으로 제작됨으로 미디어 기업들은 이들을 보다 다양한 매체를 통해 확장 배포하려고 한다. 이들의 배포 매체가 확대될수록 생산물을 공유하고 재분배하는 경로가 확대될 수 있으며 다양한 배포로 인해 시장은 확대되고 이익 창출의 가능성이 커진다. 이러한 이익 창출을 위한 콘텐츠의 가치 제고는 결정적으로 소비자, 즉 독자들의 선호도에 달려있다.

케이브(Caves Richard, 2000)는 미디어 영역이 창의적인 개인들과 수요의 불확실성 문제를 다룬다는 점에서 다른 상품들과 차별성이 있다고 보았다. 수요나 시장을 예측해서 만들어 내는 일반 상품들과는 달리 공급 영역에서 소비 영역의 예측 없이 공급하는 특징이 있다는 것이다. 기사의 내용이나 뉴스의 종류가 독자들의 수요를 예측해서 공급되기보다는 뉴스 콘텐츠 자체가 있으므로 생산해낸다는 것이다.

칼더(Calder, 2004)는 미디어 소비가 소비자들이 단순히 오렌지 주스를 몇 병 소비했는지와 동등하게 비교될 수 없는 소비 행태라고 하였다. 사람들은 단순히 미디어를 소비하는 것이 아니라 그것을 경험하므로 미디어 상품은 질적이고 주관적인 경험재라고 할 수 있다. 즉 미디어의 생산물이 만들어 내는 이미지들은 '경험의 상품'이다 (Calder, B. J., & Malthouse, E. 2008). 경험재로서 미디어는 다른 어느 제품이나 서비스보다 순간적이며 무형성이 강하기 때문에 뉴스 가치는 켈러(Keller)의 지적처럼 예술 및 오락 산업과 비슷한 특징을 지니게 된다. 즉 디지털미디어에서는 사용자의 경험과 만족이 매우 중요한 뉴스 가치가 되고 있다. 이러한 제품들은 예상 구매자들이 면밀한 검사를 통해 품질을 판단할 수 없으므로 기사를 제공하는 기자나 콘텐츠 제공자들의 구전(口傳)에 의한 비평 등과 같은 단서들을 이용해 품질을 추론할 수밖에 없다(Keller, 1998).

또한, 디지털미디어 시대의 뉴스는 당연히 속보성을 가지고 있어야 하고 신뢰도가 기본이지만 이러한 전통적 뉴스 가치에서 더 나아가 검색이 쉽게 되어야 한다. 이를 위해서는 검색의 최적화(SEO: Search Engine Optimization)[10]가 매우 중요한 요건이라 할 수 있다. 뉴스는 제목을 적절히 뽑거나 뉴스의 신뢰도, 독자의 평가와 같은 가중치 요소들을 적절히 삽입하여 구글과 같은 포털에 쉽게 검색될 수 있게 하는 게 무엇보다 중요한 요건이라는 것이다. 예를 들면 구글 같은 검색엔진에 많이 노출되기 위해서는 독자의 평가와 같은 여러 가중치를 올리는 전략이 필요하고 페이스북과 같은 공유 사이트에서는 내용에 있어서 쉽게 접근할 수 있는 콘텐츠 위주로 배포해야 한다. 예를 들어 허핑턴포스트(Huffingtonpost)[11]는 태그 등을 적절히 사용하여 SNS의 공유가 많이 되도록 하는 것을 디지털미디어의 가장 중요한 전략으로 삼고 있다. 디지털미디어인 버즈피드(Buzz Feed)도 이러한 공유를 가장 잘하는 매체의 하나인데, 기사의 순위를 매긴다든지, 해야 할 몇 가지와 같은 형식으로 기사를 만들어 공유가 쉽게 될 수 있게 하는 전략을 구사하고 있다는 것이다.

---

10) 검색엔진 최적화(SEO)는 Search Engine Optimization의 약자로 검색엔진에서 검색이 잘 되게 하는 방법을 말한다. 기술적으로는 검색엔진을 어떤 원리로 움직이게 하는 검색엔진 알고리즘에 대한 이해를 토대로 사용자에게 최상의 검색 결과를 제공하는 서비스를 목표로 한다.

11) https://www.huffingtonpost.com

4 광고/시장/마케팅/브랜드 전략의 변화

1) 언론 중심에서 마케팅 중심(market driven)으로

전통적 미디어의 기본 수익모델은 소비자들에게 직접 콘텐츠를 파는 것과 소비자들에게 상품을 팔고 싶은 광고주들에게 광고를 파는 것으로 구분할 수 있다. 신문의 경우, 충성도 높은 독자층의 지속적인 구독률은 광고주들에게 매우 매력적이고 안정적인 노출 기회를 제공하였다. 그러나 디지털미디어 시대가 되면서 다양한 플랫폼을 통해 콘텐츠를 소비하는 소비자들의 소비패턴 변화로 인해 더 이상 광고시장은 거대 언론기업들의 독점적인 시장이 될 수 없게 되었다. 게다가 종이신문의 구독률은 떨어지고 독자를 만나는 접점이 점점 줄어들면서 거대 신문사들은 독자들과의 접점이 한정되어있는 종이 매체의 한계를 극복하기 위해 더욱 다양한 채널을 통한 독자들과 만남을 시도하게 되었다. 오랜 역사의 전통적 언론사들은 연륜과 탄탄한 독자층으로 만들어진 독점적 시장에 안주하거나 생산과 유통에 있어 일방적인 소통방식을 취해왔으나 디지털 기술이 미디어와 융합하면서 다양한 온라인 미디어들이 탄생함에 따라 콘텐츠 생산과 공급이 쉬워지고 시장의 진입장벽이 낮아짐에 따라 미디어 시장은 그 판도가 변화하게 되었다(Chan-Olmsted, 2006).

인터넷의 급속한 팽창과 스마트폰의 보급 확대는 새로운 형태의 경쟁자를 미디어 시장에 개입시킨 결과를 가져왔고 이는 공급자 중심의 관점에서 수요자 중심의 마케팅으로의 전환을 부각해 주었다. 미디어 시장에 대한 기술적 법적 진입장벽이 없어졌기 때문에 경쟁력이 없으면 시장에서 도태될 수밖에 없는 경쟁 체제로 바뀌었기 때문이다. 게다가 광고주 확보를 위한 경쟁마저 더 치열해짐으로써 다양한 수익원 창출에 노력할 수밖에 없게 되었다.

마케팅 분야의 연구 결과에 따르면 소비자들은 아무리 많은 대안이 있더라도 7개 정도의 브랜드 중에서 선택하고 나머지는 무시한다. 마찬가지로 혼잡한 시장 속에서 소비자가 골라 보는 미디어는 고작 5개에서 8개 정도에 불과하다(Ferguson, 1992). 따라서 시장 내의 경쟁자가 많아져 제품 차별화의 압력이 커질수록 언론사에 대한 충성도 제고와 고정 고객층 확보 전략은 더욱 중요성이 있다.

이러한 전략의 하나로 기존 매체들은 아날로그보다는 '디지털 매체 우선'이라는 공급 시스템을 전략적으로 도입하여 기존의 브랜드 파워를 디지털미디어로 이전 혹은 확장해야 하는 도전을 받고 있다. 그러나 아직 전통매체들이 디지털 매체로의 변신을 효과적으로 수행하는지는 그 성과를 가늠하기 어렵다. 왜냐하면, 이제까지 전통매체들은 시장보다는 언론의 공익성을 추구하는 공급자 위주의 매체 환경에 익숙해져 있어 마케팅이나 브랜드 관리라는 개념 자체가 생소하기 때문이다. 이런 관점으로 인해 미디어와 커뮤니케이션 전략 연구는 주로 콘텐츠를 분석하는 관점에서 그것의 효과와 역할에 초점을 맞춰 이루어 왔다.

그러나 미디어는 경험재이기 때문에 본질에서 마케팅이나 브랜드 관리의 중요성이 큰 분야라고 할 수 있다. 미디어 환경이 급변함에 따라 최근 들어서 경영 혹은 경제적인 맥락에서 미디어 기업의 경영 전략들에 관해 관심을 기울이는 연구들이 늘어나고 있다. 신문 연구 역시 독자들의 알 권리를 충족시키고 공공의 이익에 부합하는 뉴스를 제공하는 언론의 기능과 함께 이러한 고객의 충성도를 기반으로 이윤을 추구하는 기업의 기능에 관한 연구가 증가하고 있다.

예컨대 '미디어 이코노믹스' 혹은 '미디어 비즈니스 연구' 등과 같은 다양한 학술지의 등장과 발전도 이러한 시장 중심의 미디어 연구에 대한 플랫폼이 되고 있다. 미국의 경우 1990년대부터 미디어 분야에서도 브랜딩 혹은 브랜드 경영 등의 개념이 등장해 오고 있으나(McDowell & Batten, 1999) 그 변화를 깊이 있게 다양한 방면에서 다루는 연구나 조사는 아직도 부족한 것이 사실이다(Compaine & Gomery, 2002). 국내에서도 미디어의 브랜드 개념이 등장한 것은 최근의 일이며 이를 실증적으로 접근한 연구는 많지 않은 편이다. 이는 그동안 거대 언론사들의 독과점 시장에서 마케팅의 의미가 중요하지 않았을 뿐 아니라 연구 또한 별 의미가 없었기 때문이다.

미디어 플랫폼이 다양하게 진화하면서 경쟁력 강화의 필수 요소로 브랜드 전략이 등장하고 있지만 그런데도 아직 성공적인 비즈니스 모델의 구축과 브랜드 전략이 무엇인가에 대해서 아직 누구도 확답을 주지 못하고 있다. 이런 의미에서 현재 화두가 되는 미디어 산업의 다양한 디지털 전략과 브랜드 이미지 경영은 새롭게 학자들이 접근해야 할 분야(Chan-Olmsted, 2006)로 떠오르고 있다.

2) 디지털 퍼스트(Digital First)

디지털미디어 시대에 전통매체의 가치창출 및 브랜드 전략의 핵심은 '디지털 우선(Digital First)' 전략이다. 디지털 우선 전략은 뉴스의 제작과 유통을 아날로그가 아닌 디지털 서비스를 우선으로 두는 전략이다. 뉴욕타임스는 디지털 퍼스트를 "종이의 제약에서 벗어나 최우선으로 가능한 최고의 디지털 보도"라고 정의한다. 즉 다음날 지면을 무엇으로 꾸밀까 고민하는 종이신문의 제약에서 벗어나 디지털 보도를 가장 우선에 두는 것을 의미한다(The NewYork Times, 2014).

디지털 퍼스트는 단순히 '디지털이 먼저이고 인쇄는 그 뒤'라는 발행 순서의 교체를 의미하지 않는다. 그것으로 파생되는 기사 생산 과정의 변화, 수익모델의 전환, 조직구성의 개편, 각종 기술의 재배치를 모두 포함한다. 2014년 공개된 뉴욕타임스의 '혁신(Innovation) 보고서'는 언론 산업의 위기를 경고하며 어떻게 변화해야 하는가에 대한 문제를 제시한 문건이었다. 이 보고서에서 강조한 것이 바로 디지털 퍼스트(Digital First) 전략이었으며 동시에 종이신문 1면 (Page One)에 집착하고 있는 조직의 마인드 전환을 꼽고 있었다.

'디지털 퍼스트'가 처음 언급된 시기는 대략 2006년쯤으로 추정된다. 당시엔 '디지털 퍼스트'라는 표현보다는 '웹 퍼스트'란 용어가 익숙했다. 모바일 시대가 본격적으로 도래하면서 이를 포괄하는 개념인 디지털 퍼스트로 바뀐 것뿐이다. 웹 퍼스트라는 용어를 선점한 매체는 영국의 '가디언(The Guardian)'이었다(Sweeney, 2006). 당시 가디언은 하루에 한 번 발행하는 신문의 한계를 극복하는 것을 목표로 삼았다. 외신과 비즈니스 섹션에서 '시차의 괴리'를 좁히겠다는 의도가 컸다. 하루에 한 번 찍어내는 신문은 글로벌 시장을 대상으로 독자 확장을 꾀하려는 가디언에 효율적이지 않은 미디어 플랫폼이었다.

이에 따라 2011년 가디언은 '디지털 퍼스트' 조직으로의 대전환을 선언하고 '장기 지속가능한 재정구조와 디지털 성장에 대응하기 위한 선도적 선택'이라는 전략적 목표를 정했다. 전략의 내용도 더욱 구체화했다. 당시 Allen Rusbridger 가디언 편집국장은 이렇게 선언했다. "모든 신문은 디지털 미래를 향한 여정에 있다. 그것이 인쇄를 버린다는 것을 의미하지는 않는다. 하지만 관심과 상상, 인적·물적 자원을 디지털 미래가 가져올 것으로 보이는 다양한 형식에 더 집중할 것을 요구하고 있다."[12]

'디지털 퍼스트'는 올드 미디어의 전략적 미래와 지속가능한 생존의 모색 과정에서 불가피하게 생산된 조어(造語)라고 할 수 있다(최민영, 2014).

하지만 국내에선 '디지털 퍼스트'가 여전히 발행 순서의 교체 정도로 인식되고 있고, 그것의 불가피성에 대한 절박감은 표피적으로만 형성되고 있다. 글을 담는 공간이 종이에서 디지털 웹으로 바뀌었다는 인식만이 주를 이루고 있을 뿐, 종이와 웹의 차이에 대해선 무관심하다는 얘기다(이성규, 2014).

3) 미디어 기업도 브랜드 강화 전략 필요

과거에도 미디어 기업들은 안정적이고 충성도 높은 소비자들과의

---

12) http://www.guardian.com

관계를 중요시해왔다. 그러나 미디어 환경이 다변화되면서 다양한 선택권이 있는 소비자들에게 얼마나 차별화된 콘텐츠와 이미지로 어필하는가 하는 브랜드 전략은 미디어 기업의 필수적인 전략이 되어가고 있다. 소비자들은 클릭 한 번으로 별다른 비용을 들이지 않고 새롭게 등장하는 새로운 브랜드의 콘텐츠와 접속할 수 있으므로 익숙한 미디어에 오래 머물러 있지 않은 경향이 있다. 다양한 선택 가능성과 넘쳐나는 정보들 속에서 오히려 소비자들은 선택에 있어 브랜드의 친근함이 더 중요한 요소가 될 수 있다는 것이다.

즉 소비자들은 자기가 아는 것 이상으로 확장해서 찾아보기보다는 자신에게 친근한 브랜드에 안주한다는 것이다(Chan-Olmsted, 2006). 시간과 집중 또한 새로운 디지털미디어 전략의 핵심적 가치로서, 독자들은 다양하고 새로운 정보와 뉴스를 찾는 시간을 소비하느니 빠르고 간단하게 평소에 접하던 미디어를 통해 얻고 싶은 정보를 얻고 있는 것이다(Ots, 2008). 미디어 학자 턴게이트(Tungate, 2004)도 독자들은 그 자신 스스로 미디어 관계자이면서 친근한 5개 정도의 잡지를 선택하여 읽는다고 하였다. 이는 그만큼 미디어를 선택하면서 감정적인 친근함이 작동한다는 방증이며 이를 브랜드 이미지로 치환했을 때 그 친근함이 바로 브랜드 파워와 연관되어 있음을 암시한다.

이런 브랜드 파워를 갖기 위해서는 무엇보다도 브랜드 이미지가 강해야 한다. 브랜드 이미지는 '소비자가 기억 속에 저장된 브랜드 연상(association)에 의해 반영되는 브랜드에 대한 지각'(Keller, 1993)이며, '브랜드 이미지가 의미를 지니고 조직화된 연상들의 집합'(Aaker, 1996)이라고 정의할 수 있다. 이러한 측면에서 미디어의 브랜드 이미지는 '소비자들이 특정 언론에 대해 가지고 있는 인지적, 감성적 차원의 연상들 총체'라고 할 수 있다. 따라서 언론사의 개성과 철학이 반영된 호의적이고 독특한 브랜드는 소비자들의 매체 충성도와 호의도를 끌어낼 수 있을 것이다(이수범, 2007).

미디어 기업의 마케팅전략은 이러한 브랜드 이미지를 창출하는 과정이며, 궁극적으로 언론사의 브랜드 이미지를 구축하기 위한 활동이라고 볼 수 있다. 브랜드 이미지가 소비자 기억 속에 저장된 브랜드 연상 때문에 투영되는 브랜드에 대한 인식으로 정의 되듯이(Keller, 1993; 1998) 미디어 브랜드 이미지는 미디어 콘텐츠만으로 차별화가 어려워진 현 미디어 환경에서 이를 보완해 줄 수 있는 또 다른 요소로 인식되고 있다. 또한, 소비자들이 상품을 구매할 때 단지 품질 때문만이 아니라 이미지를 소구하는 특성이 점차 강해지고 있다는 이유로 미디어에 대한 독자들의 충성도를 유지하기 위한 전략의 중요한 부분을 차지하고 있다(이윤희, 2002).

이제 다양한 정보와 콘텐츠가 여러 언론사를 통해 배급되면서, 독자들을 대신해 콘텐츠를 가려서 선택해 주는 일종의 필터 역할을 미디어 브랜드 이미지가 담당하고 있다(이준웅·심미선, 2005). 언론사의 이미지, 명망(reputation) 등이 미디어 기업의 이미지를 만들어 내는 것이다. 특히 일반적으로 정보재의 경우 생산품인 정보에 대해 먼저 평가를 하고 난 뒤 구매할 수 없으므로(정보를 평가하고 나면 이미 그 정보에 대해 지급할 필요가 없어진다) 정보 거래에 있어서 바로 정보 생산자의 이미지나 명망이 중요해지는 것이다(이준웅 외, 2003).

그러므로 기업의 이미지를 소비자에게 정서적으로 각인시키는 브랜드 전략은 보이는 제품을 판매하는 기업은 물론, 무형의 콘텐츠를 공급하는 미디어 기업들에 더 중요한 과제가 된다. 특히 미디어 기업들은 생산품 자체가 무형의 콘텐츠이고 그 소비가 정서적인 판단으로 이루어지는 '경험의 상품'이기 때문에 미디어 기업에 있어서 브랜드 전략은 기업의 생존 전략이 될 수 있다. 즉, 충성도를 확보하기 위해 브랜드 이미지에 대한 호감과 신뢰를 만드는 일이 바로 미디어 브랜드 전략의 주요한 요소가 되는 것이다(Sigert, 2008). 미디어 기업에서도 독자의 통합적인 경험이 미디어 생산물에 대한 브랜드 인식을 가장 효과적으로 할 수 있는 접근법이다(Calder외, 2008).

위와 같은 논의에 근거하면 다매체 시대에서 미디어에 대한 선택 폭이 폭발적으로 증가할 경우 브랜드 이미지가 강한 언론만 살아남게 될 확률이 높다. 그리고 위기에 처한 종이신문의 경우 이러한 브랜드에 대한 요구는 더욱 강력해진다. 다매체 경쟁상황에서 독자는 접근 가능한 모든 신문을 검색한 뒤 소비를 결정하기보다는 신뢰할 수 있는 몇 개의 언론사 브랜드에 의존해서 뉴스를 선택할 것이다. 독자의 신문사 브랜드에 대한 충성도는 경험을 통해 품질에 대해 인지된 이미지를 통해 형성된다고 할 수 있다(Chan-Olmsted & Kim, 2002). 미디어 브랜드 이미지에 대한 독자들의 인지는 잠재적인 독자들을 지속해서 창출할 수 있으며 독자들의 충성도를 확보하는 기초가 될 것이다. 이런 맥락에서 미디어 브랜드 연구의 중요성은 더 강조되고 있다.

먼저 미디어 브랜드 전략은 두 가지 시장을 동시에 상대해야 한다. 신문이나 잡지를 직접 구매하거나 읽는 독자들의 시장과 지면에 광고를 게재하고자 하는 광고주들의 시장이 그것이다. 그리고 서로 다른 입장과 속성을 가진 양쪽 모두에게 지속해서 자신들의 브랜드 이미지를 강조해야 한다(Wirtz, 2005, Siegert, 2008:재인용). 즉 다른 성격의 시장에 각각 적합한 브랜드 전략을 구사해야 한다는 것인데, 이에 따라 수익구조와 경영 효율화의 전략도 달라질 수 있다. 미디어 기업의 브랜딩에 있어서 중요한 요소는 소비자나 광고주들에게 브랜드 충성도를 파는 것이고 대중 마케팅적인 미디어 기업의 상품 특성을 활용하여 새로운 브랜드를 만들거나 새로운 상품을 만들어 브랜드를 확장하는 것(Ots, 2008)이기 때문에 일반화되지 않은 각 지역 및 커뮤니티를 이해하고 이를 반영하는 것이 매우 중요한 미디어 기업의 덕목이 된다. 지역 및 커뮤니티와 관련된 시장의 특성을 인지하고 그것에 맞는 콘텐츠를 생산하는 시장 전략이 이를 위해 필요하다.

아울러 미디어 기업들 또한 자신들의 브랜드 메시지를 전달하기 위해 경쟁 영역인 다른 미디어들을 활용하는 미디어 믹스 전략을 구사해야 한다. 상식적으로 미디어 기업은 자신들이 미디어이기 때문에 별도의 브랜드 홍보 전략을 수립하여 시행한다는 인식을 하고 있지 않았다. 그러나 다매체 시대에는 전통적인 광고, 상호 프로모션, 셀프 프로모션, 미디어 PR, 편집 가능한 자료들, 즉 포스팅이나 기타 오픈된 자료들을 활용(Siegert, 2008)해야만 한다.

5 소비자/사용자의 변화

1) 미디어 이용행태의 변화

언론진흥재단의 '2018 언론수용자 의식조사'에 따르면 전통 미디어인 텔레비전, 종이신문, 라디오, 잡지뉴스 이용률은 전반적으로 줄

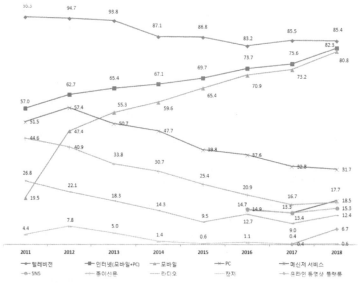

출처 : 2018년 언론수용자 의식조사·한국언론진흥재단

<그림 5> 미디어별 뉴스 이용률 추이(2011~2018)

었으며, 모바일 인터넷은 2011년 19.5%에서 2018년 80.8%로 네 배 이상 증가했지만, 인터넷은 2011년 51.5%에서 31.7%로 하락하였다. 2016년 처음으로 측정한 메시징 서비스는 2018년 18.5%, SNS는 15.3%로 증가했다(한국언론진흥재단, 2018).

문89-1~5. 귀하께서는 지난 1년간 다음과 같은 행동을 한 경험이 있습니까? 혹은 없습니까?

(단위: 경험이 있다 %)

구분	사례수 (명)	인터넷 뉴스에 직접 댓글을 쓴 적이 있다	인터넷 뉴스를 다른 사람과 공유 또는 다른 사람에게 전달한 적이 있다
전체	(5,128)	7.2	16.1
종이신문 및 인터넷신문 이용자	(790)	9.0	20.8
종이신문 순이용자	(280)	0.9	3.5
인터넷신문 순이용자	(3,125)	9.3	20.3
신문 비이용자	(932)	0.5	1.8

(출처 : 2016 언론수용자 의식조사 한국언론진흥재단)

<그림 6> 신문이용자 유형별 뉴스 공유 정도

그러나 뉴스를 소비하는 디바이스는 스마트폰 등으로 다변화했지만 뉴스의 생산 양태는 여전히 종이 중심으로, 신문사의 수익 70% 이상이 여전히 '종이'신문에서 나오기 때문에 쉽게 변화하지 못하고 있다(최민영, 2014)는 의견도 있다. 따라서 현실적으로는 다매체 환경이 젊은 층 독자의 신문 열독률 감소로 이어질 수 있다는 전망이 우세하다.

최근 미국 편집인협회(ASNE)는 신문열독과 관련한 한 조사에서 전 세계적으로 신문 구독층이 줄어들고 있으며, 특히 35세 이하 젊은 층의 신문 구독률이 라이프스타일의 급속한 변화로 인해 뚜렷한 감소세를 보인다고 발표한 바 있다. 2002년 퓨 리서치센터(Pew Research Center)의 '뉴스 미디어 수용 행태 조사결과'에서도 신문 독자 수가 줄어들고 있으며 젊은이들과 베이비붐 세대 중에서도 더욱 감소세가 두드러진 것으로 나타났다. 특히 관심을 끄는 결과는 책이나 잡지와 관련된 젊은 층들의 독서량은 기성세대 못지않은 것으로 조사돼, 젊은이들이 독서를 하지 않는 것이 아니라 신문을 외면하고 있다는 점을 시사했다(Pew Research Center, 2002).

한편 이런 디지털 매체의 특성은 독자들의 정보수용 태도에도 영향을 미치고 있다. 신문협회 신문이용행태 조사연구(2010)에 따르면 매체별 콘텐츠 특성을 평가할 때 독자들이 종이신문은 정확성과 신뢰성, 심층성이 좋다는 이용 형태를 보인 반면, 인터넷으로 서비스되는 뉴스들은 신속하고 다양하며 유익하다고 평가하고 있다. 이는 인터넷으로 서비스되는 뉴스가 신속하게 정보를 얻을 수는 있지만, 신뢰도에서는 약간 떨어진다는 의식이 있다.

이런 특성은 다른 연구에서도 보이는데 김현정(2011)은 특정 이슈와 관련하여 다수의 온라인 이용자들이 자신들의 의견을 게시물 혹은 댓글 등의 형태로 나타내면 다른 이용자들이 해당 의견에 찬성 혹은 반대의 댓글을 게재하면서 온라인 여론이 형성된다고 하였다. 이 연구의 결과들은 뉴스의 품질이 매우 중요한 선택의 조건이 되고 있다고 보고하고 있다. 즉 언론기업의 브랜드보다는 각각의 뉴스 품질에 대한 독자들의 평가가 소비의 기준이 된다는 것이다.

이는 고품질 뉴스를 만들어 다양한 채널, 플랫폼, 그리고 매체에 맞게 '재목적화'하는 것이 중요함을 보여준다. 이는 언론사 편집국이 콘텐츠의 생산에 집중하되, 기존에 관행적으로 수행되었던 인터페이스와 서비스를 새로운 전문가에 맡겨서 첨단 IT 기술을 이용하여 내용의 활용도를 높여야 한다는 것으로 해석할 수 있다. 인터넷 덕분에 새롭게 통합된 시공간에서 사람들이 완전히 새로운 방식으로 자신의 정보환경을 재조직화하고 있기 때문이다(이준웅, 2014).

2) 미디어 소비자의 역할 변화

디지털미디어 환경의 도입에 따른 가장 큰 변화는 콘텐츠의 생산과 유통 기술이 변화하면서 이용자들의 미디어 이용행태가 상호작용적으로 변화한 것이다(박주연, 2010). 즉 이용자는 콘텐츠의 생산자이면서 동시에 소비자의 역할을 함으로써 이용하는 역할의 중첩성(重疊性)을 갖게 되었다. 디지털 기술의 발달로 인해 공급자와 이용자들의 역할과 행태가 새롭게 재편되고 있다. 이는 기존 전통매체에서 주도하던 일방적인 정보 제공방식이 아닌 생산자와 소비자가 콘텐츠를 함께 만들어 가는 쌍방향 소통방식이 되었음을 의미한다. 이런 쌍방형 소통은 소비자의 니즈(needs)를 반영하는 콘텐츠 생산이 가능하고 참여를 통한 공동 창조 효과를 가져온다(Roberts, Hughes, & Kertbo, 2014). 더 나아가 실시간으로 반응하는 인터렉티브(interactive) 방식이 활용되고 있어 소비자의 평가와 태도가 실시간으로 뉴스룸으로 전달되고 있으며 기사에 즉각적으로 반영되고 있다.

이런 소통방식에서는 SNS와 같은 모바일 미디어가 주요 매체로 활용될 수밖에 없다. 디지털 융합으로 일대일 커뮤니케이션 도구로 사용되었던 통신네트워크(소셜미디어)가 단체 커뮤니케이션을 거쳐 매스미디어 기능까지 담당하게끔 된 것이다(안형택 외 2007). 따라서 소비자들의 참여를 유도하는 장치를 통해 만들어진 결과물에서 소비자 자신이 참여했다는 욕구를 이해하고 소비자와의 적극적인 콜라보레이션을 시도하는 것이 대단히 중요한 요소이다(김홍탁, 2014).

이와 함께 뉴스 사이트의 성격에 따라 소비자 집단이 분화할 것이라고 추론하는 의견도 있다(박선희, 2004). 디지털 환경에서의 뉴스 소비형태는 이용자가 어떤 주제를 선택하며, 어떤 매체를 통해 뉴스를 소비할 것인지를 중심으로 나뉘며 공급자와 수용자 모두 분화할 것으로 보는 것이다.

이에 따라 미디어들은 디지털을 기반으로 하는 다양한 플랫폼의 발달로 인해 플랫폼별로 브랜드 전략을 세분하는 것이 매우 중요해졌다. 다양한 소비자들이 다양한 매체를 통해 접근할 수 있도록 하면서 동시에 각 소비자층에 맞는 콘텐츠들을 제공할 수 있어야 한다. 온라인 환경에서의 뉴스이용을 살핀 이준웅과 문태준(2007)은 이용자 관심의 세분화에 따라 개별 뉴스 매체가 제공하는 주제와 내용은 더욱 분화된다고 주장하였으며 뉴스 매체는 대략 생활 세계 관련 정보와 공공정보 중심의 축에 따라 분화될 것이라고 하였다. 이들은 특히 이용자들이 추구하는 뉴스 주제의 분화와 함께 이들이 추구하는 뉴스 가치도 함께 분화할 것이라고 예측하고 있다.

3) 사용자 중심 인터페이스와 사용자 경험의 강조

종이신문의 시대에는 1면의 어떤 단독기사, 혹은 신문에 어떤 관점과 해설을 담는지가 그 신문의 정체성을 가름했다. 하지만 현재는 온라인상에서 영향력 있는 기사를 얼마나 효율적이고 적극적으로 유통하는지가 그 신문의 정체성을 판단하는 관건이 됐다. 종이신문을 만들던 사람들은 독자를 거의 자동으로 얻게 된다는 프레임에 익숙하지만, 디지털미디어에서는 독자들이 기사를 찾아오는 게 아니라 기자들이 독자를 찾아 나서야 한다. 이제 뉴스는 지면에서 나와서 네트워크를 통해 동영상으로, 인터렉티브 스크린으로, 가상현실로까지 옮겨가며 독자들에게 전달되고 있다. 즉 디지털 기사를 생산하는 종이신문에서, 종이신문을 만드는 디지털 매체로 빠르게 변화하고 있다. 디지털미디어의 대표적인 주자인 허핑턴포스트(Huffington Post) 관계자도 "뉴스는 기사를 다 썼을 때가 아니라 기사가 유통될 때 시작된다(최민영, 2014)."라고 지적하고 있다.

따라서 무엇보다도 경험재로서의 신문 콘텐츠를 서비스하는 인터페이스 전략이 중요해졌다. 미디어 회사들이 생산해내는 콘텐츠는 정보 콘텐츠이면서 동시에 감성적인 엔터테인먼트 콘텐츠이기 때문에 전달되는 정보의 양식과 포맷이 중요해졌다. 온라인에서 브랜드 플랫폼(웹, 모바일 등)에 접속하여 겪게 되는 총체적인 요소들의 집합이 모든 브랜드의 경험이므로 무엇보다 고객의 경험을 관리하는 것이 중요해졌다. 클리랜드(Cleland, 2000)는 디지털 브랜드의 형성은 고객이 인터넷 사이트에서 접촉하게 되는 모든 것을 통해 총체적 경험을 형성하게 된다고 하였으며, 노박(Novak, Hoffman, & Yung, 1999) 등은 온라인 환경에서 고객 경험을 측정하면서 마음을 끄는 고객 경험을 전달하는 것은 오프라인보다 온라인에서 더 중요하다고 강조하였다. 즉 디지털미디어에서는 더욱더 감성적인 측면이 강조되어야 하며 독자들에게 총체적인 경험을 제공하는 매체의 조건을 갖추어야 한다는 것이다.

그런 측면에서 시각적인 요소는 더욱 중요한 요소로 등장하게 된다. 특히 디지털 뉴스 서비스 디자인은 모바일이나 PC 기반 서비스와 마찬가지로 디자인이 매우 중요하다. 이는 기본적으로 디자인을 인터페이스(interface)로 이해하는 '기 본지페(Gui Bonsiepe)'13)의 인

---

13) 디자이너, 교육자, 디자인 이론가. '기 본지페'에 따르면 디자인 행위에는 3가지 요소가

식에 바탕을 두고 있다. 즉 언론 소비자들과의 커뮤니케이션 수단인 인터페이스는 디자인적인 요소로 그 품질이 결정되며, 인쇄출판물에서 출발하여 이미지, 영상을 거쳐 토털 미디어라 할 수 있는 멀티미디어 디바이스인 모바일에 이르기까지 이어져 온 뉴스 편집디자인이나 저널리즘(journalism)이 사용자 중심의 디자인 개념으로 전환되고 있다.

사용자 중심 디자인 UI(user interface)의 목적은 사람과 컴퓨터가 어떻게 쉽게 커뮤니케이션하느냐를 만들기 위함이다. UI 연구는 사용자의 시각적 인터페이스에 초점을 맞춘 종래의 GUI(graphical user interface)에서 나아가 다양한 미디어에 대한 UI 디자인 연구로 확대되고 있다. 촉각이나 청각, 제스처, 음성인식과 지문인식 등 다양한 인터페이스 연구가 미디어 비즈니스에 적용되고 있는바, 사용자 중심 디자인(user centered design, UCD)은 이미 많은 뉴스 앱에 반영되어 있으며, 많은 언론사가 웹사이트를 발전시키거나 모바일 서비스를 강화하는 전략으로 디지털미디어 시대에 적응하고 있다. 나아가 VR 기술이나 드론기술과 같은 다양한 영상기술 등을 활용한 뉴스 서비스 등이 시작됨에 따라 향후 디지털미디어는 더욱 다양한 첨단 기술을 활용한 콘텐츠 가공기술이 필요하게 되었으며 이를 위한 사용자 경험(UX, User Experience)과 사용자 인터페이스를 제공하는 방향으로 발전하게 될 것이다(이강준, 2014).

디지털 내러티브 세대의 사용자는 틱톡(Tik-tok)[14]과 같은 콘텐츠

있다. 첫째, 사용자. 둘째, 사용자가 원하는 행위. 셋째, 사용자가 원하는 행위를 하는 도구라고 주장. <인터페이스>의 사전적 의미는 '접점'으로 두 가지 주제나 시스템 등이 서로 만나서 영향을 주고받는 영역이지만 요즘은 인터넷, 매체, 기계를 다루기 위하여 사람이 접하는 면을 인터페이스로 많이 이해하게 되었다(인터페이스-디자인에 대한 새로운 접근, 2003, 박해천 역, 시공사).

처럼 짧은 분량의 콘텐츠를 선호하는 경향이 있다. 즉 온라인과 모바일을 이용하는 독자들은 매체의 특성상 호흡이 짧은 콘텐츠를 선호한다는 것이다. 그러므로 짤방[15] 이나 짧은 기사로 독자들을 유도하는 것이 중요하다. 아무리 복잡하고 긴 뉴스라도 포맷이 일단 이해하기 쉽고 간단명료해야 한다. 이런 짧은 뉴스의 대표적인 형식이 바로 카드 뉴스라고 할 수 있다. 디지털 퍼스트의 뉴스 전달 방식은 다양한 매체로의 유통을 가능하게 하는데 그중에서도 동영상 방식이나 사진 등이 중요한 매체 역할을 하며 독자들이 편리하게 뉴스를 볼 수 있는 UX(User Experience) 편집이 잘되어야 한다. 상호작용이 빠르며 관심 있는 기사를 저장하여 여러 매체에서도 접근이 가능할 수 있도록 하는 동기화 기능들이 뛰어나야 한다.

<그림 7> 2018년 안드로이드와 iOS를 통틀어 가장
많이 다운로드된 틱톡 앱

---

14) 2018년에 iOS와 안드로이드 앱을 통틀어 세계에서 가장 많이 다운로드된 앱 가운데 하나로 중국의 뉴스큐레이션 서비스인 '진르터우탸오' 창업자인 장이밍이 젊고 트렌디를 중시하는 사람들을 위해 쉽고 간편한 조작으로 15초 동영상을 만들 수 있도록 한 앱이다.
15) 짤림 방지의 줄임말이다. 사진이나 동영상 전용 게시판에 사진이나 동영상이 아닌 글을 올렸을 경우 삭제되는 것을 방지하기 위해 내용과 아무런 상관없는 사진이나 동영상을 올리는 것을 말한다. 최근에는 글에 첨부된 짧은 이미지를 통칭하는 말로도 사용되고 있다(대중문화사전 출처).

이러한 요구로 인해 뉴욕타임스, 월스트리트 저널, 파이낸스, 닛케이 신문 등의 언론사들은 신문사임에도 불구하고 동영상 등에 투자를 많이 하는 것이다. 좋은 기사를 작성하고 타깃 독자층에 맞는 차별화된 콘텐츠를 만들어 낸다고 해도 쉽게 검색되지 않고 흥미를 끌지 못하면 그 가치가 떨어지기 때문이다. 아울러 사용자들의 모바일 환경에서도 빠르게 검색할 수 있도록 사진과 동영상의 구현이 무리 없을 정도로 신속하게 진행되는 기술에 투자하는 등 검색의 용이성을 높이기 위해서도 노력하고 있다.

Chapter **3** | 새로운 저널리즘의
등장

1 컴퓨터 활용 저널리즘 : 데이터, 컴퓨테이셔널 저널리즘

1) 컴퓨터 활용 저널리즘의 여러 가지 사조와 개념

시대의 변화에 따라 언론의 행태는 변해왔으며 현재에도 이러한 변화는 진행형이다. 제타(Zetta) 바이트급의 데이터와 정보가 넘쳐나는 세상에 이제 단순히 정보만을 전달하는 것은 의미가 없게 되었다. 전통적 언론에는 남들이 가지지 못한 새로운 정보를 취재하는 것이 중요했지만 이제는 넘치는 정보 중에서 새로운 가치를 가진 그 무엇을 찾아내는 능력이 언론인에게 갈수록 중요해지고 있다.

특히 저널리즘 활동에 컴퓨터를 비롯한 각종 ICT 기술을 활용하는 것이 갈수록 중요해지고 있다. 이러한 컴퓨터 활용 저널리즘은 저널리즘 본연의 활동에 소프트웨어와 기술을 적용하여 컴퓨터 과학, 사회과학, 미디어와 통신 분야 등 다분야 융합지식이 필요하다. 뉴스의 생산과 유통, 소비와 관련된 다양한 저널리즘 활동에 관해 CAR(Computer-Assisted Reporting), DDJ(Data-Driven Journalism), CJ(Computical Journalism) 등의 다양한 용어와 개념이 사용되고 있다. 일반적으로 CAR는 사회과학적 방법과 공공부문의 지향성에 기반을 두고 있지만 DDJ는 이야기와 대중적 역할로 특징지어지며 CJ

는 정보의 자동화에 강조점을 두고 있다(Lewis & Usher, 2013).

한편에서는 CAR와 유사한 개념으로 컴퓨터 활용 저널리즘(CAJ : Computer-Assisted Journalism), 데이터베이스 저널리즘(Database Journalism), 데이터 저널리즘(Data Journalism), 컴퓨테이셔널 저널리즘(Computational Journalism) 등을 들고 있다. CAJ는 컴퓨터를 이용하는 언론 활동 전반을 말하는 것이며 DB 저널리즘은 컴퓨터 데이터베이스를 이용하는 취재 보도 활동을 말하나 CAJ와 의미상 큰 차이는 없다. 이들 용어는 모두 컴퓨터로 상징되는 디지털 기술과 ICT 기술을 활용하는 새로운 저널리즘의 한 경향과 사조이나 학자들은 통칭 컴퓨터 활용 저널리즘(CAJ)의 포괄적인 개념 안에 위의 경향들을 포함하고 있다. 비교적 짧은 학문적 역사 동안 컴퓨터 활용 저널리즘은 CAR(Computer-Assisted Reporting), 데이터 저널리즘, 정밀 저널리즘(Precision Journalism), 컴퓨테이셔널 저널리즘, 프로그래밍 저널리즘 등을 포함한 중복되는 개념들을 포함하는 것으로 발전되어 왔다.

2) CAJ의 정의와 개념

컴퓨터 활용 저널리즘은 과거 CAR(Computer Assisted Reporting)에서 시작되었다고 할 수 있다. CAR는 단어의 의미 그대로 '컴퓨터'를 활용한 취재 보도를 말한다. 한마디로 정치·경제·사회·문화 등 여러 가지 영역에서 컴퓨터와 컴퓨터로부터 파생되는 다양한 ICT 기술을 이용하는 것과 마찬가지로 언론의 보도업무 분야에서 컴퓨터와 관련 기술을 이용하는 것이라 할 수 있다.

일반적으로 CAR는 '특정 사건이나 정보를 취재 보도하는 과정에서 컴퓨터로 관련 자료나 정보를 검색, 검사, 조사하고 수집한 자료나 정보를 분산하고 통계 처리하며 참고문헌이나 검색 자료를 조회 확인하며 관계자를 인터뷰하는 등의 행위를 총칭하는 용어'라 정의할 수 있다. 한마디로 컴퓨터의 특수한 기능 즉, 커뮤니케이션(Communication)・데이터베이스(Database Management)・통계분석(Statistical Analysis) 기능들을 취재 보도 활동에 이용하는 것이다. 이러한 기자들의 취재 활동을 돕는 단체와 기구, 연구소들이 지속해서 컴퓨터 활용 저널리즘을 지원하고 있다. 미국 미주리 대학 부설 The National Instituted for Computer-Assisted Reporting(NICAR)[1]은 CAR를 연구하는 대표적인 기관으로 미국 전역에 걸친 네트워크를 통해 각 언론사와 기자들의 컴퓨터를 활용한 취재 보도 활동을 지원하고 취재 교육 및 자료수집과 법적 분쟁 등을 대행해 주고 있다.

　인류는 유사 이래 다양한 기술의 변화를 겪어 왔지만, 컴퓨터와 디지털 기술이 등장한 이후 경험한 변화의 속도는 훨씬 빨랐으며 지금은 더욱 급격한 변화의 소용돌이 속에서 인공지능 컴퓨터에 고도의 통신기술이 융합된 소위 4차 산업혁명의 시대를 맞이하고 있다. '에너지 중심'의 사회에서 '정보 중심'의 사회로 변하면서 정보가 중요한 재화가 되고 정보기술이 사회의 하부구조로서 중요한 역할을 했듯이, 이제는 빅 데이터와 인공지능 기술이 디지털미디어와 만나 상상도 못 했던 변화와 혁신을 가져오고 있다. 정보화 시대의 CAR가 바로 정보기술의 발전이 언론의 취재 및 보도업무에 도입된 제한된 의미였다면 4차 산업혁명 시대의 CAR는 빅 데이터와 인공지능, 블록체인 등 핵심 기술이 미디어 콘텐츠의 생성, 유통, 소비에 도입

---

1) https://www.ire.org/nicar

되는 것을 의미한다.

언론은 정보사회를 맞아 그 재화가 되는 엄청난 양의 정보를 효율적으로 수집하고 가공하여 전달해야 하는 처지에 처했으며 그것은 정보화 사회의 핵심도구인 컴퓨터의 도움 없이는 불가능했다. 급변하는 정보사회에서 엄청난 정보의 양을 처리하는 것도 문제지만 질적으로도 기존의 단순한 관심 또는 흥미 위주의 정보전달이나 계도적 기능만으로는 더 이상 수용자들을 만족시킬 수 없게 된 것이다. 따라서 다양한 사회현상을 분석 진단하고 처방까지 내려 정책 결정의 자료를 제공하는 기능이 필요하며 사회의 흐름에 한발 앞서 종합적이고 심층적인 안목으로 변화의 방향을 이끌어 가야 하는 능력까지 요구받고 있다. 이를 위해 컴퓨터로 대변되는 디지털 기술과 ICT 기술은 없어서는 안 될 도구가 됐다. 컴퓨터의 획기적인 정보 검색·이동·저장·가공 능력에 기대지 않을 수 없게 된 것이다.

저널리즘 활동에 있어서 컴퓨터 활용 저널리즘은 무엇보다도 복잡하고 다양화되는 사회현상 속에서 과학적인 자료 분석을 통해 기사의 질을 높이는 데 그 목적이 있다. 그러나 CAJ를 이용한다고 해서 기존의 취재방식이 불필요해지는 것은 아니다. CAJ는 전통적인 저널리즘과 구별할 수 없으며 단지 정보를 다루는 기술을 지칭하는 것으로 여러 가지 도구를 제공함으로써 기자들의 취재 보도 활동을 더욱 충실하게 뒷받침할 뿐이다. CAR는 자칫 그릇된 정보를 오용할 가능성도 크다. 전 세계를 연결하는 컴퓨터통신망에 떠 있는 엄청난 정보 중에서 옥석을 가려내어 사용하지 못한다면 CAR는 보도의 질을 오히려 떨어뜨릴 수 있음을 특히 주의하지 않으면 안 된다.

컴퓨터 활용 저널리즘의 핵심적인 활동은 역시 취재와 보도 분야이다. 각종 기술이 취재와 보도 활동을 돕게 되면서 시장 논리 저널리즘이 지배하는 상황에서 기대하기 힘들었던 보도의 질적인 향상을 달성할 수 있기 때문이다. CAJ는 뉴스의 질뿐만 아니라 뉴스 제작과정도 변화시키고 있으며 새로운 뉴스의 장르를 만들기도 하는 등 다양한 영향을 미치고 있다.

저널리즘에서 전통적으로 내려오는 하나의 큰 고충은 마감 시간을 지키기 위해 누구나 시간에 쫓기고, 또한 이러한 마감 시간의 제약 때문에 기사의 취재와 분석에 많은 어려움이 있다는 것이다. 저널리즘은 결국 시간 산업이기 때문에, 아무리 좋은 기사가 있더라도 일단 마감 시간이 지나면 그 기사는 휴지 조각이 된다. 그러나 디지털 기술은 이러한 부족한 시간문제를 해결하는 것은 물론 미디어에 시간 개념을 없애고 있다. CAJ를 광의로 정의하면 기사의 발굴, 기사 작성, 기사편집, 유통, 소비 등 취재 보도의 전 과정에서 컴퓨터를 이용하는 것이라고 할 수 있다. 이에 비해 협의로 정의하면 기사 발굴과정에 한정해서 전통적 방법과는 달리 컴퓨터와 네트워크라는 새로운 접근방법을 통해 뉴스나 기획기사를 발굴하는 취재기법이라고 할 수 있다.

3) 데이터 저널리즘(Data Journalism)과 빅 데이터 저널리즘

인터넷과 포털, SNS 등의 등장으로 언론의 유통망이 바뀜에 따라 과거와 달리 새로운 정보와 지식을 얻기 위해서 굳이 전통적 언론의 유통망이 아니어도 되는 시대가 열렸다. 따라서 기자는 이제 정보전달자의 역할도 애매한 현실이다. 물론 기자가 정보전달 역할의 중심을 차지하고 있는 것은 사실이나 SNS의 등장은 누구나 기자처럼 취재원과 직접 맞닥뜨릴 수 있는 환경이 되어버렸다. 트럼프 대통령의 트윗을 누구나 실시간으로 볼 수 있게 되고 트럼프의 트윗 하나로 미북 정상회담이 판문점에서 이뤄지는 시대가 되어 버린 것이다.

따라서 이러한 시대의 도래는 언론의 입장에서는 새로운 변신을 요구하고 있다. 이러한 환경은 역설적으로 언론인들이 깊이 있는 전문적 지식과 정보보다는 자극적이고 단발적인 정보 제공을 하게 되는 폐해를 가져올 우려를 낳고 있다. SNS로 인해 뉴스의 유통망을 뺏긴 전통적 언론과 기자는 이제 정보 과잉의 시대를 맞아 단순히 정보를 전달하는 것만으로는 생존하기 힘들게 되었다. 정보독점이 깨지고 누구나 동등하게 정보를 접할 수 있는 시대에 언론의 차별성은 그 정보에 전문적 분석과 해석을 가미한 통찰력을 부여하는 것이 될 수 있다. 이런 점에서 데이터 저널리즘은 의미를 지닌다고 할 수 있다.

다양한 정보를 수집, 선별하고 사용자에게 맞춤형으로 제공해 주는 뉴스 큐레이션도 중요하지만, 현재 네이버 등 포털에 종속되다시피 한 언론사에는 큐레이션보다 빅 데이터로 기사에 새로운 가치를 부여하는 것이 훨씬 부가가치를 높이는 전략이라 할 수 있다.

미디어의 기본 임무는 정보와 지식을 사람들에게 전파하는 것이지만 이제는 주어진 정보와 데이터를 재가공하여 그 의미와 가치를 사람들에게 전파하는 것이 바로 데이터 저널리즘이다. 데이터(Data)와 저널리즘(journalism)이 결합한 단어인 데이터 저널리즘은 특히 데이터를 스토리화하여 시각적으로 보여준다는 특징이 있다. 데이터를 스토리화하여 시각적으로 보여준다는 점은 기자에게 통계학과 디자인, 프로그래밍, 그리고 이를 스토리화할 수 있는 통찰력이 융합된 능력을 요구한다.

흔히 데이터 저널리즘의 핵심 영역으로 다음과 같은 네 가지를 들고 있다.

① 데이터 리포팅 : 저널리즘 스토리를 전달하는 데 사용할 데이터를 수집, 정제 및 분석하는 과정으로 다음과 같은 사항을 포함한다.
- 저널리즘 스토리 작성을 위한 컴퓨터 활용 보도와 분석
- 사회과학 연구 방법을 사용하는 등의 정밀보도
- 탐사 및 분석에 사용할 데이터 매핑 및 차트 작성, 시각화
- 저널리즘 스토리 기술 및 프로그래밍
- 공공기록물법을 활용한 데이터 획득
- 웹 스크래핑 도구와 기술사용
- 관계형 데이터베이스 소프트웨어 사용
- 통계 패키지 소프트웨어 및 프로그래밍 언어 이해
- 매핑 및 시각화 도구 및 소프트웨어 사용(Tableau, Esri, QGIS, Google Fusion)

② 데이터 시각화와 상호작용성 강화 : 프로그래밍 및 데이터베이스를 활용하여 뉴스에 상호작용성을 강화하거나 시각화하는 것으로 다음을 포함한다.
- 코드 사용을 포함하여 프레젠테이션을 위한 대화형 차트 및 그래픽으로 개발 및 설계되는 시각화
- 검색 가능한 데이터베이스와 뉴스스토리를 탐색하고 이해하는 데 도움이 되는 대화형 애플리케이션의 개발

- HTML, CSS, JavaScript 등의 코드 사용
- Tableau 등 시각화 소프트웨어 또는 프로그램 사용
- Python, Django, Flask 및 Ruby on Rails 등의 데이터베이스 관리 및 프로그래밍
- QGIS, CartoDB, Esri, TileMill을 포함한 매핑 애플리케이션

데이터 시각화(data visualization)는 데이터 분석 결과를 쉽고 빠르게 이해할 수 있도록 시각적으로 표현하고 전달하는 과정으로 그 목적은 도표(graph)와 차트(chart)라는 수단을 통해 정보를 명확하고 효과적으로 전달하는 것이다(Friedman, 2008). 현재처럼 지나치게 많은 데이터와 정보의 홍수 속에서 정보의 시각화를 통해 문제를 명확히 할 수 있으며 그 해결방안을 쉽게 찾을 수 있기 때문이다. 역사를 거치면서 사회는 더욱 복잡해지고 시간이 지날수록 모든 문제의 데이터는 그 용량이 커질 수밖에 없으므로 앞으로 빅 데이터를 포함한 대용량의 데이터를 분석하고 시각화하는 능력이 더욱 중요해지고 있다.

③ 데이터와 컴퓨터기술을 사용한 새로운 저널리즘 개발 : 자동화된 GPS 등 위치 인식 기반기술이나 센서기술 등을 활용하는 것으로 다음과 같은 사항을 포함한다.
- 드론 저널리즘과 센서 저널리즘
- 가상 및 증강현실 저널리즘과 드론기술

드론 저널리즘은 일반적으로 무인 항공 시스템을 사용하여 뉴스에 사용하기 위한 사진, 비디오, 데이터를 수집하는 것으로 정의된다. 드론 저널리즘의 기술에는 드론 관련 하드웨어(예: 고정 날개 또

는 멀티로터)와 다양한 기능의 파일럿 소프트웨어(자동화, 안정성
보조, 세이프 기능 등)가 포함될 수 있으며 제어 시스템(무선 신호를
통한 수동 제어, 소프트웨어 및 블루투스 무선 연결을 통한 자동 비
행), 센서(카메라, 비디오카메라, 멀티스펙트럼 카메라, 기타 물리적
센서) 등의 기술이 포함된다. 센서기술은 공기 품질, 움직임 또는 소
음과 같은 물리적 자극을 측정하기 위한 광범위한 소프트웨어와 하
드웨어를 포함하는데 소형 휴대용 컴퓨터나 마이크로컨트롤러 등이
데이터를 수집하는 데 사용될 수 있다. 일부 저널리즘 스쿨들은 이
미 공기나 수질 같은 환경 조건을 시험하는 등과 같은 프로젝트 기
반 수업으로 센서 저널리즘을 가르치기 시작했다.

가상현실(VR)과 증강현실을 저널리즘에 도입하는 것도 이뤄지고
있다. 삼성, 오큘러스, 구글은 가상현실 컨트롤러와 함께 소비자 VR
헤드셋을 개발하여 대중화하고 있다. 광폭의 파노라마 이미지와 비
디오, 360도 몰입 형태의 3D 비디오 등을 활용한 VR 영상과 뉴스
는 현재 뉴욕타임스, 로스앤젤레스 타임스, PBS 등에서 탐색적으로
사용되고 있으며 국내에서도 조선일보가 VR 영상을 별도로 제작해
서비스하고 있다. 그러나 아직도 VR 저널리즘을 가르치는 대학 학
과들은 없는 실정이며 이러한 기술을 활용한 서사 기법, 상호작용성
구현, 저널리즘적 가치 등에 관해 연구할 필요가 있다.

④ 컴퓨테이셔널 저널리즘: 알고리즘, 기계 학습 및 기타 새로운
방법을 사용하여 저널리즘의 목표를 달성하는 것으로 부분적으로
데이터 저널리즘과 겹친다고 할 수 있으며 다음을 포함한다.
- 저널리스트들이 새로운 방식으로 비정형 데이터를 채굴할 수 있

도록 도와주는 알고리즘
- 문서 및 데이터 관리를 위한 새로운 디지털 플랫폼 기술
- Python, Ruby 및 R과 같은 프로그래밍
- 자연어 처리 및 모델링과 같은 계산 프로세스

- 빅 데이터 저널리즘의 정의와 역사

일반적으로 빅 데이터(Big Data)는 데이터베이스(data base)체계가 저장, 관리, 분석할 수 있는 범위를 초과하는 대규모 데이터를 일컫는다(McKinsey, 2011). 미국의 시장조사 컨설팅 업체인 가트너(Gartner)는 2011년 빅 데이터의 등장과 관련 '신기술 발생단계'로 주목하면서 그 성장을 예측하고, 데이터의 방대한 양(Volume), 데이터 유형의 다양한 형태(Variety), 빠르게 처리되는 속도(Velocity)라는 속성과 새로운 가치(Value)의 자원이 될 수 있다는 관점에서 빅 데이터를 4V로 요약하고 처리기술의 복잡성(Complexity)을 추가했다.

그밖에도 데이터에서 경제적 가치를 발굴하는 차세대기술(IDC, 2012), 대규모 데이터와 관련된 기술(SERI, 2012) 또는 의미를 찾아내는 데이터 처리기술(LG경제연구원, 2012)로 정의되면서 '빅(Big)'이라는 뜻에서 연유하는 양의 개념이거나 통신기술을 지칭하는 데 머물지 않고 사회적 활용으로 확장하려는 새로운 기술적 의미가 강조되고 있다(최정윤, 권상희, 2014).

데이터 저널리즘의 대표적 사례로 간호사 나이팅게일의 보고서를 들기도 한다. 나이팅게일은 1854년 크림전쟁 당시 위생 상태에 의해 사망하는 사람이 많다는 점을 알아냈고, 이를 설득하기 위해 여러 시각자료를 활용하여 위생을 개선하여 42%의 사망률을 2%까지 줄

일 수 있다는 점을 장미 모양의 도표로 표현하였고, 800장의 복잡한 보고서를 단순한 시각자료로 축약해 보여줄 수 있었다.

이후 언론사들은 복잡한 데이터를 단순한 시각적 기사로 제시하는 데 노력을 기울여왔고 뉴욕타임스와 가디언 지는 데이터 저널리즘 전담팀을 운영하며 각종 이슈를 시각화하여 보여주고 있다.

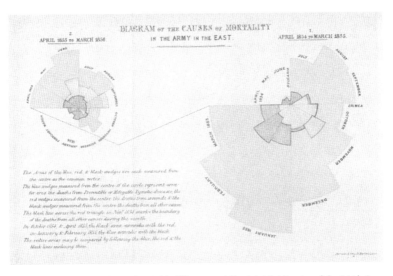

출처 : Notes on Matters Affecting the Health, Efficiency, and Hospital Administration of the British Army by Florence Nightingale, 1858

<그림 8> 나이팅게일의 데이터 시각화 자료

우리나라의 경우 우리나라 최초의 데이터 저널리즘은 제민일보의 4.3사건 보도로 알려져 있다. 컴퓨터가 본격적으로 보급되기 전인 1990년대 초 제민일보는 4.3사건의 증거자료를 데이터베이스화하여 대량의 데이터를 저장하고 분석해 4.3 특별법까지 제정시키며 데이터 저널리즘의 힘을 보여주었다. 이후 중앙일보 등 많은 언론이 데

이터의 중요성을 깨닫고 데이터베이스 전담팀을 구축하는 등 노력을 기울이고 있지만, 메이저 언론사들은 데이터 저널리즘보다는 디자인에 중점을 두어 시각화하는 인포그래픽에 더욱 의미를 두는 경향이 강하다. 즉 아직도 데이터 저널리즘을 시각화와 동일시하며 데이터 저널리즘의 중요성에 대한 인식이 부족하다고 할 수 있다. 아직 데이터를 다루는 부서나 종사자는 뉴스룸 안에서 주변부로 인식되고 있으며 뉴스룸 최고 의사결정자들이 디지털 숙련도가 떨어지고 빅 데이터의 중요성을 높게 인식하지 못하는 점이 문제이다.

과거에는 강력한 컴퓨팅 환경이 없었기 때문에 수천만 개, 혹은 수억 수조 개 이상의 데이터를 분석하여 패턴화하고 시각화하는 것이 불가능했지만 이제는 누구나 컴퓨팅 도구들을 활용하여 전문가의 도움 없이도 빅 데이터 분석 기법들을 수행할 수 있다. 대표적인 오픈 소스인 R[2] 등을 이용할 수도 있고 태블로(Tableau)[3] 등과 같은 여러 상용 소프트웨어들을 사용할 수도 있다. 이렇게 통계와 컴퓨터 그리고 뉴스와 디자인이 만났을 때 강력한 효과를 발생시키는 것이 빅 데이터 저널리즘이며 이는 지금의 시대가 필요로 하는 인문학과 공학, 예술이라는 상이한 분야의 지식이 융합되어 만들어 내는 새로운 융합저널리즘이라 할 수 있다.

---

2) 오픈 소스(Open Source) 프로그래밍 언어 가운데 하나인 R는 뉴질랜드 오클랜드 대학의 Ross Ihaka와 Robert Gentleman에 의해 1993년부터 개발되었다. R는 기존의 데이터 분석용 객체지향언어인 S 언어에 그 뿌리를 두고 오픈 소스임에도 고성능의 컴퓨팅 속도와 데이터 처리 능력, 각종 소프트웨어 및 구글, 아마존 클라우드 서비스와의 API 등 호환성이 좋아서 클라우드 컴퓨팅과 빅 데이터(Big Data) 분석에 주로 사용된다.

3) 빅 데이터 분석 및 시각화 회사인 태블로는 데이터를 시각적으로 분석할 수 있게 해주는 데이터 분석 플랫폼이라고 할 수 있다. 엑셀과 비슷하게 주어진 데이터를 파이, 차트, 도표 식으로 다양하게 확장할 수 있는 태블로 소프트웨어는 2019년 세일즈포스에 157억 달러(약 18조 원)에 인수되었다. 시애틀에 본사를 둔 태블로는 버라이즌, 넷플릭스 같은 대기업을 포함해 8만 6000여 업체를 고객으로 두고 있다.

- 미디어 기업과 빅 데이터

빅 데이터(Big Data)는 디지털 기술의 발달로 인해 파생된 디지털 흔적이다. 일반적으로 빅 데이터(Big Data)는 데이터베이스(data base)체계가 저장, 관리, 분석할 수 있는 범위를 초과하는 대규모 데이터를 일컫는다(McKinsey, 2011). 빅 데이터는 기술 분야뿐 아니라 우리 사회의 다양한 분야에서 여러 가지 방법으로 사용되고 있다. 특히 기업들이 오랫동안 고민해 온 난제에 대한 해결책을 제공해 줄 뿐 아니라, 프로세스와 조직, 산업 전반, 심지어 사회 자체를 변화시킬 수 있는 새로운 방법까지 제시하고 있다(박상익 외, 2016). 우리가 살아가는 모든 영역에서 발생하는 데이터들을 기반으로 하는 방대한 디지털 흔적인 데이터를 분석하여 사회의 움직임을 예측하여 새로운 가치를 창출하는 빅 데이터 기술이 다양한 분야에서 성과를 내고 있다.

김동완(2013)은 분야별 빅 데이터 성공사례를 정치, 사회, 경제 및 경영, 문화, 의료, 미디어 분야별로 소개했다.

구체적으로 빅 데이터를 활용하여 성공한 미디어 분야의 기업으로는 가입자의 취향과 서비스 이용 데이터에 기반을 둔 추천서비스를 제공하는 것으로 유명한 비디오(영화/TV)시리즈 콘텐츠 스트리밍 사업자인 넷플릭스(Netflix)가 있다. 넷플릭스는 시네매치(Cinematch)라는 개인 맞춤형 추천 알고리즘을 적용 분석하여 가입자가 선택할 만한 매력적인 아이템을 예측해서 추천해주는 것으로 유명하며 자체 콘텐츠 제작을 위한 부분까지 빅 데이터를 활용하여 작품 흥행 수준까지 예측한다. 2017년 봉준호 감독의 영화 '옥자'에 투자하여 이목을 끌기도 했다.

월 순방문자 수가 1억 5천만 명을 넘어선 버즈피드 역시 빅 데이터를 이용하여 성공한 대표적인 미디어 기업이다. 웹사이트 방문자의 성별과 나이는 기본이고 기사를 페이스북, 트위터, e-mail 등에 몇 번을 공유했는지, 페이스북에 접속된 상태인지까지도 분석한다. 이러한 데이터를 바탕으로 이용자들이 공유를 원하는 콘텐츠 유형, 키워드 등을 판별해낸다. 구글은 검색 로그라는 사용자에게 필요 없는 데이터 폐기물로부터 검색어 제안 기능이나 손 글씨 입력기 기능, 구글 번역, 음성검색 등 가치 있는 서비스를 차례로 만들어 냈다. 이런 기능 서비스에는 통계적인 학습방법을 적용한다. 대량으로 축적된 비정형화된 데이터를 분석하면 통계적으로 가장 적합한 결과가 도출된다. 미국의 온라인 콘텐츠 회사인 오토메이티드 인사이츠(Automated Insights)[4]는 로봇을 빅 데이터와 결합해 초당 9.5개의 기사를 생산하여 2013년에는 총 3억 개에 이르는 기사를(월평균 1만 5천 개) 미국 주요언론사에 판매했다(유재복, 2014).

국내에서도 미디어 분야의 경우 일부 빅 데이터 연구에 대한 함의 정도의 연구들이 진행되고 있다. 박대민(2013)은 방송콘텐츠 영향력 도출을 위한 빅 데이터 분석체계에 관한 연구에서 소셜미디어 상에서 대용량의 텍스트 데이터로 존재하는 빅 데이터는 알고리즘에 기초한 분석이 가능하므로 시간이나 인력의 절약, 표본오차의 부재, 결측값(value unknown at present)의 정확한 측정, 코더 간의 신뢰도 문제 해소, 다채로운 관계분석, 연구자 편견 개입 불가 등 다양한 장점이 있다고 주장하였다. 이재현(2013)은 빅 데이터 기술이 사회과

---

4) https://automatedinsights.com

학에 어떤 함의를 가지는지에 대해 특히 방법론 차원에서 빅 데이터의 수집, 분석, 표현에서 제기될 수 있는 문제들을 각각 표집, 지표 구성, 시각화를 중심으로 연구한 바 있다.

빅 데이터 전략은 미디어 회사들에 있어 차세대 전략으로 정의할 수 있다. 빅 데이터는 대규모 데이터 집합5)과 관련된 다양한 전략과 전술, 그리고 이러한 엄청난 데이터 집합에서 새로운 분석결과를 도출하는 기술을 일컫는다. 데이터 분석 프로세스를 자동화하고 단순화하는 새로운 기술은 미디어 분야가 아니라 경영학이나 자연과학 등에서 먼저 활성화되어왔다.

신문, 텔레비전, 잡지 및 인터넷 미디어 회사의 경우 빅 데이터는 고객을 더 잘 이해하고 공략할 수 있는 청중 분석, 저널리즘 스토리텔링을 위한 공용 및 개인 데이터베이스 분석, 폭발적으로 증가하는 비디오, 소셜미디어 및 기타 콘텐츠 관리, 광고 및 경영 효율성 제고 등에 활용될 수 있다.

이러한 여러 활용 분야 가운데 특히 뉴스에 빅 데이터를 적용하는 것은 새로운 수익과 저널리즘 비즈니스 차원에서 잠재적 가치를 갖고 있다고 할 수 있다. 미디어 기업에서 '작은' 데이터와 빅 데이터는 뚜렷이 다른 특징을 갖고 있다. 작은 데이터는 주로 기가바이트 이하의 저장 용량을 가지며 개인용 컴퓨터에 저장될 수 있지만, 빅 데이터는 용량이 커서 개인용 컴퓨터에 저장할 수 없으며 대부분의 빅 데이터는 테라바이트, 페타바이트, 제타 바이트 이상으로 클라우

---

5) 미국 정부의 공공 데이터 사이트인 data.gov에 따르면 월 단위의 데이터 통계 자료는 SNS의 급격한 확산으로 비정형 데이터의 양이 폭증하고 있다. 페이스북(Facebook)에서만 매월 이용자 한 명당 평균 90개 이상의 콘텐츠를 업로드하고 있으며, 유튜브(YouTube)에서는 1분마다 24시간 분량의 비디오가 업로드되고 있다고 한다. 이 같은 데이터의 양이 2011년에 이미 제타 바이트(Zettabytes)를 넘었으며 2년마다 2배씩의 증가가 예상된다.

드나 다른 대용량 저장 시스템에 저장해야 한다.

예를 들어 고화질 비디오는 1기가바이트의 스토리지가 필요하지만 100만 기가바이트에 해당하는 1페타바이트는 13.3년 분량의 고화질 비디오를 저장하는 용량이 필요하다. 구글의 동영상 사이트인 유튜브는 하루에 24페타바이트가 넘는 빅 데이터를 처리한다.

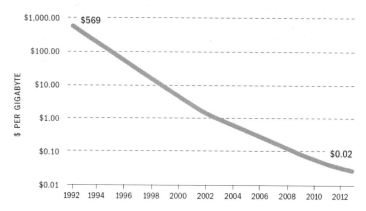

Global data storage costs, 1992-2013

In US$ per gigabyte of storage

Source: Deloitte, May 2014, as reported by Internet Trends 2014 by Mary Meeker for Kleiner Perkins Caufield & Byers

© World Newsmedia Network 2014

<그림 9> 데이터저장비용(1992-2013)의 하락 추세

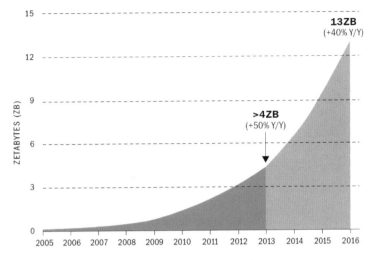

Video and photo generation, consumption and sharing and social media usage made up the bulk of online content in 2013

Note: 1 petabyte = 1 million gigabytes. 1 zetabyte = 1 million petabytes
Source: Deloitte, May 2014, as reported by Internet Trends 2014 by Mary Meeker for Kleiner Perkins Caufield & Byers
© World Newsmedia Network 2014

<그림 10> 소셜미디어 데이터 증가 추세.
2016년에 13제타 바이트를 넘어섰다.

　　미디어 회사들은 광고/판매, 독자/사용자 관계/구성원, 콘텐츠, 회계 등 조직의 모든 영역에서 1분마다 수많은 데이터를 생성, 관리한다. 미디어 회사들은 또한 비디오, 사진, 텍스트, 그래픽 형태의 데이터를 끊임없이 생산한다. 이러한 데이터는 2014년 5월에 발표된 인터넷 동향 보고서 <IDC 디지털 유니버스>에 따르면 전 세계 인터넷 데이터 저장 및 공유량의 약 70%를 차지하고 있으며 기하급수적으로 그 양이 증가해 이제 제타 바이트 급으로 성장했다(100만 페타바이트가 1제타 바이트에 해당한다).

- 데이터 저널리즘의 사례

BBC에게 있어 데이터 저널리즘은 시각화 저널리즘으로 요약될
수 있다. BBC는 2014년 데이터 시각화 부서를 출범시켰으며 BBC
부서 전반에 걸쳐 그 영향력을 계속 발전시키고 있다. 초기의 성공
적인 데이터 저널리즘을 바탕으로 BBC에서는 데이터 시각화 저널
리즘이 지속해서 영향력을 확대하고 있으며 매년 더 많은 데이터 시
각화 프로젝트가 다루어지고 있다. BBC 뉴스의 시각 저널리즘 편집
자인 아만다 판스워스는 BBC의 시각 저널리즘 사명을 묘사하면서
"우리는 기술과 창의력을 사용하여 가장 크고 중요한 이야기를 청중
들에게 알리고 통찰력 있고 공유 가능한 시각적 설명을 제공하는
것"으로 설명한다. 특히 최근 BBC는 데이터 저널리즘과 데이터 시

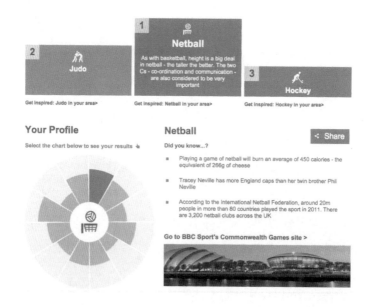

<그림 11> BBC의 인터랙티브 퀴즈 형식의 시청자 참여 빅 데이터 시각화 사례

각화, 그리고 상호작용성을 결합한 다양한 실험들을 선보이고 있는데 <그림 11>의 인터랙티브 퀴즈 방식의 사례에서 보듯 수백만 명의 시청자가 참여하여 생성하는 빅 데이터를 활용해 무거운 주제뿐만 아니라 본인에게 적합한 운동 결정과 같은 퀴즈와 그에 대한 응답, 그리고 다양한 SNS 공유와 링크 제공 등을 결합한 데이터 저널리즘을 선보이고 있다.

– CNN

CNN의 빅 데이터 저널리즘은 뉴스 속보를 위한 조기경보 시스템, 방대한 시청자가 어떻게 기술을 사용하고 있는지 실시간으로 파악하는 방법, 데이터 세트를 정제해 저널리즘 스토리 제작에 반영하는 등 세 가지 측면에서 활용되고 있다. CNN은 데이터 저널리즘 기술을 뉴스 속보 시스템으로 활용하는 한편, 협약을 맺은 정보기술 회사가 고객의 주요 활동 정보를 실시간으로 파악하는 데이터 알고리즘을 사용한다. CNN은 또한 공정하고 균형 잡힌 저널리즘 스토리를 제작하기 위해 최근 20개국 1만 9000여 명의 패널이 넬슨 만델라의 사망 이후 삶에 관해 설문조사를 하는 등 보스턴에 본사를 두고 있는 기술회사와 지속해서 여론 조사를 벌이고 있다.

– 월스트리트 저널(Wall Street Journal)

월스트리트 저널도 빅 데이터 저널리즘을 데이터 시각화 기법을 통해 다양하게 선보이고 있다. 지난 70년간 미국의 주별로 바이러스 백신이 도입된 이전과 이후의 각종 질병 발병 건수를 분석한 <그림 12>의 데이터 시각화를 보면 주별로 지난 70년간 홍역 발병 건수를 보여주고 있는데 백신 도입 전과 후의 사례가 현격히 줄어들고 있음을 데이터 시각화를 통해 독자에게 전달하고 있다.

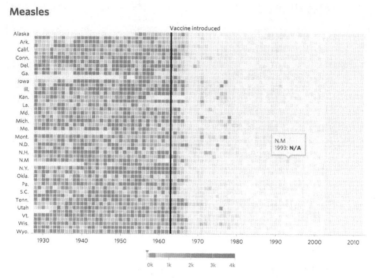

<그림 12> 지난 70년간 미국 주별 홍역 발병의 백신 도입 전후 비교(월스트리트 저널)

- 블룸버그(Bloomberg)

블룸버그는 이해하기 쉽고 유용하며, 상호작용성이 가미된 빅 데이터 저널리즘을 위해 데이터 그래픽 섹션을 편성하여 제공 중이다. 데이터 시각화 섹션은 매일 흥미 있는 데이터 분석 결과들을 그래픽과 함께 제공하며 독자들의 눈을 확 끌어당기는 내용으로 가득 차 있다. <그림 13>의 사례 <미국에서 가장 위험한 직업>은 지난 2006년부터 2013년까지 7년간의 미국 노동부 데이터를 분석해 상호작용 방식으로 제공한 것이다. 사용자는 우선 어떤 노동자가 가장 죽을

위험이 큰지를 묻는 질문이나 월급보다 사망 재해가 일어날 가능성
이 큰 직업군 등과 같은 질문을 받게 되며, 이에 대한 답변 형식의
빅 데이터 분석결과를 <그림 13>과 같이 제공하고 있다.

<그림 13> 블룸버그의 데이터 저널리즘 사례

4) 컴퓨테이셔널 저널리즘(Computational journalism)

컴퓨테이셔널 저널리즘은 취재 보도, 분석, 유통 또는 소비 중에
저널리즘 지식이 계산적으로 표현되는 것이라 할 수 있다. 빅 데이
터라는 용어가 2010년경 주목을 받기 시작한 이후부터 학자와 분석

가, 전문 언론인들이 빅 데이터의 본질을 이해하고 그것이 현대 저널리즘 관행에 미치는 영향을 이해하려고 노력해 왔다. 데이터 저널리즘이 화두로 떠오르기 이전 해밀턴과 터너(2009)는 컴퓨테이셔널 저널리즘을 '저널리즘의 책임 기능을 보완하기 위한 사회과학의 알고리즘, 데이터, 지식의 결합'으로 정의한 바 있다. 데이터 저널리즘은 리포트와 프로그래밍, 스토리텔링과 코딩, 가설 중심의 질의와 자료 중심적 조사, 저널리즘적 사고와 컴퓨터적 사고, 상호작용성과 고정성(static), 시각성과 문자성, 중심성과 지역성, 인간에 의한 패러다임과 기계에 의한 패러다임 등 상이한 인식론적 긴장을 포함하고 있다.

데이터 저널리즘에 대한 이러한 상이한 인식 차이로 인해 데이터 저널리즘의 일반적인 원리를 설명하려는 시도는 성공하지 못했다. 실제로 아직도 데이터 저널리즘에 대해 '전통적인 흐름에 단지 포장을 덧씌우기만 하는 수사 저널리즘인가 아니면 혁신적인 저널리즘인가?'와 같은 질문에 대한 명확한 해답을 제시하지 못하고 있다. 데이터 저널리즘에 대한 한 가지 핵심 정의는 하워드(Alexander Howard, 2014)의 디지털 저널리즘 및 기사 재단 관련 보고서에서 찾을 수 있다. 하워드는 "데이터 저널리즘은 저널리즘의 다양한 활동들을 지원하기 위해 데이터를 수집, 정제, 정리, 분석, 시각화, 출판하는 것"이라고 정의하고 있다. 그러나 오늘날 드론 저널리즘, 가상현실 저널리즘, 기계 학습과 인공지능 알고리즘 저널리즘 등의 등장은 '데이터 저널리즘=컴퓨터 저널리즘'이라는 등식을 해체하고 있어 컴퓨터 저널리즘이라는 개념이 기존의 데이터 저널리즘을 포괄하는 훨씬 더 큰 개념으로 이해되고 있다. 데이터 저널리즘은 이미 데이터 저널리즘의 과거 요소(행과 숫자로 가득 찬 스프레드시트와 데이터베이스)와 반대로 비정형 정보(텍스트, 비디오, 오디오)로 더 많은 작업을 하고 있다.

컴퓨테이셔널 저널리즘은 비교적 새로운 용어다. 컴퓨터의 계산적 사고능력은 문제의 분해, 모델링, 통합 및 매개 변수화, 모듈화 등의 요소를 포함하며 나아가 알고리즘을 통한 자동화 등의 추상화도 가능해지고 있다. 컴퓨터 프로그래밍은 컴퓨터의 중요한 요소이지만 컴퓨터적 사고는 단순한 프로그래밍에 관한 것이 아니므로 컴퓨테이셔널 저널리즘도 단순한 컴퓨터의 계산능력만을 활용하는 것이 아니다. 컴퓨테이셔널 저널리즘이라는 용어는 2006년 조지아공대에서 이르판(Irfan Essa)이 닉 디아코풀로스(Nick Diakopoulos)과 함께 이 주제에 대한 첫 강좌를 개설하면서 탄생했다. 닉은 2007년 1월 자신의 블로그 게시물에서 "컴퓨테이셔널 저널리즘이란 무엇인가?"라는 내용에 대한 정의를 시도했다. 닉 디아코풀로스는 컴퓨테이셔널 저널리즘을 기존의 CAR를 포함하되 더 빠른 속도와 정확성을 가진 컴퓨터의 처리 능력에 초점을 맞추고 있다. 즉 컴퓨테이셔널 저널리즘은 정보의 집적, 자동화, 추상화 등 컴퓨터의 능력에 초점을 맞춘 것으로 기존의 CAR를 넘어서는 것이다.

이후 학술 문헌에서 컴퓨테이셔널 저널리즘이 언급되기 시작했으며 2009년 듀크대학은 "컴퓨테이셔널 저널리즘 이니셔티브"라는 프로그램을 시작했다. 듀크대학에서 선보인 컴퓨테이셔널 저널리즘 과정은 기존의 공공 기록과 데이터베이스 작업을 다른 분야의 새로운 방법과 도구와 결합한 것으로 언론인들의 취재비용을 낮추는 데 도움이 되는 오픈 소스 도구를 개발하고자 하는 것을 포함하고 있었다. 컴퓨테이셔널 저널리즘은 더 빠른 속도와 더 낮은 비용으로 양질의 뉴스를 생산하는 것을 추구하나 항상 그렇지는 않다. 노르웨이 뉴스룸의 컴퓨터 저널리즘을 연구한 결과 오히려 기존의 방법보다 더 많은 시간과 인적 활동이 투입된다는 결과도 나오고 있다(Karlsen & Stavelin, 2014).

컴퓨터 저널리즘이라는 표현은 기존의 CAR가 중시하는 뉴스의 취재와 생산을 넘어서서 로봇 저널리즘과 같은 자동화 저널리즘으로 확장되는 개념이다. 자동 저널리즘(Automated Journalism)은 컴퓨테이셔널 저널리즘의 하위 개념으로 "프로그래밍을 넘어 인간의 개입이 전혀 없는 상태에서 데이터를 서술적 뉴스 텍스트로 변환하는 알고리즘 프로세스"로 정의된다. 자동 저널리즘은 현재 텍스트 중심의 뉴스 제작에 이용되고 있으나 향후 음성, 영상 등의 분야로 확대될 것으로 예상한다.

또 다른 한편에서는 컴퓨테이셔널 저널리즘을 대화형 그래픽과 데이터 시각화 등과 같은 요소를 컴퓨터 저널리즘의 근본적인 특징 중 하나로 꼽고 있다. 칼슨과 스테블린(Karlsen & Stavelin, 2014)은 컴퓨테이셔널 저널리즘에 대해 뉴스의 내용도 중요하지만, 형식적 요소로서 시각적 차원이 확대된 점을 강조하고 있다. 정보의 시각화 또는 정보 그래픽은 독자와 저널리스트 모두 효율적인 방법으로 밀도 높은 정보를 전달하는 데 도움이 될 수 있다. 시각화는 이야기를 더 잘 이해하도록 돕는 것은 물론 독자들에게 더욱 강력한 정보를 제공하는 데 사용될 수 있다.

2 인공지능(AI) 저널리즘

1) 인공지능(AI) 시대의 저널리즘

미디어는 물과 공기처럼 21세기에 인간 삶을 영위하기 위한 필수적 요소로 자리 잡고 있다. 신문, 라디오, TV 등 전통적인 미디어는 물론이고 스마트폰과 태블릿 등 이동형 미디어에 이르기까지 미디어 없는 삶은 상상하기 어렵다. 미디어의 이러한 편재 현상은 사적 영역에만 국한되지 않고 사람들이 모이는 공적 영역에서도 나타나고 있다. 뉴스와 광고를 전달하는 디지털 사이니지 전광판이 길거리에 등장하고, 전철과 버스, 기차 등 이동환경에서도 수많은 디지털 미디어를 만날 수 있다. 눈 떠서 잠들 때까지 어떤 형태로든 미디어를 접촉하지 않고 살 가능성이 없는 세상으로 변화된 오늘날의 인간을 미디어적 인간이란 의미에서 '호모 미디어쿠스(Homo Mediacus)'로 정의하고 오늘날의 사회를 미디어에 의해 유지, 운영되는 사회로서 '미디어 사회(Media Society)'로 지칭할 수 있을 것이다(이원제, 2006).

과거에도 미디어는 존재했지만 지금 새삼스럽게 미디어의 가치가 중요해진 것은 단지 과거보다 미디어가 수적(數的)으로 많아졌다는 이유 때문이 아니다. 미디어의 존재 양식과 처리 방식, 전달 방식이 총체적으로 변화됨으로써 그것이 과거와 달리 미디어의 질적 변화를 야기하고, 나아가 미디어를 사용하는 사람들의 생활 방식과 사고 방식, 가치관까지 변화시키는 심층적 변화를 초래하고 있기 때문이다. 미디어 생태계는 이전 미디어에 기반을 둔 진화적 발전이 아니라 신기술 출현으로 혁신적 미디어가 새롭게 등장하여 기존 매체의 존립 기반을 위협하는 등 도약적인 발전 양상을 보이기 때문이다.

미디어 산업이 ICT 기술과 융합하면서 새로운 패러다임의 미디어가 출현하고 있다. ICT 기술과 미디어의 융합은 다양한 온라인 매체와 모바일 매체에 이어 인공지능과 빅 데이터 저널리즘, 가상현실 및 증강현실 언론사들을 만들어 내고 있다. 이에 따라 언론사의 조직은 물론 뉴스의 생산과 유통, 수익구조 등이 완전히 새로운 방식으로 재편되고 있으며 전통적 언론사들은 그 어느 때보다도 더욱 시급하고 혁신적으로 변화하는 환경에 적응해야만 할 때가 되었다.

이러한 변화를 능동적으로 받아들이고 변신하느냐 아니면 전통적인 방식을 고집하느냐가 언론사의 존폐를 결정짓는 분기점에 와 있다. 그동안 주요 언론사들은 오랜 연륜과 탄탄한 수용자층을 기반으로 독점적 시장에 안주하면서 뉴스 생산과 유통에 있어 일방적인 소통방식을 취해왔지만, 모바일 미디어의 보급으로 이제 더 이상 기존의 소통방식으로는 버틸 수 없는 한계에 이르렀다.

대부분 언론기업이 20억이 넘는 소셜미디어 이용자들에게 실시간으로 콘텐츠와 뉴스를 공급하고 있고, 속보 위주의 서비스를 하는 대표 트위터 계정과 자사의 경제 기사나 사설, 영문판 기사를 특화한 복수의 SNS 계정들을 개설해 운영 중이지만 새로운 플랫폼이나

ICT 기술, 보도 및 표현방식에 대한 이해와 전략 없이 수동적으로 SNS 채널을 운영하는 것이 현실이다.

영국과 미국 등 해외에서는 기존 언론사의 뉴스를 사용자 개개인에게 맞추어 단순히 편집해서 제공해 주는 뉴스큐레이션 기업이 유니콘 기업으로 등장한 지 오래되었으며 중국에서도 2012년 모바일 뉴스로 시작한 '진르터우탸오(今日头条)'는 2016년 기준 서비스 이용자 7억 명, 일일 평균 활성 사용자가 7800만 명에 달할 정도로 구독자가 늘고 있다. '진르터우탸오'는 인공지능(AI) 기술 기반의 사용자 분석을 통해 사용자가 관심을 가질 만한 뉴스 및 콘텐츠를 예측해 사용자에게 최적화된 정보를 신속하게 제공함으로써 독자적인 취재나 뉴스 제작 없이 기존 뉴스와 정보를 큐레이션 해주는 것만으로도 유니콘 기업의 반열에 오르게 되었으며 이를 바탕으로 세계적인 기업 바이트 댄스(Bytedance)를 성공시키게 되었다.

<그림 14> 뉴스 큐레이션으로 유니콘 기업에 오른 중국의 진르터우탸오

국내 신문사의 구독률이 1990년대에 70%에서 2018년 현재 10%대로 주저앉은 것에 비교해보면 모바일 미디어의 열독률이 얼마나 높아졌는지를 실감할 수 있다. 국내에서 요즘 세대들이 신문이나 방송 뉴스를 보지 않는다는 다양한 통계들과 근거들이 제시되고 있지만, 사실은 뉴스를 종이신문이나 방송으로 보지 않는다는 뜻이지 중국의 경우처럼 인공지능이 나에게 꼭 맞는 뉴스와 정보를 맞춤형으로 제시해줄 경우 하루 뉴스 소비시간이 평균 76분, 하루 평균 열독 뉴스가 35건에 이른다는 데이터는 국내 언론사들이 눈여겨봐야 할 대목이다.

진르터우탸오의 경우 AI 기술의 일종인 기계 학습(machine learning)을 통해 컴퓨터 스스로 사용자의 소셜 플랫폼 데이터를 분석하고 개인 사용자의 읽기 행위 패턴을 분석하여 사용자의 기본적인 정보 등과 결합해 필요할 것으로 예상하는 뉴스 및 콘텐츠를 사용자에게 제공함으로써 이러한 성공을 가능하도록 만들었다. 이에 비해 국내 언론매체들은 아직도 단순히 사용자들의 접속정보(예를 들어 쿠키 정보) 등에 근거해 조회 수가 많은 기사가 단순히 상위로 배열되게 하는 정도의 수준을 보여주고 있다.

네이버의 뉴스 플랫폼 또한 진르터우탸오와 유사한 뉴스 큐레이션 서비스라고 할 수 있지만, 국내의 각종 법과 규제로 인해 중국이나 미국과 같은 AI 기반의 본격적 뉴스 제공은 하지 못하고 있다. 이러한 점은 전통적 언론매체에는 다행스러운 일일 수도 있으나 만약 언젠가 법과 규제가 풀려 네이버나 다음카카오 등이 뉴스 콘텐츠를 마음대로 큐레이션 할 수 있게 된다면 기존 매체에는 돌이킬 수 없는 악재가 될 수 있을 것이다.

이런 미디어 생태계의 출현으로 인해 전통적인 언론사들에 뉴미디어 기업으로서의 브랜드 이미지 변신과 디지털미디어로의 변환은 생존의 필수 조건이 되고 있다. 이러한 상황에서 '뉴욕타임스 혁신보고서(Innovation New York Times)'에서도 볼 수 있는 것처럼 기존 언론사들은 인터넷 환경에 이어 새롭게 구축되는 모바일 환경에서 생존하기 위해 콘텐츠 생산전략 혁신에서부터 모바일 공간에서 브랜드 파워 확보까지 다양한 변신을 시도하고 있다(최민재·신동희, 2014).

AI 기술뿐만 아니라 앞으로도 새로운 미디어 기술 혹은 디지털 기술은 끊임없이 출현할 것이다. 그러나 어떠한 기술이 출현하든 결국 앞으로의 미디어는 관심 분야와 생활양식이 천차만별인 사람들의 다양한 관심을 모두 충족시키는 방향으로 진화할 것이다. 사용자가 원하는 시간에 아무 장소에서나 사용자가 좋아하고 보고 싶어 하는 콘텐츠를 자동으로 제공하는 미디어, 모든 사용자가 미디어의 주체이며 수용자인 미디어로 변화할 것이다.

지금으로부터 무려 25년 전, 빌 게이츠는 '미래로 가는 길'에 이런 구절을 적어놓았다.[6)]

> 당신이 내 집 복도를 걸어가면 당신이 모르는 사이에 몇 발자국 앞의 불이 환하게 켜지고 몇 발자국 뒤의 불은 꺼질 것이다. 음악도 당신을 따라 움직일 것이다. 영화나 뉴스도 그와 비슷한 방식으로 당신을 따라다닌다… 당신이 평소 즐겨보는 드라마나 쇼 프로를 기억하고 당신의 요구를 미리 헤아리기까지 할 것이다. 그러나 기술은 당신의 전면에 나서지 않을 것이다. 그저 알게 모르게 당신을 도와줄 것이다…

이처럼 미디어 기술이 어떤 사람의 취향이나 습관까지 기억하는 '지능형'으로 진보하는 데 걸리는 시간은 얼마 걸리지 않았다. 이미

---

6) 빌 게이츠 저, 이규행 감역, 미래로 가는 길, 도서출판 삼성, 1995, 303쪽

이러한 인공지능을 활용한 다양한 미디어 기술이 곳곳에 넘쳐난다. 아이폰의 시리, 갤럭시의 빅스비를 비롯하여 아마존의 알렉사, 구글 등의 인공지능 기술이 사용자의 요구와 행동, 모든 것을 기억하고 맞춤형으로 뉴스를 제공해 줄 날이 머지않았다. 그러나 기술에 대한 이러한 낙관론은 그리 '낙관적'이지만은 않을 것이다. 왜냐하면 결국 미디어란 사람이 보는 것이며 사람에게 무엇인가를 전달받고 전달하고픈 욕망이 없다면 필요 없기 때문이다. 사람에게 커뮤니케이션의 욕구가 있는 한 과거에도 미디어는 존재했으며 현재에도 존재하고 앞으로도 존재할 것이다. 그러나 그것의 이름을 앞으로는 미디어라고 불러야 할지는 모르겠다.

2) 인공지능의 저널리즘 활용 영역

세계 최대 통신사 중 하나인 AP(Associated Press)는 2017년 'The Future of Augmented Journalism: A guide for newsrooms in the age of smart machines'라는 인공지능 활용 기술 가이드를 발간한 바 있다.[7] 인공지능에서 가장 기초적으로 활용하는 방법이 기계에 의한 학습인 'Machine Learning'이다. 기계 학습 알고리즘을 이용하면 기자들은 방대한 자료를 처리해 손쉽게 기사를 쓸 수 있다.

- 기계 학습(Machine Learning)

기계 학습은 사람의 지시 없이 시스템이 스스로 딥러닝이라고 불리는 과정에 의존하여 복잡한 데이터를 학습하고 분석하는 알고리

---

7) https://insights.ap.org/uploads/images/the-future-of-augmented-journalism_ap-report.pdf

즘이다. 그러나 기계도 결국 배우려면 기계를 가르쳐야 하는데 예를 들어 아이들이 성장하면서 부모의 표정을 지각하고 이해하는 법을 배울 때 그들은 끊임없이 그들에게 노출되는 부모의 얼굴을 보고 그들의 어조를 인식함으로써 그렇게 한다. 컴퓨터 알고리즘이 같은 일을 하고 있다고 상상해보면 어린이는 사람의 표정이 어떻게 어떤 감정을 전달하는지 배우는 데 3년이 걸리는 대신, 기계 학습 알고리즘은 수천 개의 이미지를 한 번에 처리해 그것들을 분류하기 때문에 불과 수 시간이면 이러한 감정을 분석해 낼 수 있다. 콜롬비아 대학의 Imani 교수는 2017년 1월 미국의 언론사 쿼츠(Quartz)사[8]의 사라 슬로빈(Sarah Slobin) 기자와 함께 트럼프 대통령의 취임 연설에 관한 기사에 기계 학습을 이용해 트럼프의 표정과 연설에서 표현된 감정을 판단해 기사를 작성한 바 있다.

아직 어떤 인공지능 시스템도 완벽하지 않지만, AI는 전통적인 뉴스스토리에 대한 추가적인 관점을 제공할 수 있고 AI 기술이 계속해서 발전함에 따라 미디어에 적용할 수 있는 가능한 분야가 점점 증가하고 있다. 또한, 앞으로 AI는 언론인들의 삶과 생산성을 높여주는 데 기여할 것이다. 최근 AP의 선거팀은 정치 경쟁 결과의 확률을 결정하는 데 도움을 줄 수 있는 자체 기계 학습 알고리즘을 구축했다. AP는 2016년 주 예비선거 때 이 방식을 광범위하게 테스트했고 10개 주에서 분석된 선거 중 예측률 100%를 유지했다. 구글, 마이크로소프트, IBM, 아마존과 같은 IT 회사들은 클라우드 서비스로 AI의 기계 학습을 제공하고 있는데 특히 미디어 업체와 AI 시스템

---

8) https://qz.com. Quartz는 비즈니스 뉴스를 제공하는 언론사로 뉴욕에서 2012년 서비스를 시작했다. 아프리카와 인도에 지사를 두고 별도 콘텐츠를 제작하고 있다.

제공업체 간의 협력 가능성은 앞으로 미디어 시장에 큰 변수로 작용할 것이다. 국내에서는 아직 언론사와 AI 전문 업체와의 협업은 극히 미미한 상황이다.

미디어 회사와 사용자가 만든 콘텐츠는 매일 20억 개 이상의 디지털 이미지와 10억 시간 이상의 비디오 시청시간을 생성하는 것으로 추정되는데 이렇게 급증하는 비정형 데이터는 저장, 분석 및 활용이 필요하며, 앞으로 미디어 기업들은 구글이나 네이버 같은 IT 기술회사들과 긴밀한 협력 관계를 맺고 기계 학습과 같은 분야에서 협업해야만 사용자들의 니즈를 제대로 반영한 콘텐츠를 제공할 수 있을 것이다.

– 자연어 생성과 처리(Natural Language Generation & Processing)

인공지능 저널리즘에서 또한 중요한 영역은 언어이다. 인공지능 분야에서 언어에 관한 연구는 꾸준히 이어지고 있는데, 언어 처리 분야 중에서도 저널리즘과 관련 있는 기술은 '자연어 생성'과 '자연어 처리'다. 자연어 생성은 쓰는 기술이며 자연어 처리는 읽는 기술이라 할 수 있다.

자동으로 뉴스 기사를 쓰는(생성하는) 것은 언론에서 매우 유용하게 사용할 수 있는 기술 중 하나다. 'LA Times'는 'Quakebot'이라는 지진 자동기사 생성서비스를 개발했다. 'Quakebot'은 자연어 생성 기술을 활용해 지역에서 지진이 일어난 순간, 이미 작성된 프레임에 맞춰 기사를 작성하며 완성된 기사는 트위터를 통해 자동으로 송출된다.

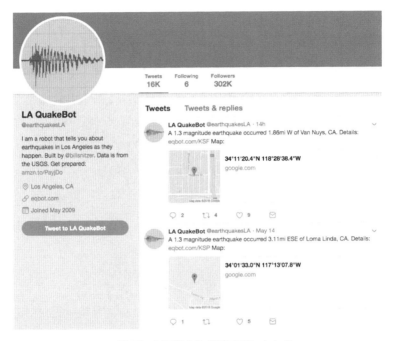

<그림 15> LA타임스의 퀘이크봇(Quakebot)

- 음성기사 변환(Speech)

인공지능을 뉴스에 도입한 또 다른 기능은 자동화된 음성기사 (Speech)로 대화형 인터페이스나 음성뉴스의 전달과 유통이라 할 수 있다. 이미 AP, 월스트리트 저널, BBC, 이코노미스트 등 여러 매체 가 인공지능을 활용한 오디오 인터페이스 기술을 시도하고 있다.

인공지능 Speech 기술은 크게 두 가지로 나뉘는데 TTS(Text-To-Speech)를 활용한 문자 음성 변환서비스와 그 반대인 STT(Speech-To-Text)를 활용한 음성 문자 변환서비스이다. TTS를 활용하면 뉴스룸 에서 제공하는 문자 기사를 음성으로 변환시켜 뉴스 콘텐츠로 송출

할 수 있으며 STT를 활용하면 음성을 문자로 변환시켜 기자들이 인터뷰 내용을 녹취하는 데 소요하는 시간을 줄일 수 있다.

예를 들어 레이놀즈 저널리즘 연구소(RJI)[9]가 미국 언론인 100여명을 대상으로 시행한 설문조사에 따르면 기자들은 1주일에 평균 3시간씩 인터뷰하는 데 시간을 소비하고 인터뷰의 오디오녹음에서 문장을 녹취하는 데 시간을 두 배로 쓴다고 한다. 따라서 AI 시스템이 이를 대신한다면 엄청난 시간을 절약하는 셈이다. 이미 수년 전부터 아마존의 인공지능 스피커인 에코(Echo)는 다양한 매체의 뉴스를 가정에서 맞춤형으로 제공해오고 있다.

- 영상처리(Vision)

듣는 것과 녹취하는 것을 넘어 눈으로 본 것을 기록할 수 있는 영상처리 기술을 활용하면 빠르고 쉽게 이미지 및 영상을 분류하고 정리할 수 있다. 심지어 인간의 눈이 볼 수 있는 것보다 훨씬 더 많은 것을 기록할 수도 있다. 최근의 인공지능기술은 영상편집과 제작까지도 알아서 할 정도로 발전하고 있다. 딥러닝을 활용한 인공지능 영상합성 편집 기술인 딥페이크(Deep Fake) 프로그램은 유명인의 얼굴을 영상에 합성하여 심각한 부작용을 낳고 있기도 하다. 일반인도 AI 프로그램만 있으면 전문가 수준의 딥페이크 영상물을 제작할 수 있고, 심지어 진위를 파악하기 힘들 정도로 사실적인 가짜 영상을 만드는 것이 가능해 각종 사회적 부작용도 커질 수 있다는 우려가 나온다. AP는 인공위성으로 수집한 영상 데이터를 공급하는 'Digital Globe'라는 기업을 통해 동남아 선박의 고해상도 위성사진

---

9) https://www.rjionline.org/

을 확보하고 이를 통해 노예선에 관한 탐사 보도에 필요한 결정적인 증거를 찾아서 2016년 퓰리처상을 받은 바 있다.

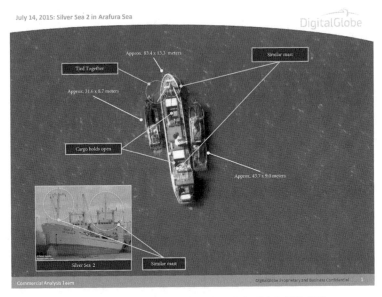

<그림 16> 디지털글로브사가 제공한 동남아 해상의 선박 영상

또한, 인공지능 기술의 세계 최강국인 중국은 2019년 초 관영 신화통신이 사람의 표정과 몸짓까지 모방한 인공지능(AI) 여성앵커[10]를 데뷔시킨 바 있으며 이 앵커를 세계 최초로 아랍어를 말하는 가상 앵커로 개발해 중동 국가에 수출한다고 밝힌 바 있다.

---

10) https://youtu.be/5iZuffHPDAw

<그림 17> 중국 신화통신의 인공지능 여성앵커 신샤오멍

3) 로봇(Robotics)과 드론의 인공지능 결합

인공지능이 로봇이나 드론기술과 만나면 미디어 하드웨어의 효용성을 극대화할 수 있는 장점이 있다. 로봇공학이 기계 학습, 자연어처리, 음성인식, 시각화 등 AI와 결합하면 언론인들에게 전례 없는 시각적 혁신과 영상을 제공해 줄 수 있다. 예를 들어 AP는 2016년 하계 올림픽 때 11대의 로봇과 16대의 원격 카메라로 사진기자들이 물리적으로 접근하기 어려운 지역에 카메라를 배치하고 인공지능으로 조정하게 함으로써 단순한 이미지를 제공하는 것 이상의 효과를 거둔 바 있다.

일반적으로 로봇 저널리즘(robot journalism)은 인간에 의해 설정된 알고리즘이 자율적으로 기사를 생산하는 방식을 일컫는다. 로봇 저널리즘 환경에서 로봇이 사실 전달 업무를 대신해 주면 기자들은 심층 기사 작성에 더욱 몰두할 수 있는 장점이 있다(김대원, 지영환,

2016). 또한, 드론과 AI를 결합함으로써 물리적으로 접근하기 어려운 재난 지역이나 산악지역 등의 취재가 가능해졌으며 대기 오염이나 촬영이 힘든 흐린 지역도 AI가 자동으로 밝기와 보정 등을 조정함으로써 보다 과학적이고 혁신적인 영상 제작을 가능하게 하고 있다.

이렇듯 인공지능은 미디어 산업과 저널리즘 영역에 전반적으로 긍정적인 영향을 주고 있으며, 이를 활용한 사례는 앞으로도 더욱 늘어날 것으로 전망된다. 그러나 AP의 가이드라인처럼 인공지능은 저널리즘의 도구일 뿐 저널리즘을 대체하지 않을 것이며 인공지능도 인간과 마찬가지로 편향적이고 실수를 할 수도 있다. 데이터가 모든 것을 결정하기 때문에 인공지능이 만병통치약은 아니며 최근 자율주행 자동차 사고 이슈처럼 기술이 극복하지 못하는 문제는 여전히 존재한다. 따라서 언론인들은 인공지능에 대해 더 많이 알아야 인공지능 활용 가능성의 문이 크게 열린다는 것을 명심해야 하며 인공지능이 발달한다고 해서 저널리즘의 기본 원칙이 변하지 않기 때문에 언제나 저널리즘 본연의 윤리와 기준을 지키는 것이 매우 중요하다고 하겠다.

4) 인공지능의 한계와 미래

가드너(Howard Gardner)는 그의 저서 『마음의 구조: 다중지능 이론』(Frames of Mind: The Theory of Multiple Intelligences)에서 마음에 대한 새로운 접근을 시도하였다. 그는 인간 두뇌의 본질을 지능이라고 보며 이 지능은 일반 지능과 같은 단일한 능력이 아니라 여러 개의 복합적인 능력이 인간 지능을 구성하고 있다고 가정했다. 가드너는 지능을 '문화 속에서 가치가 부여된 문제를 해결하거나 결과물을 창출하는 능력'이라고 정의하면서 인간은 다음과 같은 7개의 다른 지능을 갖고 있다고 주장했다(Gardner, 1993, 60~61쪽).

그가 제시한 인간의 지능은 음악적 지능(musical intelligence), 신체-운동적 지능(bodily-kinesthetic intelligence), 논리-수학적 지능(logical-mathematical intelligence), 언어적 지능(linguistic intelligence), 공간적 지능(spatial intelligence), 대인관계 지능(interpersonal intelligence), 그리고, 자기 이해 지능(intrapersonal intelligence) 등 7가지 다중 지능이었다. 그는 여덟 번째 지능인 자연탐구 지능(naturalist intelligence)을 새롭게 목록에 첨가하였고, 아홉 번째인 실존적 지능(existential intelligence)을 제기하기도 했지만, 아직 널리 인정되지는 않았다. 지금까지 널리 알려진 여덟 가지 다중지능을 자세히 살펴보면 다음과 같다.

① 음악적 지능의 예로 가드너는 바이올리니스트 메뉴힌(Yehudi Menuhin)을 든다. 메뉴힌은 세 살 때 그의 부모와 함께 샌프란시스코의 한 음악회에 참석하였는데 거기서 그는 루이 퍼싱어(Louis Persinger)의 바이올린 소리에 감동되어 생일 선물로 바이올린을 사 줄 것과 루이를 교사로 해달라고 부모를 졸랐다. 그는 열 살이 되던 해에 이미 국제적인 연주가가 되어 있었다. 이처럼 음악적 지능이 뛰어난 사람은 소리, 리듬, 진동과 같은 음의 세계에 민감하고, 사람의 목소리와 같은 언어적인 형태의 소리뿐만 아니라 비언어적 소리에도 예민하다. 또한, 음악의 형태를 잘 감지하고, 음악적 유형을 잘 구별할 뿐만 아니라 다른 음악 형태로 변형시키기도 한다. 이런 재능을 가진 사람은 악기 연주를 좋아하고 작곡하는 것을 좋아하며 단

순히 음악이나 리듬에만 국한되는 것이 아니고 소리 전체를 다루기 때문에 청각-진동적인 지능(auditory/ vibrational intelligence)이라고 부르기도 한다.

② 신체-운동적 지능이 높은 사람은 생각이나 느낌을 글이나 그림보다는 몸동작으로 표현하는 능력이 뛰어나며 손으로 다루는 능력이 뛰어나 손재주가 있다는 말을 많이 듣는다. 자동차 운전이나, 스케이트, 자전거를 다른 사람보다 쉽게 배운다든지 나무를 잘 타고 오르는 능력이 있다. 즉 몸의 균형 감각과 촉각이 다른 사람들에 비해 발달되어 있다. 타이거 우즈나 베컴 같은 유명 운동선수들의 운동지능은 선수가 되기 이전부터 이미 나타났다고 가드너는 주장한다.

③ 논리-수학적 지능은 다중지능 이론에서도 가장 중심에 위치하는 지능으로 논리적 문제나 사고와 같은 정신적 과정에 관한 능력이라 할 수 있다. 논리-수학적 지능이 높은 사람은 논리적 과정에 대한 문제들을 보통 사람들보다 훨씬 빠른 속도로 해결하는 능력이 있다. 숫자에 강하고, 차량번호나 전화번호 등도 남들에 비해 잘 기억하는 경우가 많다.

④ 언어적 지능이 높은 사람은 토론에서 두각을 나타내며, 유머나 말 잇기 게임, 낱말맞추기 등을 잘한다고 알려져 있다. 다양한 단어를 잘 활용하여 말을 잘하는 달변가가 많으며, 똑같은 글을 써도 타인을 감동시키는 글을 쉽게 쓰는 편이다. 언어적 지능은 단어의 소리, 리듬, 의미에 대한 감수성이나 언어의 다른 기능에 대한 민감성 등과 관련된 능력으로 이미 오래전부터 사람들은 언어와 두뇌와의 관계에 관해 관심을 가져왔다. 사람의 뇌에는 브로카의 영역(Broca's

Area)이라고 부르는 부분이 있는데 이 부위가 손상되면 비록 그 사람의 단어나 문장 인식의 능력은 그대로 남아있다 할지라도 자신을 표현하는 데 있어서 문법적으로 정확한 문장을 만드는 데 어려움을 겪는 것으로 알려져 있다.

⑤ 공간 지능은 시공간적 세계를 정확하게 인지하는 능력과 건축가, 미술가, 발명가 등과 같이 3차원의 세계를 잘 이해하는 능력이다. 공간 지능은 색깔, 선, 모양, 형태, 공간, 그리고 이런 요소들 사이의 관계에 대한 민감성과 관련 있다. 신경과학에 의하면 인간 두뇌의 우측 반구가 공간 지능과 관련되어 있으며, 공간 지능은 시각 능력과 관계가 깊은 것으로 알려졌다. 공간 지능이 높은 사람은 처음 방문한 장소도 다시 찾아가는 데 별 어려움을 느끼지 않고 잘 찾아간다. 또, 시공간적 아이디어들을 도표, 지도, 그림 등으로 잘 나타내고, 시각적으로 표현하는 디자인, 그림 그리기, 만들기 등을 좋아한다.

⑥ 대인관계 지능은 다른 사람들과 교류하고, 이해하며, 그들의 행동을 해석하는 능력이다. 다른 사람들의 기분, 감정, 의향, 동기 등을 인식하고 구분할 수 있는 능력과 표정, 음성, 몸짓 등에 대한 감수성, 대인관계에서 나타나는 여러 가지 다양한 힌트, 신호, 단서, 암시 등을 변별하는 역량, 또 이들에 효율적으로 대처하는 능력이다. 대인관계 지능이 뛰어난 사람은 친구들을 많이 사귀고, 교유(交友)도에서 중앙에 위치한다. 유능한 정치인, 지도자, 또는 성직자들은 대인관계 지능이 우수한 사람들이 많다.

⑦ 자기 이해 지능은 자기 자신을 이해하고, 느낄 수 있는 인지적 능력을 말한다. 즉 자신이 누구인가?, 자신은 어떤 감정을 가졌는가?

왜 이렇게 행동하는가? 등과 같은 자기 존재에 대해 이해하는 능력이다. 화를 내거나 기쁨을 표현하는 무형의 것이 있는가 하면, 시나 그림으로 표현하는 유형의 것들과 같은 어떤 형태로 나타나지 않는 한 자기 이해 지능은 인식하기가 힘들다.

⑧ 마지막으로 자연탐구 지능은 다중지능 이론 중 가장 최근의 것으로 자연 현상에 대한 유형을 규정하고 분류하는 능력을 말한다. 원시 사회에서는 어떤 식물이나 동물이 먹을 수 있는지를 그들의 자연탐구 지능에 의존하여 알아냈다. 현대 사회에서는 기후 형태의 변화에 대한 감수성과 같은 것이 자연탐구 능력을 잘 나타내주고 있다. 자연탐구 지능이 높은 사람은 자연 친화적이고, 동물이나 식물 채집을 좋아하며, 이를 구별하고 분류하는 능력이 높다. 산에 가더라도 나뭇잎의 모양이나, 크기, 지형 등에 관심이 많고, 이들을 종류대로 잘 분류하기도 한다.

가드너는 이상에서 제시한 여덟 가지 외에도 많은 지능이 있을 수 있다고 주장했다. 새롭게 제기될 수 있는 지능들로는 영성(靈性; spirituality), 도덕적 감수성(moral sensibility), 성적 관심(sexuality), 유머(humor), 직관(intuition), 창의성(creativity), 심지어는 요리능력(culinary ability), 후각 능력(olfactory perception), 타 지능을 종합하는 능력(an ability to synthesize the other intelligences) 등을 들기도 한다.

가드너는 이러한 지능의 역사적 발달을 세속적인 개념단계(Lay Conceptions), 과학적 지능 단계(The Scientific Turn), 다중지능 단계(Pluralization of Intelligence), 상황 지능 단계(Contextualization), 분배된 지능 단계(Intelligence as Distributed), 지능의 양육 단계

(Nurturance of Intelligence), 지능의 인간화 단계(Humanizing Intelligence)의 7단계로 나누고 있다(Gardner, 1991).

① 세속적인 개념단계에서의 지능은 20세기 이전에 개념적이거나 학술적인 의미보다는 일반 사람들이 자신을 비롯한 다른 사람들의 정신적 능력을 일컫는 평범한 말로 지능이라는 말을 써온 것을 가리킨다.

② 과학적 단계에서의 지능은 20세기에 들어서면서 프랑스 교육부 장관의 요청을 받은 프랑스 심리학자 알프레드 비네(Alfred Binet)와 그의 동료들이 학습위기에 처한 초등학교 학생들을 판별하여 보충학습을 시키려는 목적으로 이들을 판별할 수 있는 측정 도구를 만드는 과정에서 지능을 측정할 수 있는 형태로 계량화한 것을 말한다. 오늘날 흔히 우리가 IQ로 알고 있는 지능검사는 비네가 만든 이 도구를 의미하는 것이다. 비네가 만든 지능검사는 학생들의 장래 학업 성패를 예측하는 것이었기 때문에 교실 수업에서 일상적으로 일어나는 활동들이 요구하는 인지적 과정에 초점이 맞추어졌다. 문항들은 주로 감각적 구별에서부터 시작하여 어휘에 관한 지식 등을 측정하는 것이었고, 미국으로 건너와 터먼(Lewis Terman)에 의해 더욱 발전하여 1920년대에 이미 전 세계로 널리 퍼져 나갔다.

③ 복수화 단계 이전의 지능은 하나의 단일한 개념으로 인식되었다. 그러다가 학자들은 인간의 마음이 여러 가지 독립된 요소(modules) 또는 지능(intelligences)으로 구성되어 있다고 주장하기 시작했다. 가드너(Gardner, 1983)로 대표되는 일련의 학자들은 처음에는 앞에서 소개한 7개의 지능을 제기하였고, 이후 자연 탐구적 지능

(naturalist intelligence)과 실존적 지능(existential intelligence)을 추가하여 인간은 9개의 복수지능을 갖고 있다고 주장했다.

④ 상황적 단계의 지능은 개개인의 삶 속에서 일어나는 여러 가지 상황, 즉 가정, 직장, 사회와 이러한 환경이 부여하는 기회와 가치 등과 같은 생활맥락을 벗어나서는 지능은 개념화될 수 없으며, 또한 정확히 측정할 수 없다는 것을 의미한다. 지금까지의 지능이론들은 인간의 머리, 다시 말해서 두뇌 속에는 생물학적 실체 또는 능력이 들어있다는 것을 가정한 것이었고, 이는 생활 맥락(context)과는 상관없이 측정하는 것이었다. 따라서 상황적 단계에서의 지능은 이러한 생활맥락을 고려한 일종의 지혜(wisdom)라고 할 수 있다. 즉 지능은 고정된 것이 아니라 다양한 환경과 같은 교육적 기회에 의해 향상될 수 있다는 것이다.

⑤ 분배된 단계에서의 지능은 지능들이 두뇌 속에 있는 것이 아니라 사람들이 살아가는 일상적인 생활 속에 분배되어 있다고 보는 관점이다. 이러한 측면에서 보면, 자기를 둘러싼 다른 사람에게 자신의 분배된 지능이 있다고 볼 수 있다. 대부분 사람은 자신의 기능과 지식만을 의지하여 일하기보다는 자기를 둘러싼 직장과 환경의 사람들과 교류하면서 그들의 기능과 지식이 있다는 것을 가정한다.

⑥ 앞서 언급한 지능의 다섯째 단계까지는 어느 정도 연구의 결과로 밝혀진 것들이나 지능의 양육 단계와 인간화 단계는 더 연구되어야 할 지능을 의미한다. 만약 지능이 양육될 수 있다면 어떤 구체적인 환경에서 양육될 수 있는지를 증명하는 것이다. 또한, 인간의 마음 혹은 정신세계를 완벽하게 파악한다는 것은 불가능한 일이지만

그렇게 된다고 가정했을 때 인간의 능력이란 나쁜 일에도 쓰일 수 있으며 좋은 일에도 쓰일 수 있다. 따라서 인간의 지능은 좋은 일에 써야 한다는 책임을 갖고 있다고 할 수 있다. 이런 점에서 앞으로 인간 지능은 인간적이어야 한다는 것을 의미한다.

인간의 지능에 관한 연구는 지난 세기 동안 대부분 검사라는 관점에서 접근해온 경향이 있다. 그러나 최근 대두되고 있는 인지론적 관점(cognitive perspective)은 지능의 활용에 초점을 두고 있다. 특히 인지심리학자들은 정보처리전략에 초점을 두고 지능을 연구하고 있다. 이러한 관점에서 스턴버그(Sternberg, 1984, 1985)는 지능이 맥락적, 경험적, 요소적 부분으로 구성되어 있다는 3요소 이론(triarchic theory)을 제안하고 있다. 맥락(context) 관점에서 보면 지능은 문화적으로 결정된다는 것이다. 서양 문화권에서의 지능과 동양에서의 지능은 그 맥락에 따라 달라질 수 있다는 것이다. 또한, 인간의 경험이나 행동은 지능과 밀접한 관계를 맺고 있으며 초요소(meta-components), 수행요소, 지식획득요소라는 세 가지 하위 정신과정에 따라 지능이 결정된다는 것이다.

지능에 대한 이러한 다양한 관점과 성찰들을 AI에 대입해 보면 아무리 인공지능 기술이 발달한다고 해서 AI가 인간 지능의 이러한 다양한 특질을 완벽하게 대체하는 것은 불가능하다는 결론에 이른다. 마찬가지로 AI 저널리즘이라고 해서 저널리즘의 기본 속성과 윤리, 원칙을 바꿀 수는 없을 것이다.

5) 인공지능(AI) 저널리즘의 사례

- 뉴욕타임스

뉴욕타임스는 2015년 <Editor>라고 불리는 실험적 AI 저널리즘 프로젝트를 시작한 바 있다. 이후 뉴욕타임스는 온라인 신문의 독자 코멘트(댓글과 유사한)를 관리하는 인공지능 프로젝트를 시작했다. 기존에는 14명의 독자란 관리 인력이 하루 1만 1천 개가량의 의견을 검토하고 조정하는 강도 높은 작업을 하고 있었지만, 이는 타임스의 기사 중 10%에도 미치지 못하는 분량이었다. 따라서 타임스는 AI 솔루션을 이용해 독자들의 의견을 관리하고 조종하는 비용 효율적 방식을 찾기 시작했는데 그것이 구글의 계열사인 Jigsaw에 의해 개발된 AI 툴을 사용한 것이다. 이를 통해 인공지능이 부작용이 있는 다양한 의견을 모니터링하고 정제해서 독자들의 의견을 일목요연하게 정리해줌으로써 사용자들의 의견을 읽고 상호작용하며 공격적이거나 모욕적인 의견을 피할 수 있도록 하는 데 사용되고 있다.

- 워싱턴포스트(Washing Post, WP)

워싱턴포스트는 헬리오그라프(Heliograf)라고 불리는 소프트웨어를 사용한 자동화된 로봇 저널리즘(Automated Journalism)을 2016년 선보인 바 있다. 리우(Rio) 올림픽 게임을 위해 개발한 헬리오그라프는 대용량의 올림픽 게임데이터를 분석하고 뉴스로 만들어 내기 위해 개발된 것으로 스토리 템플릿에 대입해 다양한 매체에 맞는 적절한 표현과 뉴스스토리를 자동으로 생성해 내는 로봇을 목표로 개발되었다. 처음에는 주로 스포츠와 금융 분야로 시작했지만 2016년 미

대통령 선거 과정에서도 사용되면서 주별, 선거구별로 실시간으로 상이하게 나오는 결과를 인공지능 로봇이 수집하고 작성하면서 진가를 발휘한 바 있다. 지난 2012년 선거에서 워싱턴포스트는 같은 일을 하는데 기자 4명이 25시간 동안 분석해 단 한 개의 기사(선거 결과)만 작성했지만 4년 후인 2016년 대선에서는 사람 기자의 개입을 최소화하고 헬리오그래프가 500개 기사를 작성, 50만 번의 클릭을 유발한 것으로 알려졌다. 앞으로 워싱턴포스트는 이러한 인공지능 기술을 활용해 그래픽 뉴스 자동화, 사용자 제작 콘텐츠 검증, 알림 수신, 콘텐츠 위치 파악 등의 뉴스룸 공정 전반을 자동화하는 데 총력을 기울이고 있다. 아울러 인공지능 로봇이 작성한 기사는 데이터를 활용해 수백만 명의 독자에게 개인화된 스토리를 맞춤형 기사로 제공해 줄 수 있는 형태로 발전하고 있다.

- AP(Associate Press)

AP는 일종의 자연어 처리 엔진인 워드 스미스(Word Smith)를 활용해 인공지능 로봇이 매달 수천 건의 기사를 생성해 내는 오토메이티드 인사이츠라는 로봇 저널리즘 뉴스통신사를 분사시킨 바 있다.

오토메이티드 인사이츠는 자동 기사 작성 소프트웨어(SW) 워드 스미스(Word Smith) 기술을 누구나 사용할 수 있도록 공개 (https://automated insights.com/wordsmith)하고 있으며 야후도 이 프로그램을 활용해 매달 수천 건의 로봇 기사를 쏟아내고 있다. 오토메이티드 인사이츠는 또한 최근 기사를 자동으로 작성하는 것을 넘어 아마존의 음성인식 인공지능 '알렉사(Alexa)'와 결합, 음성으로 인간과 대화할 수 있는 서비스도 개발 중이다.

<그림 18> AP의 **오토메이티드 인사이츠**

이후 AP는 2013년부터 뉴스휩(Newswhip)이라고 불리는 AI 분석 툴을 활용해 소셜 네트워크에서 벌어지고 있는 경쟁지들에 대한 실시간 벤치마킹, 기사의 키워드를 둘러싼 독자들의 관여 상황, 기사의 영향에 대한 주요 인플루언서 제공 등을 자동화하고 있다. 이에 뉴스를 작성하는 것뿐만 아니라 뉴스를 둘러싼 정보 검색과 분석, 정리까지도 인공지능이 담당해 30분에서 3년간의 기간 동안 작성하고자 하는 기사와 관련된 온갖 데이터를 정제해주고 있다. 뉴스휩과 같은 인공지능 분석 툴은 특히 가짜 뉴스의 방지에도 적극적으로 활용될 수 있다. 즉 인공지능을 활용한 콘텐츠 분석과 의미 분석, 스마트 필터링 기술을 결합해 2017년 2월 지그소(Jigsaw)라고 불리는 머신러닝 기술을 활용, 온라인에서 악의적 댓글을 골라낼 수 있는 인공지능 기반기술을 선보이고 있다.

3 블록체인 기술과 미디어

1) 블록체인 시장의 급성장

가트너(Gartner)의 '2018년 10대 전략 기술 트렌드 보고서'는 블록체인이 디지털 혁신 플랫폼으로 진화하고 있다고 명시할 만큼 블록체인은 기존 산업 생태계의 질서를 뒤바꿀 수 있는 파괴력을 가진 것으로 평가되고 있다. 우리나라도 2016년 12월, 국내 금융권에서 블록체인기술의 상용화를 위해 '금융권 공동 블록체인 컨소시엄'을 구성하였으며 2018년부터 블록체인 활성화를 저해하는 각종 법규나 규제들을 검토하고 있으며, 국내 대기업의 경우 LG CNS, SK C&C, 삼성 SDS 등이 자체적으로 프라이빗 블록체인을 개발하여 물류 사업 등에 적용하여 새로운 사업모델을 개척하고 있다.

블록체인 세계 시장 규모는 2015년 1억 3,000만 달러에서 연평균 성장률 61.5% 성장하여 2022년 37억 4,000만 달러 규모에 이를 것으로 전망되고 있다. 국내 블록체인 시장 규모는 세계 시장의 약 10분의 1 규모로 2015년 1,000만 달러에서 연평균 성장률 61.5% 성장하여 2022년 3억 2,000만 달러 규모에 이를 것으로 전망된다.[11]

<표 3> 블록체인기술 도입에 따른 경제적 효과

NO	제목	내용
1	IDC	- 블록체인기술로 금융업계의 비용 절감 규모가 2022년 약 200억 달러에 달할 것으로 전망됨 - 기존 레거시 시스템 이용 시 글로벌 금융기업의 전산 시스템 비용은 연간 4.6%씩 증가
2	가트너	- 블록체인 관련 비즈니스 규모는 2022년 약 500억 달러 규모로 성장 - 디지털 비즈니스 혁신을 도모하는 208개 기업을 대상으로 조사한 결과 52%가 블록체인이 자사 비즈니스에 영향을 미칠 것이라고 답변
3	맥킨지앤컴퍼니	- 블록체인기술을 금융시스템에 활용하면 고객 데이터베이스 관리와 보안 등 관련된 금융 비용 절감 효과가 연간 23조 원에 이를 것으로 전망
4	산탄데르 은행	- 블록체인기술은 은행의 인프라 비용을 2022년까지 매년 15억~20억 달러 절감시킬 것으로 예상
5	베인앤컴퍼니	- 금융업계 종사자 중 80%가 블록체인이 2020년 내 도입될 것으로 예측함

(출처 : 국제무역연구원, 2018.4)

　해외에서는 블록체인에 대해 규제를 강화하는 국가가 있지만, 정부가 주도적으로 기술 개발을 지원하고 공공부문에의 도입에도 적극적인 나라도 존재한다. 미국은 블록체인에 관해 주마다 다른 견해를 취하고 있는데, 2015년 뉴욕은 비트코인 규제로 '비트 라이선스(BitLicense)'를 도입해 비트코인 취급을 허가제로 만들었으며 캘리포니아, 노스캐롤라이나 등에서도 동일하게 추진되고 있다.

　EU 집행위는 다양한 형태로 블록체인 관련 정책 및 연구 활동을 지원하고 있는데, 2013년부터 EU의 연구 지원 프로그램인 'Horizon 2020'을 통해 다양한 블록체인 관련 프로젝트를 지원하고 있으며

---

11) 한국과학기술정보연구원(2017), "KISTI 마켓 리포트 2017-24:블록체인 - 표준화 및 법제도 완비 시급."

2020년까지 3억 4,000만 유로를 블록체인 프로젝트에 지원하고 있다. EU는 블록체인기술 발전과 촉진을 위한 'EU Blockchain Observatory and Forum'을 2018년 2월 발족하여 블록체인 관련 정보 수집, 경향 분석, 도전 과제 해결, 블록체인이 보유한 사회 경제적 잠재력에 관한 탐구 등을 통해 블록체인 전문 생태계를 조성하고 있다.

이처럼 블록체인은 금융, 산업, 공공부문, 콘텐츠, 미디어 등 다양한 분야에서 경제적, 사회적 가치를 창출할 것으로 전망된다. 금융 분야에서는 금융거래 인증 및 검증과정이 간소화됨에 따라 거래의 청산이나 결제에 소요되는 시간 단축 및 대규모 시스템 구축 및 관리비용이 절감될 것으로 전망되고 있다. 제조 및 유통 부문에서는 공급사슬관리 측면에서 유통과정에서의 신뢰성과 정보의 투명성 확보에 기여할 것으로 전망되며 공공부문에서는 정부 예산집행의 투명성과 효율성 증대의 효과를 가져올 것으로 기대된다.

음원 및 콘텐츠 산업에 있어서 블록체인의 도입은 산업 내 저작권 침해 문제를 방지하고, 유통·수익구조에 근본적인 변화를 초래할 수 있으며 카 셰어링(Ride-sharing), 자동차 리스 서비스, 부동산 거래, 스포츠 매니지먼트, 상품권 및 포인트 제공 등에 있어 블록체인의 분산화된 시스템은 기존의 상품 및 서비스가 제공되던 방식과는 다른 방식의 변화를 가져올 것으로 예상하는바, 콘텐츠 유통구조 개선과 수익구조의 변화로 창작자와 저작자의 수입 증대가 예상되며 특히 블록체인기술 기반의 새로운 미디어 출현은 기존 매체가 의존하던 광고수익이나 판매 수익 기반의 수익원에서 전혀 다른 수익원으로의 이동을 예고하고 있다.

특히 블록체인기술은 사람-사람, 사람-사물, 사물-사물을 모두 연결하는 초연결사회(Hyper Connected Society)의 등장을 가속하는 요인으로 경제, 사회, 교육, 의료 등 산업 전 분야의 근간을 뒤흔드는 '파괴적 혁신기술'이 될 것으로 예측되어 미디어 분야에서도 이에 대한 신속한 대응이 필요하다.

블록체인 시장의 급성장으로 금융, 유통, 미디어, 의료, 바이오, 문화콘텐츠 등의 산업 분야에서 기획, 개발, 관리자 등 전문 인력에 대한 시장의 수요는 급증하고 있으나 국내의 경우 관련 인력이 턱없이 부족한 상황으로 블록체인 전문 인력 양성이 되지 않을 경우, 국내 4차 산업혁명 전반에 걸친 혁신성이 결여되고 국가 경쟁력이 저하될 것으로 예상되어 이에 대비한 전문 인력 양성 현황 분석 및 대응 방안에 대한 정책 마련 또한 시급하다.

2) 블록체인 기술의 미디어 적용

블록체인은 네트워크 내의 참여자가 공동으로 정보 및 가치의 이동을 기록, 검증, 보관, 실행함으로써 데이터의 신뢰성을 확보하는 기술이다. 특히 데이터를 중앙집중식으로 관리하던 기존 구조에서 탈 중앙식·분산식으로 바뀜에 따라 중개자 없이도 신뢰도 확보가 가능하다. 블록체인의 가장 큰 강점은 거래에 참여하는 모든 사용자에게 거래 내용을 보내주며 거래 때마다 이를 대조해 데이터 위조를 막는 방식을 사용한다는 점이다. 이러한 특성으로 인해 블록체인은 주로 가상화폐에 적용되어 폭발적으로 성장해왔지만 앞으로 미디어 분야에서도 매우 큰 잠재력을 지니고 있다.

이러한 특성으로 인해 블록체인기술은 미디어 산업 생태계에서 중계자(플랫폼) 없이 콘텐츠 생산자(기자, 매체 등)와 소비자(독자,

사용자)가 직접 만날 수 있는 환경을 구축하고 있다. 블록체인을 통해 콘텐츠 생산자가 콘텐츠 가격을 책정할 수도 있고 광고나 저작권 수익과 같은 이익 과정을 매개자 없이 배분할 수도 있다. 또한, 이러한 수익창출과 배분 과정에서 거래 비용이 거의 들지 않으며 스마트 계약을 기반으로 수익 분배를 자동화할 수 있다.

이처럼 블록체인기술이 미디어 산업에서 새로운 혁신기술로 인정받는 이유는 현재의 미디어 산업이 겪고 있는 여러 가지 문제들, 예를 들어 창작자에게 정당한 대가가 돌아가기 어려운 이익 구조와 유통의 불투명성 등의 문제점에 대한 해결책을 제시해줄 것으로 기대되기 때문이다. 중개자 없이 콘텐츠 생산자와 소비자가 직접 만날 수 있다는 장점은 기존 콘텐츠 창작자와 배급 유통 플랫폼 사이의 불공정한 수익 분배와 저작권 침해 등 미디어 산업의 난제들을 효과적으로 해결하고 광고 전달의 효율성을 높일 방안이 될 수 있다.

이러한 특징으로 인해 블록체인기술은 광고, 음악, 영화, 게임, 뉴스 미디어, 가상현실(VR) 등 다양한 분야에서 새로운 서비스를 선보이고 있으며 앞으로 더욱 활용도가 높아질 것으로 예측된다(유경한, 2018).

서비스 종류		서비스 이름
광고		Adblurb, efir, Galatikka, Papyrus, whyral, ImpetusOne, EXCHAIN, XCHNG, ACA Network 등
콘텐츠 플랫폼		Cfun, Creativechain, Daseron, Embermine, Enlte, Global Protected Crypto Copyright, hubii network, injii, ipstock, iShook, Joint Ventures, kleos, Media Network Token, PUBLIQ, UUNIO 등
언론/뉴스		2100NEWS, Media Sifter, Presscoin, pumped, Reporter Community, sapien, Snip, TheWorldNews, Trive, MulTra, Decentralized News Network
미디어	SNS	Aktie, APPICS, ClassyCoin, HeartBout, Orbeum, sphere, Trendit, vibeo, Whohas, Howdoo, kuende
	TV방송	TV-TWO, ClickableTV, FTV Coin Deluxe
문화예술	영화	primestar, FutureWorks, Livetree Adept, SHIVERS, Vanity Fear, Bond Film Platform, CRYTOFLIX
	음악	viberate, VOISE, voxxo, Dench Music, imusify, Dropd, Opus, POTENTIAM, PurpleThrone
	게임	Gizer, The Abyss, TRUEGAME, Bountie, BrainerZ, EtherJack.io, swace, Play2Live

출처 : 유경한, 2018

<그림 19> 주요 블록체인 미디어 서비스 현황

3) 블록체인 미디어 사례

　뉴스 분야의 대표적인 블록체인 미디어로는 시빌(Civil)[12]과 스팀잇(Steam IT)[13]을 들 수 있다. 시빌은 블록체인기술 기반 뉴스 플랫폼으로 기자와 독자가 직접 뉴스를 거래한다. 시빌 뉴스룸은 탈중앙화 자치조직(DAO, Decentralized, Autonomous, Organization)으로 운영되며 뉴스룸에는 저널리즘 자문위원회, 관리자, 뉴스제작자, 시티즌, 팩트체커 등 다섯 종류의 참여자로 구성된다. 스팀잇(Steemit)은 SNS의 일종으로 사용자가 올린 콘텐츠에 대한 보상을 가상화폐로 지급하는 플랫폼이라 할 수 있다. 스팀잇은 일종의 콘텐츠 보상 플랫폼으로 콘텐츠 생산자가 광고 없이 콘텐츠 그 자체로 이익을 얻을 수 있다. 생산자가 게시물을 올리면 다른 사용자로부터 투표를 받는데 투표를 많이 받을수록 스팀잇에서 사용되는 암호 화폐를 보상으로 받는다. 이렇게 발생한 수익의 75%는 콘텐츠 생산자에게, 25%는 투표한 사용자에게 돌아간다.

　이 같은 블록체인 뉴스 미디어는 기존의 뉴스 생산 조직을 보다 유연하고 실험적으로 운영하면서 기존의 뉴스 생산 조직의 역할과 기능의 상당 부분을 참여자와 공유한다. 참여자는 암호 화폐를 통해 참여에 대한 보상을 얻게 되고, 이는 뉴스의 구독에 이용된다. 또한, 참여자는 관리자, 뉴스 소비자, 팩트체커, 검색자, 자문위원회 등으로 탈중앙화 취지에 맞게 분산화되어 데스크가 통제하는 게이트키핑 관행의 개선도 기대할 수 있다(한수연, 2018). 또한, 블록체인 미디어는 플랫폼은 있는데 플랫폼 사업자는 없는 상태가 되어 페이스

---

12) https://civil.co/
13) https://steemit.com/

북과 구글, 네이버 등 플랫폼 사업자가 가져가던 중개 수수료를 콘텐츠 창작자와 사용자에게 재분배할 수 있어 혁신적인 미디어 생태계를 탄생시킬 것으로 기대되고 있다.

4 가상현실(VR, AR, MR) 저널리즘

1) 가상현실 기술의 발달

- 기술 발달에 따른 구분

인간에게 기술의 진화 과정은 감각의 확장 과정과도 같은데, 가령 과거에는 컴퓨터를 통해 혼자서 놀던 것에서 네트워크 기술의 도입에 따라 온라인 게임과 같이 다수의 사람이 같이 놀게 되었다. 또한, 감각의 영역에서도 과거의 매체는 문자적인 성격이 강했지만, 점차 시각적인 성격이 더 강해졌으며, 최근에는 체감형 기술의 도입같이 멀티미디어적 성격을 가짐으로 인하여 다양한 지각체험이 가능해졌다.

일반적으로 가상현실은 컴퓨터를 이용해 가상적인 환경을 만들고 그 환경 내에서 3차원의 의사체험을 가능하게 하는 기술로 알려져 있다. 즉 가상현실이란 컴퓨터를 통해 만들어진 가공의 상황이나 환경을 시각, 촉각, 후각 등 인간의 감각기관을 통해 느낄 수 있도록 하여, 사용자가 몰입감을 느끼고 상호작용을 할 수 있도록 하는 기술이다. 이로 인해 가상현실은 사용자가 실재하지 않는 것을 존재하는 것처럼 느끼게 하고 이를 활용할 수 있도록 하는 것을 의미한다.

가상현실은 연구기관, 사용 목적, 구현기술 등에 따라 다양하게 분류되고 있다. 비영리연구기관 Acceleration Studies Foundation (ASF)[14]에 따르면 가상현실(Metaverse)은 Augmented Reality(증강현실), Lifelogging(장소에 기반을 두고 개인의 일상을 기록/공유하는 것), Mirror World(현실의 사물을 가상세계에 복제하는 것), Virtual World(사용자가 창조하는 가상현실) 등으로 구분된다.

기술 발달 단계로 볼 때 가상현실은 가장 기본적인 VR 기술에서 이를 실제 환경으로 확장한 증강현실(AR, Augmented Reality), 그리고 현실의 정보를 기반으로 가상의 정보를 융합시켜 진화한 가상세계를 만드는 기술인 혼합현실(MR, Mixed Reality)로 진화해왔다.

VR(Virtual Reality)이 가상의 영상과 사용자의 움직임을 결합해 3D로 구현된 생생한 현실을 제공했다면 AR는 실제 환경에 3차원 가상의 사물이나 이미지를 겹쳐 보여주는 기술로 '확장된 현실'이라고 할 수 있다. AR는 현실과 컴퓨터 그래픽으로 만들어진 가상의 콘텐츠를 원래 존재하는 사물처럼 보이게 구현해 새로운 경험을 할 수 있는 기술로 지리·위치 정보를 송수신하는 GPS 장치 및 중력 센서, GPS로부터 송수신된 정보가 저장되는 위치 정보 시스템, 정보를 수신해 현실 배경에 표시하는 AR 애플리케이션, 이를 디스플레이로 출력하는 스마트폰, 태블릿 등의 IT 기기 등에 의해 구현된다. 2017년에 출시되면서 열풍을 이끌었던 <포켓몬 Go> 게임이나 <아이언맨>의 주인공 토니 스타크가 아이언맨 슈트를 입으면 필요한 모든 정보가 눈앞에 데이터로 펼쳐지는 것 등이 AR의 대표 사례라 할 수

---

14) https://accelerating.org/

있다.

그러나 VR는 입체감이 뛰어나고 몰입감이 높지만, HMD(Head Mounted Display)와 같은 전용 VR 안경이 필요하므로 편의성이 떨어진다는 단점이 있다. AR 또한 공간적 제약이 적고 현실감은 높지만, 입체감이나 몰입도가 떨어지기 때문에 이를 개선해 VR와 AR의 장점을 결합한 기술이 MR라 할 수 있다. 즉 기술적으로 보면 AR와 VR을 통합하고 사용자와의 인터랙션을 더욱 강화한 기술이 MR로 홀로그램 형태의 가상 이미지를 360도로 볼 수 있는 것이라 할 수 있다. 대표적인 사례로는 2018년 평창동계올림픽에서 강릉역 ICT 스퀘어에 선보인 MR로 3D 안경 없이도 산의 지형을 형상화한 모형에 올림픽 경기장이 세워지는 과정을 입체적으로 볼 수 있도록 한 것을 들 수 있다.

- 5G 상용화와 가상현실

2019년 3월 한국은 세계 최초로 5세대(5G) 통신 상용화 서비스를 시작했다. 5G 통신은 초고속, 초연결, 초저지연을 특징으로 하며 향후 스마트폰과 무수히 많은 기기와 연결 가능하며 데이터 전송 시 4G보다 20배 빠른 데이터 전송속도를 가능케 해주었다. 또한, 4G 대비 최대 100배 넓은 주파수 대역을 사용할 수 있다. 4G가 1차선 도로라면 5G는 100차선 고속도로이다. 이 같은 기술적 특징으로 인해 국내외 통신사들은 소비자들이 직접 체감할 수 있는 콘텐츠와 서비스를 개발하는 데 노력을 기울이고 있으며 그 가운데에서도 실감형 서비스인 VR 기반의 콘텐츠와 서비스가 5G 시대의 핵심 내용으로 떠오를 것으로 예상한다.

5G 상용화에 따라 전 산업 분야에서 VR 기술의 응용서비스가 출시되고 있지만 가장 활발하게 선보이고 있는 것은 미디어 서비스 분야이다. 2019년 2월 스페인 바르셀로나에서 열린 세계 최대 모바일 전시회 모바일월드 콩그레스(MWC)[15]에서 마이크로소프트가 선보인 AR 기기 홀로렌즈 2나, 스마트폰용 반도체 기업인 퀄컴(Qualcomm)[16]이 중국 AR 기기업체와 함께 선보인 AR 안경 '엔리얼(Nreal)'[17]은 상호작용이 가미된 AR 장비로 일상생활을 하면서 공중에 영상을 띄우거나, PC나 스마트폰 없이 인터넷을 검색하고, 문서를 작성할 수 있게 해주는 수준으로 평가받고 있다. 일본 통신업체 NTT도코모는 3차원 홀로그램과 5G 망을 활용해 전시관 다른 곳에서 노래를 부르는 가수와 홀로그램 캐릭터를 한 공간에 등장시킨 VR 콘서트를 시연했다.

국내기업들도 다양한 VR 미디어 서비스를 시작했다. KT는 이용자가 VR 헤드셋을 통해 다양한 영화와 콘텐츠를 360도 VR 영상으로 즐길 수 있는 '기가 라이브 TV'를 출시했으며, SK텔레콤은 기존의 온라인 동영상 서비스 옥수수에 소셜 서비스를 결합한 '옥수수 소셜 VR'를 출시해 VR 헤드셋을 쓰고 최대 8명과 가상공간에서 VR 콘텐츠를 즐기는 것을 가능하게 하고 있다.

---

15) https://www.mwcbarcelona.com/

16) https://www.qualcomm.com/

17) https://www.nreal.ai/

<그림 20> 마이크로소프트의 홀로렌즈 2, 개발자가 홀로렌즈를
착용하고 제품을 개발하고 있다.

<그림 21> 퀄컴의 엔리얼 VR 안경.

2) 가상현실의 구성요소와 특징

가상현실은 용어 자체가 모순되는 단어라 할 수 있다. 가상은 현실이 아니기 때문이다. 따라서 가상현실이란 용어는 사용자가 느끼기에 실제와 같은 혹은 실제 세계에서 얻기 힘든 경험을 인공적으로 제공한다는 뜻으로 해석할 수 있다. 사람이 실재감(實在感)을 느끼는 것은 결국 오감과 관련된 신경으로부터 달성하게 되는데 이러한 현존감(現存感, Presence)을 컴퓨터 그래픽스, 각종 디스플레이 장치, 실제 영상과 이미지, 음향, 촉각 등을 활용해 구현하는 것이다.

실재감을 구현하는 기술은 실제에 가까운 시각화 기술, 3차원 음향 등의 기술을 이용한 청각 기술, 피부의 접촉이나 물체의 역학을 느끼게 하는 햅틱(Haptic)기술, 인공향기를 이용한 후각 기술, 사용자가 가상환경과 자연스럽게 교류할 수 있게 하는 상호작용 기술 등으로 구성되어 있다. 그러나 이런 기술을 활용한 자극들은 제공되는 가상의 신경 자극이 완벽하게 충실하지 않더라도 조작으로 사용자에게 최대한의 몰입감이나 임장감을 제공하여 충실한 가상경험을 제공할 수 있다. 왜냐하면, 인간의 감각은 그 자체로 완벽한 것이 아니고 착시나 착각 같은 특질들을 갖고 있기 때문이다.

가상의 경험을 제공하는 것 이외 가상현실의 또 하나의 중요한 목표는 인간이 가진 "지능의 확장(IA, Intelligence Amplification)"이다. 이는 가상현실의 개척자 중 한 명인 노스캐롤라이나 대학의 프레드 브룩스(Fred Brooks) 교수가 제안한 것으로 가상현실 기술을 이용하여 사람이 현실에서 하기 힘든 일을 도와주어 정신적 노동의 효율성을 극대화 시킬 수 있는 일종의 첨단정보표현 시스템을 구축하려는 것이다. 예를 들어 수술 부위를 가상으로 들여다보고 미리 시뮬레이션해볼 수 있다면 어려운 수술을 할 때 많은 도움이 될 수 있을 것이다.[18]

---

18) 국내에서도 최초로 의료수술 장면을 VR로 실시간 생중계하거나 로봇 수술 장면을 편집해 3D 및 VR로 제공하는 의료영상콘텐츠 전문 플랫폼 기업인 3D메디비전(3D Medivision)이 의료기관과 의료인들을 대상으로 서비스하고 있다.

이 같은 가상현실기술의 특질을 이용한 응용 분야는 매우 많은데 교육과 훈련, 오락, 통신, 의료, 정보의 가시화, 프로토타이핑 등이 대표적이며 최근 미디어 분야에서도 단순한 오락 기능을 넘어서서 실제로 뉴스 현장에 있는 것과 같은 임장감(臨場感)을 주는 데 사용되기 시작했다.

<표 4> 가상현실 주요 구성요소

요 소	내 용
몰 입 (Immersion)	피험자에게 제공하는 시각적 시뮬레이션 정도
임 장 감 (Navigation)	컴퓨터가 만들어 낸 사이버 스페이스로 탐험하는 능력
상호작용성 (Interaction)	사용자가 수신만이 아니라 가상현실 시스템과 정보를 교환하는 것

3) 가상현실의 역사와 활용 분야

가상현실의 기원으로 흔히 1차 세계대전 당시의 비행기 시뮬레이터의 개발을 꼽고 있다. 또한, 할리우드 영화 제작 초기인 1960년대 초에 모튼 헬리그(Morton Heilig)가 개발한 '센소라마(Sensorama)'라는 시스템은 사용자가 앉아서 디스플레이를 통해 뉴욕을 오토바이를 타고 돌아다니는 영상과 함께 좌석 진동과 바람 자극, 그리고 뉴욕의 골목 냄새까지 풍겨주는 최초의 가상현실 시스템을 구현하기도 했다. 요즘의 4D 영화관의 원형을 제안한 것이다.

비슷한 시기에 MIT에서 이반 서덜랜드(Ivan Sutherland)는 그의 박사학위 논문으로 현 컴퓨터 그래픽스의 시초가 되는 'Sketchpad'라

---

http://www.3dmedivision.com

는 시스템을 개발하였는데, 몇 년 후 Utah 대학의 교수로 재직하면서 이를 HMD(Head Mounted Display)와 머리의 위치를 추적할 수 있는 장치를 연결하여 "Window on the World(WoW)"라는 개념을 창안하게 된다. 이는 컴퓨터 그래픽으로 만든 가상의 세계 속으로 들어가는 최초의 도구였다. 그러나 60년대의 컴퓨팅 능력으로는 실제와 비슷한 콘텐츠를 시뮬레이션하기는 어려웠고, 각종 센서나 디스플레이 장치가 조악하여 90년대 초에 와서야 가상현실은 다시 주목을 받게 되었다. 90년대 이후 컴퓨터 처리용량의 증대와 디스플레이 기술의 발전, 각종 센서기술의 발달에 따라 가상현실 기술은 비약적으로 발전하게 되었다.

<그림 22> Sensorama 시스템

가상현실은 초기 국방이나 산업 분야에서 활용되었으나 방송이나 광고, 컴퓨터 게임, 테마파크 등 일반 대중을 대상으로 한 서비스로 확대되었다.

<표 5> 가상현실 활용 분야

활용 분야	주요 내용
의료 분야	가상 해부학 실습, 모의 수술, 재활, 심리치료
국방 분야	항공 시뮬레이션, 항해 시뮬레이션
엔터테인먼트 분야	PC 게임, 아케이드 게임
제조 분야	공장 설계, 가상 프로토타이핑, 어셈블리 평가
로봇 분야	로봇 원격 조작, 로봇 프로그래밍
정보 가시화	기상 데이터 가시화, 분자 구조 가시화

4) 가상현실과 저널리즘

이제까지는 VR 자체의 기술적 한계가 분명해 저널리즘 영역에 접목하는 것이 제한적이었지만 5세대(5G) 이동통신의 상용화와 AI 기술의 접목 등 4차 산업혁명 기술의 발달과 VR 저널리즘은 새로운 전기를 맞을 것으로 예상한다. 기존 통신망보다 데이터 전송 속도가 획기적으로 빨라져 대용량의 VR 및 AR 데이터를 순식간에 다운로드 받을 수 있는 것은 물론 즉각적인 상호작용이 가능해지면서 시청만 하는 게 아니라 참여할 수 있는 VR 콘텐츠가 가능해졌기 때문이다.

가상현실 저널리즘에 있어 저널리즘의 본질인 '신뢰도'와 매체 형태에 관한 연구 결과(Erica 등, 2017)는 스토리텔링이 풍부한 뉴욕타임스 기사보다 가상현실 뉴스에 대한 몰입도가 훨씬 더 높았지만 지나친 기술의 사용은 저널리즘의 신뢰도를 떨어뜨린다는 결론을 보여주고 있다. 미국 펜실베이니아주립대학교 미디어효과 연구소

(Media Effects Research Laboratory)에서 가상현실과 360도 회전 카메라 영상, 활자로 된 기사를 접한 참가자들의 몰입도를 조사한 결과 실험 참가자들은 활자로 된 기사를 읽는 것보다 360도 회전 카메라로 촬영한 영상을, 이보다는 가상현실로 접한 참가자들이 더 높은 몰입도를 보이고 더 큰 감정 이입도를 보였다. 참가자들은 스토리텔링이 풍부한 뉴욕타임스 기사를 사용해 실험했는데도 불구하고 가상현실을 접한 참가자들의 몰입도를 따라갈 수 없었다는 것이다.

다만 가상현실 속에서 지나친 그래픽 요소가 가미되면 오히려 독자들의 기사 신뢰도가 떨어진다는 결과를 보여주고 있다. 즉 체험감의 강도와 기사의 신뢰도는 직접 결부돼있는 것이다. 가상현실 속 화면을 더욱 현실적으로 구현해낼수록 해당 가상현실에 대한 사람들의 신뢰도는 올라갔지만, 이야기를 게임화해버린다거나 너무 비현실적으로 만들어버려 현실감을 잃는 즉시 참가자들은 그 이야기의 신뢰도에 대해 의문을 품게 된다는 것이다.

뉴욕타임스는 2020년 초부터 5G 기술을 활용한 새로운 VR 저널리즘을 선보이겠다고 밝힌 바 있는데 VR 기술의 저널리즘 접목에 대한 다양한 시도와 뉴스에 이용자를 몰입시키는 방법에 관한 연구들이 갈수록 늘어날 것으로 보인다. 특히 일반 뉴스 콘텐츠가 수용자에게 보여주고 싶은 부분만 보여줬다면, VR 뉴스에서는 수용자가 보고 싶은 장면을 선택해서 보게 되므로 언론의 고유기능이었던 의제설정(agenda setting)이 수용자에게 이동함으로써 정보를 어떤 상호작용 방식으로 전달하는가와 같은 새로운 스토리텔링 문법 연구가 필요하다.

5) 가상현실 저널리즘의 사례

가상현실 저널리즘의 대표적인 사례로는 뉴욕타임스(The New York Times)의 "Walking New York"[19] BBC의 "Jungle"[20] 가넷(Gannet)의 "Harvest of Change"[21] 그리고 Vice News의 "Millions March"[22]와 "Waves of Grace"를 들 수 있다. 가상현실의 특징이 3D 입체영상이므로 책이라는 지면의 한계로 인해 대표 사례를 보여줄 수 없으므로 해당 사이트를 접속해 보길 권한다.

가상현실 기술을 저널리즘에 활용하려는 'VR 저널리즘'은 VR 저널리즘의 대모(代母)라고 불리는 엠블메틱 그룹(Emblematic Group)[23]의 최고경영자 '노니 드 라 페냐(Nonny de la Pena)'에 의해 널리 알려졌다. 그녀는 2013년 미국 빈곤층의 삶을 시청자에게 직접 체험하게 하는 VR 활용 보도물 '로스앤젤레스에서의 굶주림(Hunger in Los Angeles)'[24]을 제작하여 무료급식소 앞에서 한 당뇨병 환자가 줄을 서서 기다리던 중 굶주림을 견디지 못하고 쓰러져 경련하는 현장을 재현해 큰 반향을 일으킨 바 있다. 또한, 두 번째 작품인 '프로젝트 시리아(Project Syria)'[25]를 통해 시리아에서 민간인에게 로켓포가 떨어진 현장을 VR로 구현해 그동안의 뉴스가 단순히 정보를 전달하는 데 집중했다면 독자에게 그 사건 현장에 직접 가 있는 듯한 감정이입을 가능케 한 바 있다.

---

19) https://youtu.be/f0-89v4Fk-M

20) https://bbcnewslabs.co.uk/projects/360-video-and-vr/

21) https://www.desmoinesregister.com/pages/interactives/harvest-of-change-nomination/

22) https://docubase.mit.edu/project/vice-news-vr-millions-march/

23) https://emblematicgroup.com/

24) https://youtu.be/SSLG8auUZKc

25) https://emblematicgroup.com/experiences/project-syria/

이 이전에도 2012년 제레미 베일렌슨(Jeremy Bailenson) 스탠퍼드 대 교수와 미국 라디오 NPR의 바버라 앨런(Barbara Allen) 기자가 미국 남부를 덮쳐 1000명 이상의 사망자를 낸 역대 최악의 허리케인 카트리나를 VR 영상으로 구현해 폭풍우에 처한 이재민들의 공포와 고통을 실감 나게 느낄 수 있도록 한 바 있다.[26]

이후 뉴욕타임스도 VR 제작업체와 함께 잡지 커버 제작과정을 담은 VR 영상인 'Walking New York를' 선보인 이후 2015년 종이신문 구독자를 대상으로 스마트폰에 삽입해 간이 VR 헤드셋처럼 이용할 수 있는 카드보드를 무료로 증정하기도 하는 등 VR 저널리즘의 보급과 실험에 앞장서고 있다. 뉴욕타임스뿐만 아니라 워싱턴포스트, AP통신 등 글로벌 미디어 회사들도 VR 전용 페이지를 마련해 VR 뉴스를 제공하고 있다.

국내에서도 조선일보가 2016년 국내 최초로 다양한 영상을 360도로 촬영해 편집하여 보여주는 VR 전용 모바일 애플리케이션인 'VR 조선'과 VR 콘텐츠 웹사이트(vr.chosun.com)'를 개설했으며 유튜브를 통해서도 VR 뉴스를 제공하고 있다. 그러나 이들 사이트를 수년간 운영한 결과 일부에서 VR과 저널리즘의 접목은 발전 가능성이 있다는 의견이 있지만, 아직도 VR과 저널리즘의 융합에 있어 뉴스 등의 콘텐츠를 VR로 제작하여 큰 효용을 만들 수 있는 소재는 제한적이라는 의견이 우세하다. 가상현실(VR)이 영화, 드라마, 의료 등 다양한 영역으로 활용 분야를 확장하고 있지만, 기술 특성상 엔터테인먼트적인 소재에는 접목 가능성이 크지만, 뉴스와 같은 소재에는 활용이 제한적이기 때문이다.

---

26) https://www.youtube.com/watch?v=Did_GtgY-eI

5 디지털방송의 진화와 백팩(Backpack) 저널리즘

1) 백팩 저널리즘의 등장 배경

오늘날 우리가 알고 있는 저널리즘은 적어도 400년 동안 진화해 온 결과물이다. 그러나 최근 수십 년간 첨단 미디어 기술의 발명은 미디어 콘텐츠와 그것의 생산 과정은 물론, 사람들이 미디어를 사용하는 방식도 바꾸었다. 언론기업은 영리성을 지닌 경제적 활동과 공공성을 지닌 문화적 활동이라는 두 가지 상대적 개념을 동시에 지니고 있다. 즉 언론사는 상품을 파는 기업이긴 하지만 소비자에게 '뉴스'와 '알 권리'를 공급한다는 그 특수한 저널리즘의 본질 때문에 일반 기업과 달리 경영상에 여러 제약조건을 가진 것이다. 이런 이중성으로 인해 그동안 한국 언론기업은 '시장의 원리'와 '공익의 원리'라는 두 상반된 가치의 최적점을 찾기 위해 노력해 왔다.

그러나 이미 언론시장은 전통매체들에 경고를 넘어서 몰락을 예고하고 있다. 미국의 경우 신문사들은 광고수입 및 신문 독자 수 감소 등에 직면하자 어떻게 하면 구독률을 높여서 수입을 늘릴 수 있는지 다시 생각하게 되었고, 그 결과 독자 위주 혹은 '시장 논리'의 저널리즘이 강하게 대두되었다(장원호, 1998, 70~77쪽). 그러나 이 같은 시장 논리 저널리즘은 마케팅전략에 집착한 나머지 고급저널리즘을 수행하는 데 장애가 되며 신문의 질을 높이는 것과는 아무런 관련이 없다는 비평을 받기도 한다(McManus, 1994).

이러한 비판에도 불구하고 시장 논리 저널리즘은 전통적인 저널리즘을 대치하면서, 언론의 위기를 경제적인 측면에서 극복하려는 대안으로 확산하는 추세이다. 언론사의 주 수입원인 광고의존도가 총수입의 90%까지 달하는 신문사도 생겨나 신문기업이 '독자'에게 '뉴스'를 파는 기업인지 독자의 수를 빌미로 '광고'를 '광고주'에게 파는 기업인지 모를 정도가 되어버렸다. 즉 신문기업은 뉴스를 독자에게 팔고, 방송은 콘텐츠를 시청자에게 팔며, 통신기업은 통신서비스를 소비자에게 파는 것이 업(業)의 본질인데 이 세 영역 중 신문과 방송은 뉴스와 콘텐츠를 독자에게 파는 것이 아니라 그 뉴스를 빌미로 독자와 시청자를 광고주에게 파는 것이 업의 본질이 되어버렸다. 이렇게 업의 본질이 변질된 것은 결국 자업자득이라는 비판도 있다. 독자의 수를 많게 해야 광고 수주가 늘어나기 때문에 독자의 수를 늘리기 위해 무가지나 할인 판매로 원래 뉴스 콘텐츠의 가치를 떨어뜨린 것은 신문업계 자신이기 때문이다.

이렇게 시장 중심의 저널리즘이 등장하고 미디어 환경 또한 융합 미디어 환경으로 바뀜에 따라 언론인들의 역할 또한 일인다역을 요구하게 되었다. 이러한 일인다역 저널리스트의 등장에 대해 "여러 가지를 잘 하지만 하나도 제대로 못 하는" '평범 저널리즘'을 가져올 것이라고 우려하는 목소리도 있으나 이미 방송국에서는 새로운 저널리스트들, 즉 비디오카메라를 작동할 줄 알며, 방송 카메라 앞에서 리포팅하고, 신문기사를 쓸 줄 알고 방송스크립트도 작성할 수

있고 애니메이션과 사진 가공, 그리고 오디오녹음과 편집을 할 줄
아는 만능언론인(do-it-all journalist) 혹은 원맨밴드(one-man band)가
등장했다.

2) 디지털방송의 진화

일상생활에서 필수 요소가 된 휴대폰, 유선전화, 초고속인터넷 통
신 등은 이미 오래전에 디지털화가 완료되었다. 방송은 이와 달리
통신보다 전송 및 수신 과정의 복잡한 처리 단계로 인해 전달해야
할 훨씬 많은 정보의 양과 제작, 전송, 수신과 관련된 많은 방송 산
업의 연계성으로 인해 비교적 최근에서야 디지털화가 진행되었으며
여전히 4K, 8K 등 고해상도로 진행 중이다.

디지털 신호를 이용한 디지털방송은 아날로그 방송보다 여러 가
지 장점이 있다. 아날로그 신호는 압축과정이 없으므로 정보를 전달
할 수 있는 용량이 매우 제한적이며, 전송과정에서 잡음 및 왜곡의
영향을 크게 받는다. 이에 비해 디지털 신호는 영상, 음성, 데이터 등
의 정보를 0과 1의 디지털 신호로 전송하고 다양한 압축 기법을 이
용하여 대용량의 정보를 전달하기 때문에 고화질 프로그램을 전송할
수 있다. 아날로그인 NTSC[27)]방식의 방송시스템에서는 한 개 채널을
운용하는 데 있어 6MHz의 주파수 대역이 소요되지만 6MHz의 주파
수 대역을 디지털 방식에 의해 디코딩할 때에는 약 4~6개의 채널을
운용할 수 있게 된다.

---

27) National Television System Committee. 미국 텔레비전 방송방식 표준화 위원회가 제정
한 미국식 아날로그 방송 표준으로 후속 기술로 디지털 TV 방송 표준인 ATSC로 전환
했다.

방송환경의 디지털화와 통신방송 융합이 진행됨에 따라 방송망과 유무선 통신망이 융합되어 양방향으로 방송콘텐츠를 제공하고 소비하는 새로운 형태의 서비스가 나타나고 있다. 이러한 환경에서 이용자는 다양한 형태의 단말을 통해 콘텐츠 접근이 가능하게 되었으며, 다채널·고화질화에 따라 기존의 아날로그 방송보다 5~6배 선명한 고화질(HD) 영상콘텐츠를 소비하는 것은 물론, 이용자의 상호작용성이 높아진 방송 서비스가 늘어나고 있다. 본방사수와 같은 전통적 이용행태가 사라지고 이용자가 원하는 프로그램을 원하는 시간에 시청할 수 있는 개인 맞춤형 서비스로 발전하고, 궁극적으로 시청자가 방송에 제작 및 전송에 참여하는 서비스로 발전하고 있다. 디지털방송은 전송 및 수신, 기타 부가 시스템 부분의 디지털화에 따라 다양한 서비스가 가능한데 전자 프로그램 가이드(EPG, Electronic Program Guide), PPV(Pay Per View: 프로그램마다 시청료를 지급하는 방식), VOD(Video On Demand)/ PVR(Personal Video Recorder), 데이터 방송, 전자상거래 등이 대표적이다. 디지털방송은 새롭게 등장하는 다양한 ICT 기술과 융합해 그 영역과 서비스를 넓혀가고 있다. 대표적인 것이 지능형 개인화 방송 및 3D TV나 VR 방송과 같은 실감방송이라 할 수 있다.

개인화된 지능형 방송은 MPP(Multiple Program Provider) 또는 PP(Program Provider)들이 시청자의 개인 기호에 부합된 개인화된 EPG 또는 지능형 TV가 빅 데이터 등과 결합하는 형태로 진화하고 있다. 개인의 나이나 성별, 시청 성향 등에 기초하여 그 시청자만을 위한 방송 큐레이션이 진행되고 있으며 나아가 단말기의 경우 인공지능 스피커 등과 결합해 개인의 음성 또는 시청자의 모습을 인지하고 분위기, 목소리 등을 분석하여 의사소통이 가능한 지능형 방송으로 발전하고 있다. 또한, 극장에서의 대형 스크린과 같은 감동을 할 수 있도록 화면이 대형화됨은 물론 3차원 또는 VR 및 AR와 같은 실감 영상을 제공하는 방송이 선보이고 있다. 멀티뷰(다 시점 영상), 3차원 영상, 파노라마 등과 같은 방송콘텐츠도 시도되고 있다.

아울러 통신과 방송은 기술과 서비스 특성의 차이, 통신과 방송 각각의 관련법에 따라 서로 다른 길을 걸었지만, 디지털 기술과 영상처리 기술의 발전은 두 매체 간의 경계를 허물어 통신망을 통한 방송 서비스, 방송망을 통한 통신서비스라는 두 가지 방향으로 발전하고 있다. 특히 통신망을 통한 방송 서비스인 IPTV(Internet Protocol TV)는 초고속인터넷망을 통하여 이용자의 요청에 따라 양방향으로 실시간 방송을 포함해, 주문형 비디오, 인터넷, T-커머스 등 다양한 융합서비스를 제공하고 있다. 특히 이제까지 IPTV 이용자는 인터넷망을 통해 전송된 데이터를 TV에서 보기 위해 셋톱박스를 갖춰야 하지만 이제 셋톱박스가 없이도 영상을 시청할 수 있는 OTT(Over-the-Top) 서비스까지 등장하게 되었다. 이 같은 IPTV 산업이 성장하게 된 가장 큰 동인은 초고속인터넷 기술의 발전으로 인한 데이터 전송속도의 증가라고 할 수 있다. 5G로 대표되는 무선 초고속통신망의 등장은 HD급 동영상 콘텐츠를 스트리밍 형태로 자유롭게 제공하는 것을 기술적으로 가능하게 해주었다.

3) 백팩의 기술적 개념 및 종류

－백팩의 기술적 개념

DMNG 즉 백팩은 휴대폰 영상통화를 응용해 방송영상을 시청자에게 제공하는 것이라 할 수 있다. 즉 KT, SK텔레콤, LGU+ 등 통신사들의 통신망에 방송영상을 전송하고 통신망 사용료를 지급하는 것으로 이해하면 된다. 따라서 백팩은 기존의 방송중계에 필요한 마이크로웨이브 전용망 구축, 전송차, 운영인력 등 엄청난 장비 비용과 인건비 등을 획기적으로 줄일 수 있고 기동성과 편의성이 뛰어나 방송중계의 새로운 주역으로 주목받고 있다.

생방송 중계를 위한 백팩 장비의 운영을 위해선 크게 송신과 수신, 두 부분이 큰 역할을 담당한다. 기존 생중계 방식에서 송신은 현장중계 요원들이 맡지만 백팩 중계는 영상취재기자가 현장중계 요원 역할까지 담당하고 있다. 현장에 카메라를 설치하고 백팩을 연결하여 통신사들의 LTE 공용망을 통해 부조정실 수신 서버에 영상신호를 전송하며 방송사는 이를 그대로 생방송 하는 것이다.

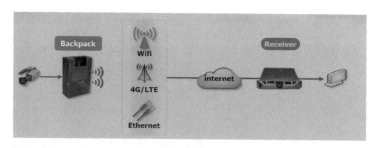

출처: LiveU_intro_161010(p8), by LiveU, 2016.LiveU

<그림 23> DMNG 송수신 구성도

이렇듯 통신사의 네트워크를 활용하다 보니 송출 안정성과 이동 편의성, 조작 편의성 등이 송신의 중요 요건이며 수신 안정성과 운용 편의성이 방송 영상 수신의 중요사항이라 할 수 있다. 이 가운데 송출안정성과 수신 안정성이 방송사고를 막는 핵심 요소이다.

–백팩의 종류

현재 방송사에서 널리 사용하고 있는 대표적인 백팩 송수신 기종은 'TVU Network'사와 'Live U'사의 제품이다. 이들은 이동통신망을 이용한 방식으로 최대 1080P까지 전송 가능하며 LTE, 3G, 와이브로, WI-FI 등 다양한 무선망에 접속할 수 있는 장비로 구성되어 있다.

<표 6> 백팩 사양 비교

구분	TVU	LIVE U
제조사	TVU Networks	LiveU
제품명	TVUPack TM8100HD	LU-60HD
부팅시간	5분 내외	약 20분
구동방식	Linux	Windows
구성	본체, 배터리, BNC	본체, 배터리, BNC, 연결라인
장점	빠른 부팅, 조작 단순	고화질 전송, 터치스크린
단점	저화질과 불안정성	오랜 부팅시간과 복잡한 조작
제품사양	통신: 4G/LTE, Wifi, Ethernet 가능, 최대 10개 무게: 5kg(Battery 제외) Battery: Gold-Mount Type 이중화 최대 전송률: H.264 10Mbps OS: Linux	통신: 4G/LTE, Wifi, Ethernet 가능, 최대 14개 무게: 5kg(Battery 제외) Battery: 내장 전용 Battery, 이중화 가능 최대 전송률: H.264 10Mbps OS: Windows
비고	SBS, YTN, 채널A, JTBC 사용 가격: 3천만 원	KBS, TV조선 사용 가격: 3천만 원

(출처: 정경열, 2017)

TVU의 가장 큰 특징은 리눅스 기반의 운영체제이다. 안정적이지만 오류가 발생했을 때 리눅스를 모르면 대처하기 힘들다. 단순한 작동원리와 백팩 본체, BNC 케이블, 배터리 등의 간편한 구성으로 사용하기에 편리하고 시스템 오류가 적으며 빠른 부팅 속도로 배터리를 교체한 뒤 약 5분 안에 생방송 중계가 가능하다는 장점이 있다. 전송속도가 5메가bps 이상일 때는 선명한 화질의 방송이 가능하지만, 이하일 경우에는 화질이 깨지는 단점이 있다. 특히 카메라 플래시가 많이 터지는 뉴스 현장에서는 백팩이 받아들이는 데이터양이 플래시가 터지는 순간마다 갑자기 증가하므로 신호가 끊어져서 방송사고가 날 수 있는 위험성이 있다.

LiveU는 스마트폰으로 4G LTE 통신망을 이용해 실시간으로 'Full HD'급 고화질의 영상을 실시간으로 전송할 수 있는 특징이 있다. 별도의 방송 장비, 중계차, 카메라가 없어도 스마트폰에 설치한 애플리케이션만으로 현지에 파견된 기자나 리포터가 지연 시간 없이 생방송 중계가 가능하다. 현장에 파견된 리포터와 방송사 간 쌍방향 커뮤니케이션이 가능한 장치가 최근 개발되었으며, 윈도 기반 운영체제를 사용자들이 쉽게 사용할 수 있다. 터치스크린 방식으로 작동이 쉬우며 인터페이스도 직관적이지만 윈도 기반이라 리눅스 기반의 TVU에 비해 오류 발생이 잦다. 신호만 잡히면 TVU보다 더 좋은 화질의 영상 전달이 가능하지만, 부팅시간이 약 20분 정도로 길어서 현장의 돌발 상황에 대응하기가 쉽지 않다. 단순한 TVU보다는 복잡한 구성으로 라이브 상황대응이 지연될 수 있다.

백팩은 중계현장에서 통신사 공용망을 사용하기 때문에 중요한 현장일수록 방송사 간 경쟁이 치열해 운용하는 백팩의 수가 많을수록 사고위험은 비례해서 높아진다. 즉 수많은 인파가 모인 공연 현장에서 핸드폰이 잘 안 터지는 것과 같다. 하지만 5G의 개통으로 이런 안정성 문제가 상당 부분 해결될 것으로 기대되고 있다.

4) 백팩 저널리즘의 진화

이 같은 새로운 디지털방송 기술의 발달은 저널리즘 영역에서도 다양한 변화를 가져오고 있다. 기자들은 취재 장비로 비디오와 오디오, 사진, 기록자료 등 다양한 정보들을 전송할 수 있는 장치는 물론, 음성인식 소프트웨어를 설치한 노트북과 휴대용 카메라, 스캐너, 스마트폰을 통해 실시간으로 취재한 내용을 언론사의 중앙 서버를 통해 동료 기자들과 상의하고 전송할 수 있게 되었다. 전통적인 아날로그 방송이 ENG 카메라 시스템으로 상징하는 대형 고급 영상 취재시스템이라면 백팩 저널리즘은 기존 방송시스템이 가방 하나에 다 담긴 DMNG(Digital Mobile News Gathering) 시스템으로 발전한 것이다. 즉 방송과 통신의 디지털 융합 결과인 DMNG 기술은 이동식 중계방송 장비를 백팩에 넣을 정도로 가벼워졌다는 뜻으로 표현할 수 있다.

백팩 저널리즘을 가능케 한 것은 LTE로 대표되는 기존 4G 무선 이동통신 및 5G 통신기술의 발달이다. LTE는 시속 120킬로미터로 달리는 자동차에서 700Mbps 정도의 데이터를 3분 안에 다운로드할 수 있는 속도의 통신이 가능하므로 기존의 방송 장비와 결합한 TV 생중계가 가능할 정도의 고화질 영상을 제공할 수 있다. 이후 등장한 5G 통신은 2기가 바이트가 넘는 영화 한 편을 순식간에 다운로드 받을 수 있을 정도의 속도와 초고해상도 전송이 가능함에 따라 방송환경을 획기적으로 바꿀 것으로 예상한다.

국내에서 백팩 저널리즘은 2011년 말 종합편성채널(이하 종편채널)의 출범과 함께 뉴스 현장에 도입되면서 본격화되었다. 기존의 공중파 방송들이 전통 중계방식인 영상신호를 마이크로웨이브(M/W·초단파)로 통신하는 방식을 고집하는 데 비해, 자본력과 인력이 열악한 종편채널의 경우 고가의 중계차와 중계인력이 없이 간이 장비만으로 스포츠, 재난뉴스 등을 실시간으로 생방송 할 수 있어 수용자의 정보 욕구를 충족시킬 수 있는 대안으로 떠오른 것이다. 그러나 이러한 비용 효율성의 장점에도 불구하고 백팩 저널리즘은 마이크로웨이브(M/W·초단파)시스템 중계차를 사용하던 기존 방송사들에 여러 가지 문제점을 제시했다.

대표적인 문제가 화면이 끊기는 방송사고로 지난 2013년 11월 한 공중파 방송은 당시 황교안 법무부 장관 기자회견을 백팩 방식으로 중계했는데 먼저 백팩 중계 시스템을 도입한 종편채널에 비해 화질이 깨지거나 끊기는 현상이 발생한 바 있다. 그러나 이후 지속적인 중계와 통신기술 발전으로 이러한 문제점이 대부분 극복되고 있다. 특히 2019년 2월 베트남 하노이에서 열린 트럼프와 김정은의 미북 정상회담을 국내 종편 방송사들은 'HB 수신 영상'과 '백팩(DMNG) 공동중계'를 통해서 해외 생방송을 한 바 있다.

<그림 24> 백팩 생방송 중계(DMNG)

이처럼 백팩 생방송 중계는 주로 재난재해와 같은 야외 사건 현장에서 간이 장비만으로도 생방송을 할 수 있는 장점이 있어서 중계지역에 한계가 사라짐에 따라 생방송 중계를 위한 접근 시간과 비용을 절감할 수 있는 장점이 있다. 이런 편의성으로 인해 LTE 중계는 주로 뉴스 현장에서 많이 사용하고 있다. LTE나 5G 통신기술을 방송 중계에 활용해 화면을 확보하는 것은 그 현장성과 동시성 때문에 뉴스 제작에 있어 매우 필요하고 가치 있는 솔루션이다. TV는 신문보다 뉴스를 빨리 전달할 수 있고 사건이나 행사의 현장에서 생생한 보도를 할 수 있다는 장점이 있다. 따라서 이러한 장점을 휴대형 모바일 기기와 접목해 극대화하는 것은 소비자의 정보 욕구와 만족도를 증대시키는 방안이라 할 수 있다.

뉴스 제작 예산의 삭감, 급속하게 진화하는 미디어 기술 등을 바탕으로 등장한 백팩 저널리즘은 새로운 현상은 아니다. 한 사람이 뉴스 기사를 쓰고 촬영하고 제작하는 아이디어는 이미 오래전부터 있었다. 신문의 경우 기자 조판제라는 이름으로 취재기자가 편집, 조판까지 하는 제도를 도입한 바 있고 방송의 경우 프로듀서가 촬영, 제작까지 하는 카메듀서(Cameducer) 제도를 도입한 지 오래다. 그러나 백팩 저널리즘은 단순히 1인 3역을 의미하는 것은 아니다. 오히려 뉴스의 제작을 '손 가볍게' 만들었다기보다 새로운 의미로 진화하고 있다. 한 사람이 여러 사람 분량의 일을 하도록 하는 것은 비용이 적게 든다는 장점이 있다. 언론사의 처지에서는 백팩 저널리즘의 도입으로 더 많은 자원을 투입할 수 있게 된다. 그러나 기계 속의 톱니바퀴 부품처럼 백팩 저널리스트의 역할은 매우 스트레스를 받는 것으로 변질될 수 있다.

　신문사에도 백팩 안에 취재 노트북은 물론 카메라, 영상편집 장비 등을 넣어 다니는 일인다역 백팩(Backpack) 저널리즘이 등장한 지 오래됐다. 한편에서는 디지털카메라와 녹음기, 컴퓨터 송신기기에 카메라까지 백팩에 넣고 다니며 사진과 동영상을 찍고 기사를 작성하고 편집과 온라인 송고까지 하는 백팩 저널리즘 등장에 대해 오히려 기존의 언론인들은 전문화의 길을 걷게 해주고 있다(Stone, 2002)는 평가도 있다. 또한, 1인 기자 시대를 상징하는 백팩이란 용어에 대해 방송 통신 컨버전스 시대를 맞아 DMNG(Digital Mobile News Gathering) 방식의 출현이라는 새로운 현상으로 해석하는 시각도 있다(정경렬, 2017). 4G와 5G 휴대폰 기술은 스마트폰 한 대로 방송용 화질의 구현이 가능한 환경을 제공했으며 그 결과 과거 중계차 한 대가 출동해야 하는 상황을 백팩 하나로 구현하는 것이 가능해졌기 때문이다. 이런 관점에서 백팩 저널리즘을 '기자 혹사하는' 기술에서 백팩 하나로 이동식 중계를 가능하게 하는 '간편 기술'로 보는 관점이 생겨난 것이다.

백팩 저널리즘이라는 용어에 대해 풀뿌리 혹은 시민 저널리즘으로 정의하는 관점도 있다. 기존 전통매체의 전문기자들은 복잡한 조직구조와 값비싼 기술이 필요한 대규모 언론 환경에서 일하고 있다. 그러나 컴퓨터와 인터넷, 디지털 기술은 저널리즘 활동을 전문 언론인에게서 일반인들도 가능한 길을 열어주고 있다. 말 그대로 작은 배낭에 필요한 모든 것을 싸서 다니면 기자가 될 수 있는 시대가 열린 것이다.

5) 백팩 저널리즘의 사례

2011년 12월 1일 4개의 종합편성방송(이하 종편)이 개국하면서 방송현장에 많은 변화가 생겼다. 당시 종편들은 KBS 등 기존 공중파 방송사들보다 인력과 장비 그리고 자본 등 모든 면이 열악한 환경에서 출범했다. 따라서 생존을 위해 경비 절감을 우선시한 종편의 전략으로 인해 방송영상 실시간 중계가 가능한 무선 방송중계 장비인 MNG(Mobile News Gathering)를 활용한 방송중계가 본격화되었다. 이른바 방송중계의 역사를 바꾸는 계기가 된 '백팩'(Backpack) '중계 시대의 개막이다. 중계차로 상징되던 기존의 위성 영상 송수신 방식이 디지털 기술로 인해 MNG에 그 자리를 넘겨준 것이다.

MNG는 방송과 통신기술의 융합이 낳은 무선통신 중계 장비로 모바일 영상통화를 방송중계에 적용한 인식의 변환으로 탄생한 결과물이다. 2011년 800MB 영화 1편을 15초에 다운로드 가능한 4G(LTE)가 상용화되면서 차별화된 뉴스 콘텐츠 제작과 저비용 고효율을 경영전략으로 채택하고 있었던 종편으로서는 과감하게 기존 형식을 파괴하는 변화를 선택할 수 있게 된 것이다.

SK텔레콤·KT·LG유플러스 등 통신 3사가 만들어 놓은 통신망에 방송영상을 중계하고 망 사용료만 지급하기 때문에 M/W 중계와는 비교할 수 없을 만큼 저렴한 장비와 소수의 인력으로 운영할 수 있어 비용 절감 효과가 뛰어났다. 구체적으로 살펴보면 기존 방송중계차 1대 가격은 대략 40여억 원, 운영 인원은 중계차 1대당 7~8명의 필요했지만 백팩은 개당 가격이 2~3천만 원으로 현장 기자가 등에 메고 이동하면서 중계할 수 있어서 비용뿐만 아니라 기동성도 탁월한 장점을 갖고 있었다. 따라서 시청률 제고에도 상당히 도움이 되는 일종의 클라우드(Cloud) 방송 경영전략을 구사할 수 있게 된 것이다.

최근에는 DMNG(Digital Mobile News Gathering)로 한 단계 더 진화된 장비가 출현했는데, 이는 LTE, 와이파이, 와이브로 등을 사용하여 현장 영상 송수신을 디지털 방식으로 한층 생생하고 간편하게 중계할 수 있게 되었다. 또한, 2019년 3월 5세대 이동통신(5G)이 상용화되면서 더욱 현장감 있고 안정화된 중계가 가능할 수 있게 되었다.

백팩 저널리즘의 도입으로 특히 보도 분야에서 기존 방송과 차별화되는 뉴스나 특보, 그리고 스포츠 프로그램에서 현장중계의 비중이 높아졌다. 2016년 11월과 12월에 벌어진 박근혜 전 대통령 탄핵 촛불 집회의 사례에서와같이 방송사들은 방송편성에 상관없이 뉴스 속보나 특보 보도에 전면적으로 뛰어들어 현장 생중계를 통한 시청률 제고에 사활을 건 바 있다.

현장중계는 사건, 사고 현장 또는 주요 사안에 대해 현재의 실재를 있는 그대로 시청자들에게 전달하는 데 가치가 있다. 이로 인해 시청자들은 보도현장을 직접 시각적으로 느낄 수 있으며 사건이나 이벤트를 즉시 인식하고 관심을 가질 수 있다. TV 뉴스 화면에 대해 시청자들의 관심과 흥미를 유발하는 시각 인지요소를 '영상인력'(映像引力, visual attraction)이라고 한다. TV 뉴스와 이벤트 현장의 시청자 유인력(誘引力)은 영상인력에 의해 좌우된다. 신문이나 인터넷 등 다른 매체들과는 달리 TV 뉴스의 경우 자막이나 앵커의 오디오보다 현장 영상이 시청자의 관심을 끄는 중요한 역할을 한다. 따라서 TV 뉴스는 비교적 중대한 사건일지라도 이를 뒷받침할 영상인력이 부족하면 뉴스로 채택되지 않을 가능성이 커지며, 반대로 비중이 낮은 뉴스라도 영상인력이 많다면 뉴스로 채택될 가능성이 높아진다(이기현·유은경·이명호, 2001). 이러한 영상인력을 활용한 현장 생중계를 위해 종편은 물론 뉴스 전문채널과 공중파 방송국들이 경쟁적으로 현장에 MNG(Mobile News Gathering)를 투입하고 있다. 하지만 생방송 도중 전송이 갑자기 끊겨 방송사고로 이어진다든지, 전송 영상의 화질이 현저히 떨어지는 등 아직은 기술적으로 완벽하지 못한 이유로 방송 안정성 확보와 같은 여러 가지 문제점을 야기하고 있는 것이 현실이다.

이런 이유로 공중파 방송에서는 백팩 중계에 부정적이었지만 종편과 뉴스 전문채널 중심으로 백팩 중계를 활용한 비용 절감과 기동성의 효과가 증명되면서 공중파 방송사들도 MNG 장비를 활용한 현장중계에 나서고 있다. KBS의 경우 화질과 방송사고의 위험성에도 불구하고 2013년 11월 이례적으로 당시 황교안 법무부 장관의 기자회견을 백팩으로 중계하였다. 하지만 기존 중계차 활용문제와 중계인력의 보수적 견해로 인해 아직은 종편보다 가시적인 성과를 얻지 못하고 있다(정경열, 2017).

─뉴스 중계와 백팩

다양한 방송 프로그램 중 뉴스는 속보성이 요구되는 새로운 사실 (fact)을 전달하기 때문에 백팩 중계 활용이 가장 유용한 방송 부문이다. TV 뉴스는 사건이나 사고 발생 시 그 자리에서(on the spot: 현장성), 동시에(simultaneously: 동시성), 실시간(on the time: 즉시성)으로 정보를 전한다는 강점이 있다. 사건이 일어나는 현장을 그대로 시청자에게 보여줌으로써 전달력을 극대화하며 어떤 미디어보다 생생하고 빠르게 확인해 주는 것이다(김강석, 2014). 즉 현장성과 즉시성이 TV 뉴스의 최고 가치이다.

백팩은 종합편성채널이 출범한 2012년 이후 본격적으로 뉴스 현장에 등장했다. 개국과 동시에 값비싼 중계차 대신 백팩을 뉴스 현장에 투입하기 시작했으나 불안정성으로 인해 크고 작은 방송 중계 사고가 빈번하게 발생하는 등 시행착오를 거치면서 발전해왔다. 하지만 간편성과 이동성이 장점인 백팩의 등장으로 이전까지 시행조차 불가능했던 중계방송이 획기적으로 가능해짐에 따라, TV조선은 2012년 여름 태풍 '볼라벤' 등 3개의 태풍이 한반도를 덮쳤을 때 6개의 백팩으로 태풍의 이동 경로를 따라 순차적으로 이동하는 릴레이 중계방식으로 생생한 현장을 전달했다. 2019년 여름 KBS도 백팩으로 태풍의 이동 경로를 따라 생중계하는 등 백팩 중계가 방송현장에서는 보편화되어 가고 있다.

2013년 1월 30일 공중파 3사, 종편 3사, 보도 전문 2사 등 8개의 채널이 전남 고흥에서 시행된 한국 최초 위성 발사 장면을 중계했다. 당시, 기존 중계방식을 이용한 방송사들은 중계차와 십여 명의 중계 요원을 투입했으나 TV조선은 발사대 부근 해역에 배를 띄우고 2명의 인원으로 백팩을 이용해 LTE로 본사 부조정실로 영상을 보내는 데 성공했다. 이는 경비 절감 면에서도 큰 효과를 가져왔다. 이 밖에 전두환 전 대통령 자택 압수수색, 유병언 장남 유대균이 칩거한 오피스텔 내부, 2017년 촛불 집회 당시 경복궁역 사거리 대치 상황 등 생생한 특종 현장중계도 모두 백팩의 위력이라고 할 수 있다.

최근에는 국내뿐 아니라 해외 중요 현장에서도 백팩 중계가 활성화되고 있다. 2019년 2월 베트남 하노이 트럼프와 김정은의 미북 정상회담도 백팩을 이용한 중계방식이었다.

조선영상비전 월례 보고서에 따르면 백팩 중계방송을 가장 많이 활용한 TV조선의 경우 2013년 11월 기준, 하루 평균 3.4대의 백팩으로 16.9회 중계를 했다. 월평균 387회, 연간 4,647회로 일일 13회에 해당한다. 이는 뉴스 중계방송 사상 한국은 물론 세계 최고기록이다. 세월호 사건이 발생한 2014년 4월에는 월간 666회가 아직 최고기록으로 남아있다. 이것을 기존 M/W 방식으로 중계했을 경우 중계차 10여 대와 운영인력 8~90명이 필요한 상황이다. 이를 3~4대의 백팩과 5~6명의 인원으로 대체한 것이다. 이는 뉴스 현장을 실시간 라이브로 중계함으로써 저비용으로 시청률을 높이려는 종편사의 보도전략이 낳은 신기원이다. 그러나 한편으로는 영상취재기자들의 업무 과중으로 인한 취재 부실을 초래한다는 비판도 있다.

- 스포츠 중계와 백팩

2012년 10월 TV조선에서 방송한 춘천마라톤 중계를 백팩 스포츠 중계의 가장 성공적인 사례로 들 수 있다. 이는 마라톤 전 구간을 세계 최초로 LTE 망을 활용해 생중계함으로써 방송기술 분야의 새로운 장을 개척했다는 평가를 받고 있다. '방송중계의 꽃'이라는 마라톤 생중계는 야외에서 광범위한 지역을 이동하며 중계해야 하므로 높은 기술적 집약과 완성도를 요구한다.

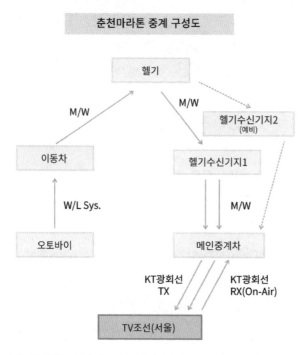

출처 : "통신기술 발달에 따른 정보전달 방식의 변화", 임현찬, 2013, 『외대 논문』. 5~6쪽.)

<그림 25> 2012년 마라톤 중계방식 비교(마이크로웨이브 방식)

기존 마라톤 중계는 현장에 헬기를 띄우고 지상에서 움직이는 오토바이와 이동 차량의 영상신호를 마이크로웨이브(M/W·초단파)로 통신하는 방식이었다. 헬기에서 받은 현장 마이크로웨이브는 다시 근처 수신기지로 보내지고 여기에서 광케이블을 통해 방송국으로 영상을 송신하는 방식이었다. 마이크로웨이브(Micro Wave)란 1GHz~30GHz 주파수대를 이용한 통신을 말하며, 최대 전송 직선거리가 20km로 TV 신호 중계 등에 사용한다. 기존의 헬기를 활용한 중계방식은 헬기 운영과 마이크로웨이브 송수신 장비 등 고가의 비용문제가 수반되며 또한 중계에 많은 운영 인원이 요구되었다.

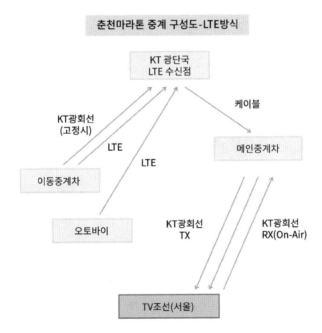

<그림 26> 2012년 마라톤 중계방식 비교(LTE 방식)

마이크로웨이브방식의 중계 이후 통신기술의 발달에 따라 새롭게 시도된 방식이 LTE 방식이다. LTE 중계란 헬기 등 고가의 방송 장비와 막대한 인력이 투입되는 기존의 마이크로웨이브방식을 탈피, 지상에서 통신사들의 무선통신망을 활용해 중계 영상을 전송하고 통신망 사용료를 지급하는 방식이다. 마라톤 LTE 중계 성공은 개국 1년도 채 안 된 신생 방송사가 고난도의 마라톤 중계를 방송 전용 전송망이 아닌 통신사 공용 무선통신망을 사용하여 중계해 마라톤 중계의 새 장을 연 획기적인 시도였다. LTE를 사용한 사실상 세계 최초의 마라톤 중계였다는 점에서 더욱 그렇다. 하지만 4시간 분량의 마라톤 중계 전체를 안정성이 담보되지 않은 공용망인 LTE로 중계하기에는 무리가 따랐다. 따라서 당시 중계를 담당한 조선영상비전 기술팀은 마라톤에 대한 소개 및 지역 정보에 대한 방송물을 VCR로 미리 만들어 LTE 중계 사이사이에 방송하는 편성전략과 함께 출발지점과 반환점, 골인 지점은 광케이블로 연결, 안정성을 높여 마라톤 전 과정을 백팩으로 중계하는 성과를 거두었다. 최근에는 휴대폰의 업로드 속도를 3배 정도 빠르게 할 수 있는 LTE-A 프로라는 기술을 개발해서 마라톤 중계 기술이 한층 발전하고 있다. LTE-A 프로 기술은 5G의 바로 전(前) 단계다. 2012년 춘천마라톤 이후 장시간 방송에 필요한 한층 업그레이드된 LTE 송수신 장비를 적극적으로 활용하여 이동 중인 차량, 오토바이, 드론 등에 장착해 더욱더 차별화된 영상을 시청자에게 제공하고 전 구간 고화질의 영상을 끊김 없이 송출하는 기술적 발전을 거듭하고 있다. 2018년 춘천마라톤, 2017년 서울국제마라톤 겸 제88회 동아마라톤대회, 서울 중앙마라톤 등이 이 방식을 통해 발전된 방식의 중계를 선보였다. 2018년

<그림 27> 2018년 조선일보 춘천마라톤 중계회선망

평창동계올림픽에는 세계 최초로 '5G' 방식의 백팩 중계를 선보임으
로써 전 세계에 올림픽의 감동을 생생히 전달했다.

6 드론(Drone) 저널리즘

1) 드론의 기원과 종류

드론(Drone)의 사전적 의미는 '벌떼 같은 것들이 윙윙거리는 소리'이다. 이는 드론 비행 시 발생하는 시끄러운 날개 회전 소리에서 비롯했다. 군사용으로 개발되기 시작했던 드론의 회전날개 소리가 엄청나게 컸기 때문에 붙여진 이름이지만, 최근 상업용 드론이 등장하면서 드론의 사전적 의미는 퇴색하고 있다(편석준·최기영·이정용, 2015). 드론은 '무선전파로 조종 가능한 무인항공기'를 뜻하며 기술적으로는 무인 비행체(unmanned aerial vehicle: UAV), 원격조종 비행체(remotely piloted aircraft: RPA), 무인항공시스템(unmanned aerial systems: UAS) 등의 다양한 이름으로 불리고 있다(오세일, 2015; 이원규, 2015). 드론과 'RPV(Remotely Piloted Vehicle, 혹은 RPA)'를 구분하기도 한다(장두현, 2006). 둘 다 UAV이지만, RPV는 원격조종으로 비행하는 무인비행기이며 드론은 사전에 입력된 프로그램에 따라 비행하는 무인비행기를 뜻한다. 또한, 드론은 사물인터넷에 이동성(mobility)이 더해진 것으로 볼 수 있다(편석준·최기영·이정용, 2015).

이처럼 드론의 기원은 2차 세계대전 직후 낡은 유인 항공기를 공중 표적용 무인기로 변환하는 과정에서 개발된 무인기이며 최근까지도 약 90% 이상의 드론이 군사적 목적으로 활용되고 있다. 군사용 드론은 제1·2차 세계대전부터 항공촬영 목적으로 사용되기 시작하여 1991년 걸프전을 기점으로 대테러 전쟁에 적극적으로 활용되기 시작했으며 2000년대 들어 이라크전과 아프가니스탄전을 통해 정찰, 폭격, 전투 임무를 수행하기 위한 현대전의 핵심 전력으로 자리매김 하였다(양희돈, 2016). 이처럼 초기의 드론은 군사 용도로 개발되었으며 우리나라 최초의 드론은 국방과학연구소에서 1990년대부터 준비하여 2000년에 개발을 완성한 '송골매'라는 군사용 드론이다(최종술, 2017).

드론은 작은 장난감 모형에서부터 촬영용 드론, 비즈니스용 드론, 군사 작전을 위한 드론에 이르기까지 다양한 용도로 활용되고 있다. 드론은 20g 내외의 초소형부터 1000kg이 넘을 정도로 종류가 다양하다. 드론을 분류하는 방법은 크게 2가지가 있는데, 드론의 제작방법에 따른 형태분류와 활용목적에 따른 용도 분류로 나뉜다. 드론의 제작방법에 따른 형태분류로는 소형비행체의 모형인 고정익 드론과 프로펠러 형태로 만들어진 회전익으로 분류하며 본문에서는 회전익 드론을 중점적으로 다룬다. 드론의 활용목적에 따른 용도 분류는 항공촬영, 통신 산업, 농업 산업, 여가용, 물류 서비스 등 다양한 분야에서 활용되고 있다. 과거에 드론은 무인 비행체만 지칭하는 용어였으나, 최근에는 수중 탐사용 드론, 1인용 운송 드론 등 다양한 드론의 개발로 드론의 정의가 점차 확대되고 있다(유성현, 안춘기, 김정훈, 2017).

2) 드론의 민간 활용 분야 확대

국제무인기협회(AUVSI)에 따르면 2025년까지 세계 드론 산업 시장 규모는 820억 달러(약 92조 원) 수준으로 확대될 것으로 전망되고 산업 고용 인력도 10만 명에 달할 것으로 추산된다(김종우, 2016; 김혜지, 2017). 이처럼 드론 산업은 차세대 먹거리 산업이라고 불릴 만큼 시장의 확대가 급속도로 이루어지고 있다. 드론기술은 드론을 구성하는 부품 산업, 카메라 및 센서기술과의 결합, 가상현실, 자율주행 등 첨단 기술과의 접목을 통해 다양하게 발전하는 추세다. 그 활용 분야도 장난감 완구에서부터 전 산업 분야에 이르기까지 드론의 수요가 증가하고 있다.

드론 제작에 필요한 핵심 기술은 첨단 기술의 축약이라고 할 수 있을 정도로 다양한 기술들을 필요로 한다. 드론의 비행시간 연장을 위해 드론 기체의 안정성 및 강도를 유지하면서 무게를 낮추는 재료기술과 드론의 동력을 제공하는 배터리 기술, 비행체의 운동 모델을 기반으로 한 무인 항법 시스템, 자세와 고도 제어를 위한 회로 및 모터기술, 비행 컨트롤러(FC: Flight Controller) 개발 등 기체 제작을 위한 재료 및 기구, 제어를 위한 하드웨어 설계 및 제작기술, 통신기술 등 수많은 기술이 필요하다.

특히 최근 드론 산업은 다양한 기술과 결합하여 발전하고 있는데 가상현실(VR), 자율주행, 물류 등 목적에 따라 다양한 첨단 기술과 융합하고 있다. 드론기술의 세계적인 기업으로는 중국의 DJI,[28] 프랑스의 Parrot,[29] 미국의 3D Robotics[30] 등 세 업체가 전 세계 민간

---

[28] https://www.dji.com/
[29] https://www.parrot.com/

드론 시장에서 선두를 형성하고 있다. 이 외에도 AeroVironment, Titan Aerospace, Aurora Flight Sciences, Yamaha 등이 특화된 드론 기술을 시장에 선보이고 있다. 세계 드론 시장의 최강자인 DJI는 중국 심천에 본사를 두고 있으며 2013년부터 출시한 팬텀(Phantom) 시리즈의 성공으로 드론의 대중화를 이끌었으며 민간용 드론 시장의 70% 이상을 차지하고 있다.

<그림 28> 세계 드론 시장의 70% 이상을 차지하고 있는 DJI

드론기술업체 이외에도 드론을 활용한 다양한 서비스 기업이 등장하고 있다. 2013년 세계 최대 전자상거래 기업인 아마존(Amazon)은 드론을 활용한 무인 배송 서비스 계획을 발표한 바 있다. 아마존은 2013년 12월에 '프라임에어'라는 드론 배송시스템을 선보였는데 이에 자극받아 영국의 도미노 피자는 2014년 6월에 드론이 피자를

---

30) https://3dr.com/

배달하는 모습을 유튜브 동영상으로 공개했으며 또 다른 택배회사 디에이치엘(DHL)은 2014년 9월 육지에서 12km 떨어진 독일의 한 섬에 의약품과 긴급 구호 물품을 전달하기도 했다. 중국 또한 2015년 베이징, 상하이, 광저우에서 대형 온라인유통업체인 알리바바가 드론 택배 서비스를 시범적으로 서비스한 바 있다(김지섭, 2015; 배인선, 2015).

이후 드론은 점차 다양한 분야에서 폭넓게 활용되고 있는데 공공부문에서는 재난 안전 현장에서 현장 상황을 파악하거나 구조가 필요한 자를 수색하는 데 사용되며, 교통정보를 수집하거나 재난 현장에 구호품을 운송하기 위해서도 사용되는 등 다양한 공적 목적을 위해 활용되고 있다. 민간 부문에서는 물류배송, 통신 중계, 농약 살포, 영화 촬영 등 다양한 용도로 그 사용범위가 확대되고 있다(김중수, 2015).

드론 시스템이 소형화, 대중화되면서 다양한 분야에 적용되기 시작하였다. 가장 활발한 분야가 촬영용으로 사람이 접근할 수 없는 높이와 위치에 날아가 촬영하여 영상을 전공하고 있으며 주로 방송이나 영화에서 가장 많이 활용하고 있다. 재난구조에도 활용되고 있는데 구조대가 접근하기 어려운 위치에 고립된 인명을 구출하기 위해 주변을 촬영하여 전송하거나 생존자의 수색, 생존자를 위한 간단한 구호품을 전달하는 데도 활용되고 있다.

드론을 비즈니스에 이용하고자 하는 시도도 늘어나고 있는데 아마존의 무인 택배 시도 이후 인터넷 기업인 구글(Google)과 페이스북(Facebook)도 드론을 이용하여 인터넷 사업에 진출하고 있다. 구글은 멕시코의 드론 제조업체 타이탄 에어로스페이스를 깜짝 인수

하며 드론 사업에 관심을 보였다(박성민, 2015). 중국의 세계 최대 상
업용 드론 제조사인 '디제이아이(DJI)'는 농가에서 씨앗을 뿌리는 데
쓸 수 있는 농업용 드론을 선보였고(이창균, 2015), 국내에서도 2018
년 평창동계올림픽 개막식에서 KT가 5세대 통신(5G) 네트워크를 활
용해 드론들이 GPS(위성항법 체계)와 카메라 센서로 근처 드론들의
움직임을 감지하고 무선통신으로 컴퓨터의 지시를 받아 끊임없이 위
치를 수정하는 '드론 오륜기 쇼'가 열렸다(이천종·정필재, 2018).

<그림 29> 1218대의 드론으로 구현한 평창동계올림픽의 드론 오륜기 쇼

3) 미디어 산업의 드론 활용과 저널리즘

드론을 영상취재에 활용하는 드론 저널리즘(drone journalism)은
최근 몇 년 사이 보도 영상취재의 중요한 수단으로 자리 잡았다. 특
히 낮아진 드론 활용 기술 및 비용 장벽은 신문과 방송 가릴 것 없

이 드론을 활용할 수 있도록 수용성을 제고하고 있으며 기자의 취재 범위를 확장하고 있다. 단순한 취재 영역의 확장을 넘어서 인간 시야각을 수평에서 수직으로 변환시키는 영상 문법을 바꾸는 시각혁명을 가져왔다고 할 수 있다.

드론의 역할은 '부감(俯瞰, high angle)'의 편의성을 제고하는 수단적 의미에만 한정되지 않는다. 드론의 최대 장점은 '높이'가 아니라 '자유로운 움직임'에 있다. 높이라는 특정한 지점은 드론이 움직일 수 있는 수많은 공간적 축(axis) 중에서 선택 가능한 하나의 축일 뿐인 것이다(이재섭, 김대원, 2017). 이러한 점에서 진닐드(Gynnild, 2014)는 드론 저널리즘을 파괴적 혁신(disruptive innovation)의 사례로 보고 드론이 기존 영상 저널리즘에 대한 개념을 뒤바꿔 놓았다고 평가하고 있다.

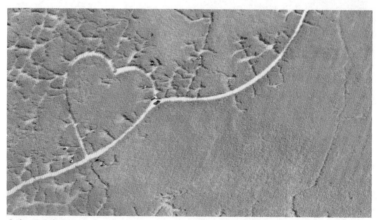

출처 : 오종찬

<그림 30> 드론으로 촬영한 유채 꽃밭.
이처럼 드론으로 찍은 부감 샷은 인간의 시야각을 확장하는 시각혁명을 가져왔다.

드론 저널리즘은 무인비행기나 헬리콥터를 활용하여 기자가 접근할 수 없는 지역에 들어가 사진이나 비디오 촬영은 물론 그밖에 중요한 자료를 수집하여 취재 보도에 활용하는 행위로 정의된다. 드론 저널리즘의 4가지 핵심 영역은 ① 속보·일상 정보(daily news)·스포츠, ② 탐사 저널리즘, ③ 분쟁·재난·전쟁, ④ 포토(photo) 저널리즘으로 분류될 수 있다(박승근, 2014; Alexandra, 2013). 드론 저널리즘이 가능하게 된 배경에는 비교적 저렴한 고성능 무인비행기가 속속 등장하고 또한 가벼운 고화질 카메라 장착이 가능하게 되었다는 점이다(이민규, 2012). 드론 저널리즘 이전에도 유무인 항공기를 통한 촬영이 있었다. 항공촬영은 인간의 비행체 탑승 여부에 따라 유인촬영과 무인촬영으로 구분된다. 취재를 목적으로 한 유인촬영에는 헬기가 주로 쓰였으며 무인항공기는 체공 시간이 5~7분에 불과하고 바람이나 기온 등 날씨 환경에 영향을 많이 받기 때문에 항공촬영은 주로 유인항공이 사용되었다. 그러나 무인촬영은 유인 항공기로는 수행하기 어려운 저공 촬영의 장점과 상대적으로 저렴한 비용 등의 요인으로 인해 주목받기 시작했다.

현재 드론 저널리즘에 사용되는 대부분의 무인기는 '배터리를 동력으로 사용하는 회전익 멀티콥터로서 GPS 센서와 짐벌을 장착한 총 무게 25킬로그램 이하의 드론'이다. 현재는 비행 안정성과 이륙 중량에 따라 쿼드콥터, 헥사콥터, 옥토콥터까지 주로 3가지 형태가 언론계에서 촬영용으로 주로 사용되고 있다.

그러나 드론 저널리즘은 이 같은 장점 못지않게 다양한 문제점을 낳고 있다. 우선 드론은 기존에 취재 가능 영역에 포함되어 있지 않았던 사생활에도 접근을 가능하게 함으로써, 결과적으로 취재 대상의 사생활 침해 우려 강도를 높였다. 드론의 충돌로 인해 문화재가 훼손되거나 드론의 추락으로 인명 피해가 발생하는 등 드론의 운용 과정에서 일부 문제점이 드러났다. 드론의 사유지 비행에 따른 소유 권 침해에 대해서도 법적 차원의 논의 필요성이 제기되고 있다(김대 환, 지영환, 2016).

무인으로 하늘을 나는 장점이 있는 만큼 위험성도 많이 내포하고 있다. 위험물질을 싣고 특정 지역으로 날아가 테러를 감행한다든지, 마약과 같은 불법적인 물건을 나르는 데 활용하거나 개인의 사생활 을 침해하는 용도로 사용하는 등 개인이나 사회에 피해를 초래할 수 있는 용도로 이용당할 수 있다. 해킹에 의한 위험성도 내포하고 있 다. 또, 의도적이지 않더라도 배터리의 방전, 운전 미숙 등으로 추락 하여 예기치 않은 사고를 일으킬 수 있다. 실제 이러한 사건들이 번 번이 일어나고 있다(이진천, 2015).

4) 드론 저널리즘 사례

드론을 활용한 저널리즘 사례는 지속해서 늘어나고 있지만, 대표 적인 것으로는 디지털 혁신 서밋(Digital Innovation Summit)에서 수 상한 다양한 사례들을 들 수 있다. 이들 수상작은 주로 재난과 환경 오염 등과 같은 사례들이 많은데 우선 데일리 텔레그라프(Daily Telegraph)의 필리핀 태풍현장 영상[31]을 들 수 있다. 태풍과 같은 재 난 현장은 헬리콥터처럼 고공에서보다는 드론을 활용한 적절한 높 이의 영상이 훨씬 실감 나게 전달할 수 있다. 또한, 러시아의 체르노

---

31) https://youtu.be/bkZg7U6jbvg

빌 원자력 사고 현장에 드론으로 접근하여 찍은 Danny Cooke의 영상[32]은 핵이 녹아서 내려앉아 접근할 수조차 없는 현장을 드론을 활용해 생생하게 담아냈다는 평가를 받는다. 이외 해외 언론들은 터키의 반정부 시위 현장, 이스라엘 공격으로 파괴된 팔레스타인 가자지구의 참상, 체르노빌 원전사고로 유령도시가 된 우크라이나 현지 모습 등 다양한 사건 및 사고 현장을 생생하게 담아내기 위해 드론을 활용하고 있다. 뉴스뿐만 아니라 자연 다큐멘터리, 스포츠 중계 등 다양한 방송 및 취재 분야에서도 드론이 사용되고 있다(박아란, 2018).

국내의 경우 2014년 경주 마우나 오션 리조트 체육관 붕괴사고 당시 방송사들은 드론을 이용하여 붕괴 현장의 처참한 상황과 당시 강당 지붕에 얼마나 많은 눈이 쌓여 있었는지를 효과적으로 보여주었다. 2015년 인천 영종대교의 106중 추돌사고 현장에서도 짙은 안갯속에서 드론은 사고 현장의 생생한 모습을 담아낼 수 있었다.

---

32) https://vimeo.com/112681885

1 디지털 스토리텔링

1) 스토리텔링 산업의 중요성

스토리텔링을 말 그대로 '이야기하기'라는 뜻이나 언제부터인가 일상적인 의미에서 이야기한다는 것과는 다른 특별한 행위 혹은 특별한 전략이라는 의미가 더해진 뜻으로 사용되고 있다. 소설이나 영화와 같은 전통적인 이야기 장르를 넘어 게임, 광고, 만화, 애니메이션뿐 아니라 교육, 경영, 경제, 정치 등 광범위한 영역에서 스토리텔링이라는 말이 널리 사용되고 있다. 디지털 시대에 왜 이야기가 스토리텔링이라는 새로운 용어의 옷을 입고 새로운 시대, 새로운 문화의 중심에 서게 된 것일까?

스토리텔링이 디지털미디어 시대에 핵심적이고 효과적인 커뮤니케이션 방식으로 대두한 것은 21세기 디지털 시대의 사회문화적 성격과 그러한 시대를 살아가는 인간들의 욕구 혹은 욕망과 밀접한 관계가 있다. 그것은 대략 사람들의 이야기에 대한 본질적인 욕망, 정보화 시대의 정보홍수 속에서 오히려 이야기의 가치가 높아지는 현상, 그리고 디지털 시대 문화산업의 핵심으로서의 이야기라는 차원에서 살펴볼 수 있다.

- 인간의 이야기에 대한 본질적인 욕망

인간이 이야기를 즐기고 향유한 것은 인간이 역사에 등장하기 시작하면서부터라고 할 수 있을 만큼 이야기는 인간의 본질적인 존재 조건이라 할 수 있다. 우리에게 <아라비안나이트>로 잘 알려진 아라비아의 야담집 <천일야화>에는 이야기를 해야 살 수 있는 한 여인이 나온다. 왕비와 여인들로부터 배반당하고 상처를 입은 아라비아의 왕 샤리야르는 어떤 여자도 믿지 않기로 맹세하고 하룻밤 동침한 여자는 다음날 새벽에 죽여 버렸다. 그러던 중 한 대신의 딸인 세헤라쟈드가 왕에게 시집을 왔는데, 날이 밝으면 왕에게 죽임을 당한다는 것을 알고 있던 세헤라쟈드는 죽지 않기 위해 왕에게 이야기를 해주기 시작한다. 그 이야기가 천 하루 동안 지속하였고 결국 왕은 자신의 잘못을 반성하고 세헤라쟈드를 왕비로 맞아 행복하게 살았다는 이야기다. 죽지 않기 위해 천 하루 동안 이야기를 만들어 낸 세헤라쟈드는 인간과 이야기의 본질적인 관계를 표상한다.

<천일야화>에서 아라비아 왕이 천 하루 동안 세헤라쟈드를 살려 두었던 것 또한 이야기를 듣고자 하는 욕망 때문이었다. 인간은 자신의 이야기를 하고 싶어 하는 만큼 다른 사람들이 살아가는 이야기를 듣고 싶어 한다. 인간은 누구나 자신의 삶이 처음으로 살아보는 삶이기 때문에 삶에 대한 혼란과 두려움과 불안을 지닌다. 삶의 마디마디에서 부딪치는 일들을 해석해주고 이끌어줄 무언가를 찾게 되는데, 이때 이야기는 일종의 삶에 대한 은유로서 그러한 문제들을 이해하고 극복할 수 있도록 해준다. 또한, 이야기는 평범하고 일상적인 생활로 점철되는 삶을 넘어서고자 하는 인간의 욕망, 즉 모험과 사랑이 지배하는 또 다른 세계를 꿈꾸는 인간의 욕망을 달래줌으

로써 결핍과 불만을 채워주고 달래준다. 러브스토리, 판타지, 액션 등 우리가 좋아하는 이야기들이 끊임없이 만들어지는 이유가 거기에 있다.

- 디지털 정보시대에 더욱 부각되는 이야기의 가치

정보의 홍수 속에서 정보의 합리적인 선택과 세계에 대한 전체적 이해가 어려워진 시대적 상황에서 유용하고 효과적인 커뮤니케이션 수단으로 스토리텔링이 부각되고 있다. 이제까지 스토리텔링과 무관한 논리와 지식의 영역에서 감성적이고 직관적인 스토리텔링 방식이 주목을 받는 것도 이와 무관하지 않다.

기술 혁명, 정보화, 전문화, 다매체화 등에 따라 인간은 삶의 전체적인 파악이 불가능해지는 인식론적 위기로 혼란을 겪게 되었고, 여기서 길을 잃지 않고 줄거리를 갖고 살아가기 위해 더욱더 이야기를 찾고 또 이야기를 제공하게 된 것이다. 사람들은 단순한 정보보다 사건을 겪은 사람의 경험을 통해 한 번 걸러진 담화, 즉 스토리텔링을 원하게 되는데 이는 "서사적 상징적 세계를 통해 삶을 전체적으로 파악할 수 있는 스토리텔링의 감성적 직관적 사유를 요청하고 있는 것"(이인화, 2003, 14쪽)이라 할 수 있다.

이야기는 사건에 대한 순수한 지식이 아니라 화자와 주인공 같은 인물의 형상을 통해 사건을 겪은 사람의 경험을 전달한다는 점에서 단순한 정보와 변별된다. 발터 베냐민(W.Benjamin)은 이야기와 정보의 차이에 대한 논의를 텔레비전과 전기의 관계로 설명하기도 한다. 텔레비전은 전기가 있어야 작동한다는 것은 하나의 사실이자 전달해야 할 내용이다. 이 사실은 과학적으로 검증이 가능한 것으로 그 사실을 알게 되는 순간 빛을 잃게 된다. 정보로서의 사실은 기능적인 의미는 있지만, 정서적인 감동을 주지 못하기 때문이다. 이것을 이야기로 바꾸었을 때, 전기가 있어야 텔레비전이 나온다는 사실이 천진난만한 조와 제니의 입을 통해 드러나는 상황을 설정함으로써 일정한 정서적 흥미와 감동을 야기하는 것이다(이재복, 2008). 정서적 감동을 야기함으로써 이야기에 담긴 정보를 부지불식간에 효과적으로 전달하는 이야기의 능력을 십분 활용하고자 하는 것이 스토리텔링을 도입하는 이유이다.

- 문화산업의 핵심으로서의 이야기

과거 <쥐라기 공원> 한 편이 벌어들인 수익이 우리나라의 1년 자동차 수출액보다 많다는 식의 비유가 있었다. 방탄소년단(BTS)이 만들어 내는 한류 현상에 대한 수많은 경제적 분석과 전략도 마찬가지이다. 이러한 문화산업의 핵심은 영화, 드라마, 애니메이션, 게임 등의 스토리텔링 분야이다. 잘 만들어진 이야기 하나가 세계 시장에서 성공하면 이 이야기는 다양한 창구를 통해 계속해서 수익을 창출하고, 이야기와 관련된 아이템 즉, 캐릭터와 장소 등이 또 다른 수익원이 되어 이야기 하나가 일종의 산업군을 형성하게 되는 것이다.

영화든 드라마든 이러한 성공을 이루기 위해서는 무엇보다도 이야기가 잘 만들어져야 한다. 이렇듯 산업적 관점에서 더욱 많은 사람의 관심과 호응을 얻을 수 있도록 전략적으로 재미있는 이야기를 만들어야 한다는 태도와 방향이 스토리텔링이라는 새로운 용어에 담겨 있다. 이야기(스토리) 자체보다도 그것을 어떻게 말할 것인가(텔링)에 더 무게가 실리게 되었다는 말이다.

더욱이 디지털 시대에 들어서는 소위 하나의 소스를 다양하게 활용하는 원소스멀티유즈(OSMU, One Source Multi Use)가 본격화하게 되면서 이야기는 디지털 시대 문화산업의 핵심 분야로 급속히 부각하게 되었다. 1990년대 중후반 이래 디지털 기술이 놀라운 속도로 발전하면서 인터넷, 휴대폰 등 새로운 매체들이 계속 출현하면서 이야기 산업은 텍스트뿐만 아니라 영상과 노래, 가상현실 등의 매체와 결합해 강력한 문화산업의 핵심 기술이 되어가고 있다.

- 디지털 네이티브 세대의 특징과 스토리텔링

요즘 세대는 태어나서부터 모바일 기기로 대표되는 디지털 문화에 익숙한 세대, 즉 디지털 네이티브 세대이다. 이러한 새로운 세대는 멀티태스킹(Multi-tasking)에 익숙하여 동시에 여러 일을 처리하면서도 주의 집중과 분산을 탄력적으로 선택하며, 신속한 반응 추구, 적극적으로 자신을 드러내는 성향이 강하다(김민정, 2015)는 특성이 있다. 이러한 신세대를 박기수(2019)는 Z세대라 칭하고 이들의 성향을 몇 가지 대표적인 키워드로 제시한 바 있다. 즉 Z세대는 급식충과 언어체의 합성어인 '급식체'를 사용하면서 그들만의 언어로서 뚜렷한 독립성과 차별성을 가지고 있지만, 동시에 그것의 확산에서 알수 있듯이 재미에 기반을 둔 경쾌한 공동체를 구성하는 힘을 가지고 있다고 한다. 이러한 Z세대는 기본적으로 이야기하려는 본능이 강한 호모나랜스(Homo Narrans)적 속성이 있다는 것이다.[1]

박기수(2019)는 호모나랜스에 대하여 단지 이야기하는 사람이 아

---

1) 호모나랜스(Homo Narrans)는 존 닐(John D. Niles)이 1999년 출간한 책을 한국어로 번역하면서 붙인 책의 제목으로 디지털 공간에서 자신의 이야기를 생산하고 향유하는 인간상을 의미한다.

니라 스토리의 독립성에 얽매이지 않고 미디어를 가로지르는 트랜스미디어적 속성이 있으며, 사용자라기보다는 '향유자' 즉 단순히 스토리를 사용할 뿐만 아니라 끊임없이 탄력적으로 이야기의 생산과 전개에 적극적으로 가담하여 '스토리 월드(story world)'를 만들어 내는 인간으로 정의하고 있다. 이 같은 트랜스미디어적 스토리텔링이 앞으로 등장하는 새로운 미디어의 문법이 될 것이다.

트랜스미디어 스토리텔링은 하나의 미디어가 아닌 복수의 미디어와 장르를 가로지르는 스토리텔링 전략을 요구하는데 이는 정해진 스토리의 전개나 문법을 따르지 않고 가변적으로 끊임없이 변하며 창조되는 가변성(variability)과 증축성(scalability), 그리고 개방성(openness)을 지향한다.

2) 스토리텔링의 개념

- 스토리와 이야기

영어 '스토리(story)'에 해당하는 우리말은 '이야기'이다. 그런데 이야기는 영어의 '스토리'와 '스토리텔링'을 모두 포괄하는 의미를 지니고 있다. 우리말의 경우 이야기라는 말 속에 이미 스토리텔링의 의미까지 포함되는 것이다.

스토리는 전달방법이 아직 고려되지 않은 상태의 서사적 내용물을 주로 지칭한다. 다양한 사회적 사건들이나 어떤 사람의 경험은 이야기로 만들어질 수 있는 요소 즉 스토리를 담고 있다. 이 스토리는 그것을 풀어내는 사람에 따라서 그리고 염두에 두고 있는 미디어에 따라서 전혀 다른 이야기가 될 수 있다. 이러한 차이가 곧 스토리텔링의 차이이다.

스토리는 누구에게 어떤 방식으로 전달할 것인가가 정해지지 않은 상태의 사건들 자체라고 할 수 있다. 러시아 형식주의자인 토마셰프스키(Evegeny Tomashevsky)는 '연대기적 시간 순서에 따르는 행동과 사건의 연쇄'를 스토리로, '스토리를 독자가 인지하게 되는 경로'를 플롯으로 구분한다. 작가의 서사 전략에 의해 스토리가 예술적으로 조직되고 표현되어 구체화한 이야기가 플롯이라는 것이다. 예를 들어 연쇄살인 사건 자체는 스토리이다. 그러나 누가 어떤 방식으로 그 사건을 재구성해서 이야기하는가에 따라 독자가 그 사건을 경험하는 방식은 달라진다. 독자 혹은 관객의 흥미와 관심을 위해 재구성된 것이라는 점에서 플롯은 스토리텔링에 더욱 가까운 개념이다. 즉 스토리는 시간 순서에 의해 사건을 나열하는 것이고 플롯은 인과관계에 따라 그것을 재구성하는 것이다. 사건을 재구성할 때 작가가 독자/관객에게 기대하는 정서적 반응이 전략적으로 고려된다.

스토리텔링은 스토리(story)와 텔링(telling)이 결합한 말이다. 즉 스토리를 전달하는 방법이 스토리텔링이다. 스토리텔링이라는 용어가 확산하기 이전에는 '서사(narrative)'라는 용어를 주로 사용해 왔다. 채트먼(Seymour Chatman)에 의하면 서사물(narrative text)은 이야기(story)와 담화(discourse)로 구분된다.

채트먼의 서사구조에서 스토리는 글이 되기 이전의 소재 즉 글감이 되는 사건들을 말하고, 담화는 플롯, 패턴, 리듬, 문체, 어조, 시점 등 작가에 의해 그 사건들이 서술된 방식의 총체를 말한다. 보다 구체적으로 스토리는 서사물의 내용에 해당하며 담화는 서사물에서 어떤 형식과 표현으로든 그것이 일단 표현된 것은 모두 담화이다(오탁번·이남호, 1999, 64쪽). 즉 서사와 비교해서 스토리텔링이라는 용어는 다양한 매체들 속에서 이야기가 순환되고 재생산되는 새로운 이야기 생산과 소비 환경에 조응해 더욱 전략적이고 계획적으로 이야기를 만드는 과정이라 할 수 있다.

- 미디어의 발전과 스토리텔링의 변화

스토리텔링은 구술문화 시대부터 존재했다. 문자가 발명되기 이전 구술문화 시대에는 말을 제외하고는 정보와 지식을 저장하고 전승할 미디어가 존재하지 않았다. 따라서 말의 기억을 위해 다양한 운율 법칙과 정형구(定型句), 리듬, 반복과 대구(對句)의 기교들이 활용되었고, 특히 사건 중심의 이야기가 효과적인 전달방법으로 인식되었다. 이야기는 화자와 청자가 대면한 상태에서 전달되었고 스토리텔링은 그 현장에서 발현되는 일종의 퍼포먼스였으며 구비전승(口碑傳承)되는 이야기를 더 잘, 그리고 더 재미있게 이야기하는 이야기꾼이 훌륭한 스토리텔러였다.

기원전 11세기 이집트에서 문자가 출현해 기록이 가능해지자 기억을 위한 구술적 스토리텔링 기교들은 사라지고 단어의 선형적인 조직체계, 길고 분석적인 문장들, 그리고 많은 어휘와 수사학적인 상용구들이 등장했다(Ong, 1995, 160~171쪽). 여기에 구텐베르크의 금속활자 발명으로 인쇄시대로 접어들면서 이야기의 생산과 소비 환경이 혁명적으로 변화했다. 즉, 읽기 쉬운 활자체, 문장부호, 교정 기법, 쪽 번호, 단락 나누기, 서문, 장 구분 등의 틀 속에서 이야기가 대량생산되었고 쉽게 소유해서 휴대할 수 있는 책이라는 형식의 인쇄본은 혼자 침묵 속에 읽는 이야기의 소비시스템을 발전시켰다. 이에 따라 작가가 고유의 개인적 언어 배열의 기술과 독창적인 이야기를 불특정 다수의 독자에게 고백하는 작가적 체험의 가공기술이 등장하였다(Eisenstein, 1983, 30~40쪽).

이후 작가가 책을 통해 독자에게 이야기하는 소설이 지배적인 스토리텔링 방식이 되었고, 소설을 기반으로 서사구조가 정착되었다. 스토리텔링에 있어 소설은 글 자체가 인터페이스이기 때문에 기본적으로 문장과 문체의 매력으로 독자에게 어필해야 하고 독자가 끝까지 책을 읽게 하려면 구조와 플롯이 내재되어 있어야 한다. 그러나 글을 통한 스토리텔링이기 때문에 등장인물의 내면, 생각, 감정 등을 표현하는 데 기술적인 제한이 없고 인물의 복잡한 내면과 의식을 묘사하는 데 탁월한 장점을 지닌다.

19세기 말 전신과 영화의 발명, 그리고 20세기 텔레비전의 발명 등 영상미디어의 등장은 소설이 지배하던 스토리텔링 시스템을 또다시 변화시켰다. 읽히기 위한 스토리텔링이 아니라 보여주기 위한 스토리텔링이 부상하게 된 것이다.

영화의 경우 중심적인 인터페이스는 언어나 문자가 아니라 영상과 소리다. 영화의 영상은 본질에서 객관적 관찰이라는 상황을 관객에게 조성하는 것으로 관객은 일종의 훔쳐보기 상태에서 영화의 스토리를 보기 때문에 스크린과 관객 사이에 일정한 거리감이 존재한다. 영화의 스토리텔링은 이러한 거리감을 극복하도록 관객을 스토리의 세계에 몰입시키기 위한 기법들이라 할 수 있다. 연속해서 이어지는 2차원의 사진들을 보면서 3차원의 현실감을 갖게 하기 위해서는 진짜 같은 영상과 진짜 같은 스토리가 요구되는 것이다.

최근에 등장한 컴퓨터와 인터넷이라는 디지털미디어 환경은 다시 한번 이야기의 생산과 소비시스템을 근본적으로 변화시키고 있다. 디지털 스토리텔링의 핵심은 상호작용성이라 할 수 있는데 이러한 특징으로 인해 작가나 감독이 이야기를 완결하고 독자나 관객이 그 이야기를 수용한다는 전제가 깨어지고 이용자가 이야기의 전개과정에 참여하고 이야기를 만들어나가는 새로운 스토리텔링의 세계가 열리게 되었다.

- 스토리텔링의 본질과 전략

디지털미디어 시대에 가상현실로 3D 입체화면을 만들고 격투와 추격 장면에서 많은 볼거리를 제공한다고 해서 성공적인 스토리텔링이 되는 것은 아니다. 좋은 스토리의 요건은 무엇인지에 대해서 토비아스(Ronald Tobias, 2015)는 <인간의 마음을 사로잡는 스무 가지 플롯>에서 '누구'와 '무엇'에 관한 스토리를 효과적으로 전달하기 위해서는 '어째서'라는 호기심과 기대감을 불러일으키는 장치가 필요하다고 하였다. 결국, 사용자가 내 이야기에서 빠져나가지 않고 내 이야기를 끝까지 들을 수 있도록 하는 방법이자 내 이야기를 끝까지 듣는 수고를 해준 사용자에 대한 보상으로 재미와 감동을 주기 위한 여정이 스토리텔링이다.

이처럼 스토리텔링을 위해서는 일차적으로 스토리의 정보를 취사선택하고 순서를 재배열하는 과정이 요구된다. 이는 사건 현장에서 극 중 인물이 경험한 일의 순서와 관객이 그 사건을 경험하는 순서가 다르고 스토리텔링은 관객이 체험하게 되는 사건을 창조하고 조직하는 일이라는 의미이다. 관객이 사건에 대해 알아가는 과정은 스토리텔러가 관객에게 무엇을, 언제, 얼마만큼, 그리고 그것을 어떤 방식으로 알려주는가에 달려 있다. 그 과정이 스토리텔링이다.

이러한 스토리텔링 과정에서 스토리텔러는 보다 효과적인 스토리텔링을 위해 여러 가지 전략들을 활용한다. 우선 스토리텔러는 자신이 의도한 정서적 임팩트를 최대화할 수 있도록 이야기를 구성한다. 스토리텔러는 자신이 이야기를 통해 전달하고자 하는 메시지를 관객의 정서적 체험을 통해 전달할 수 있어야 한다. 이야기의 클라이맥스에서 관객이 느끼는, 감동이든 슬픔이든 쓸쓸함이든, 정서 속에서 사랑이란 혹은 인생이란 이런 것이라는 스토리텔러의 메시지가 스며 나와야 한다. 그러기 위해서는 그 정서적 임팩트가 효과적으로 최대한 발현될 수 있도록 이야기를 쌓아나가는 것이 스토리텔링의 가장 중요한 전략이 된다.

스토리텔러가 효과적으로 활용할 수 있는 또 다른 전략은 이야기의 전개에 필수적인 정보를 관객과 어떤 방식으로 공유하는지와 관련되어 있다. 가령, 어떤 남자가 차에 타서 시동을 걸려고 한다면 그 장면은 관객에게 아무런 재미를 못 주지만 사전에 관객에게 그 차에 폭탄이 장치되어 있다는 정보를 주었다면 그 장면은 매우 드라마틱한 장면이 된다. 이처럼 이야기 속 인물 중 적어도 한 명은 알지 못하는 것을 관객이 알고 있는 상황을 '극적 아이러니'라고 하는데, 극적 아이러니는 스토리텔러가 관객을 매혹시키는 중요한 전략으로 많이 활용된다.

그 밖에 누구의 시점에서 이야기를 풀어갈지(전개 시점), 어떤 장르를 선택할지, 이야기의 스타일과 톤은 가볍게 할 것인지 진지하게 할 것인지 등의 선택을 통해 스토리텔러는 자신의 이야기를 가장 효과적으로 전달할 방법을 찾아야 한다.

3) 디지털 스토리텔링

– 디지털 스토리텔링의 정의

디지털 스토리텔링은 디지털 기술을 미디어 환경 혹은 표현수단으로 하여 이루어지는 스토리텔링이다. 영화나 애니메이션 등의 영상물은 대략 여섯 단계의 표준화된 제작공정을 거치게 되는데

①기획개발(Development) ②제작준비(Pre-Production)

③제작(Production) ④후반 작업(Post-Production)

⑤배급(Distribution) ⑥상영(Exhibition) 등이 그것이다. 좁은 의미에서 디지털 스토리텔링은 위의 모든 제작공정 과정이나 아니면 최소한 첫 네 단계, 즉 기획개발, 제작준비, 제작, 후반 작업에서 디지털 기술을 활용한 경우를 말한다(이인화, 2003, 14쪽).

컴퓨터와 모바일 등 디지털 기술을 활용한 모바일 콘텐츠, 영상물, 광고, 인터랙티브 게임 등이 디지털 스토리텔링 영역에 포함된다. 또한, 디지털 영화나 디지털 3D 애니메이션 등의 경우 디지털 스토리텔링의 가장 중요한 특징인 상호작용성은 없지만, 내용에 대한 조작을 통한 표현영역의 확장 등 디지털 스토리텔링의 또 다른 특징을 보여준다는 점에서 디지털 스토리텔링 영역에 포함된다.

디지털 기술로 인해 기존 미디어의 표현 양식이나 스토리텔링 방식에 있어 근본적이고 중요한 변화를 맞게 되었다는 것이 디지털 스토리텔링 개념의 전제이다. 디지털미디어의 과정적 특징은 디지털미디어와 이용자가 상호작용적으로 정보를 주고받음으로써 복잡하지

만 일관된 행위를 구현할 수 있는 연산장치라는 점을 의미한다. 이 특징에 의하면 스토리텔러가 누구인지 혹은 스토리텔링의 완성된 결과가 중요한 것이 아니라, 디지털미디어에서는 이용자의 참여 속에 스토리텔링이 만들어지는 과정 자체가 흥미의 요소이기 때문에 이용자의 참여가 절대적이라는 것이다.

또한, 디지털미디어는 이용자가 돌아다닐 수 있는 공간을 제공한다. 영화나 책 등 이전의 미디어에서는 단순히 공간을 묘사하지만, 디지털미디어는 이용자가 돌아다닐 수 있는 가상공간을 제공함으로써 스토리텔링에 있어 공간성이 강조된다. 마지막으로 방대한 자료를 저장하고 처리할 수 있는 디지털미디어의 백과사전적 특징이 저자에게 상세하고 많은 양의 내용을 제공할 수 있는 능력을 부여하기 때문에 표현의 폭을 넓힐 수 있게 되었다. 머레이에 의하면 디지털미디어의 속성 중 과정적, 참여적 속성은 상호작용적 측면을, 그리고 공간적, 백과사전적 속성은 사이버공간의 몰입적 측면을 의미한다. 이들 속성이 독자적으로 또는 서로 연관되어 디지털미디어를 강력한 표현 매체로 만든다는 것이다(전경란, 2003, 20~21쪽). 디지털미디어로 인한 스토리텔링의 본질적인 변화를 대표적으로 보여주는 장르가 컴퓨터 게임이다.

- 디지털 테크놀로지와 스토리텔링의 변화

디지털 테크놀로지의 속성은 멀티미디어성, 상호작용성, 네트워크성으로 집약된다. 멀티미디어성은 문자, 음향, 그래픽, 동영상 등의 서로 다른 표현 양식이 하나의 미디어에 통합되는 것을 말한다. 이러한 속성의 반영으로 컴퓨터나 모바일 게임은 소설, 만화, 영화 등의 다양한 이야기 매체의 성격이 종합적으로 표현된다. 또한, 상호작용성의 도입은 하이퍼텍스트 소설이나 하이퍼 비디오 등 새로운 형태의 디지털 내러티브를 가능하게 하였다. 여기서 나아가 게임이나 모바일 콘텐츠는 컴퓨터와 이용자 간의 상호작용을 통해 지금까지와는 전혀 다른 이야기 경험을 제공하고 있다. 여기에 이용자 간의 지속적인 상호교류를 가능하게 하는 네트워크성은 온라인 게임이나 SNS와 같은 새로운 장르의 콘텐츠를 탄생시켰다. 소위 이용자들의 집단적인 이야기 창조 및 경험이라는 새로운 스토리텔링의 장이 열린 것이다.

컴퓨터 게임을 비롯한 디지털 스토리텔링의 성격은 디지털미디어의 상호작용적 특징을 전제로 한다. 상호작용성은 크게 미디어가 매개하는 환경에서 미디어 이용자들 사이의 상호작용(human-human interaction), 이용자와 메시지 간의 상호작용(human-message interaction), 그리고 미디어 이용자와 미디어 사이의 상호작용(human-machine interaction) 등으로 구분하여 논의된다(Cho & Leckenby, 1999; Steuer, 1992).

이러한 상호작용성은 이용자가 직접 배우나 캐릭터가 되어 미디어가 구축하는 가상현실 속에서 사건을 유발하거나 허구적 세계를 탐험할 수 있도록 함으로써 스스로 이야기를 구성해갈 수 있도록 한다. 이용자는 시간적 연쇄에 의한 완결된 이야기를 감상하는 것이 아니라 가상공간에 잠재된 이야기 요소들을 탐색하고 선택하면서 자기 자신만의 이야기를 경험하며 만들게 된다는 것이다.

전통적 스토리텔링에서 중요한 틀이었던 시간성과 인과성이 공간성과 이용자의 행위로 대체되는 것이다. 디지털 스토리텔링에서 이야기는 이용자 개개인의 주관적인 경험이 되고, 스토리텔러의 가장 중요한 역할은 많은 이용자가 서로 다르게 경험할 수 있는 혹은 반복경험이 가능한 다양한 이야기 요소들을 공간 내에 심어놓는 것이 되었다.

이러한 차이로 인해 디지털미디어에서는 전통적인 스토리텔링과는 다른 배경 이야기, 공간, 아이템 등의 이야기 요소가 큰 비중을 차지하게 된다. 전통적 스토리텔링에서 이야기의 기본적인 구성요소는 인물, 사건, 배경이지만 인물이 일으키는 사건이 주된 요소이고 배경은 이야기 세계를 설명하고 이야기에 설득력을 부여하는 정도의 역할을 한다. 그러나 디지털미디어의 경우에는 이용자의 행위에 서사적 의미를 부여하거나 이용자가 조작할 수 있는 대상물이 이야기의 구성에서 중요한 역할을 하게 된다. 또한, 디지털미디어에서 이러한 이야기 요소들은 이용자의 조합을 기다리는 상태로 제시됨으로써 이야기를 구성할 가능성을 제시한다는 특징을 지닌다(전경란, 2005, 38쪽).

2 크로스미디어 환경과 저널리즘

1) 크로스미디어(Cross-media) 저널리즘 개념과 실태

　신문과 방송 중심이었던 국내외 미디어 환경은 디지털미디어 기술의 발달로 인해 다양한 디바이스와 다양한 정보전달 방식으로 급속하게 변하고 있다. 이런 디지털미디어 환경 속에서는 기존 아날로그 환경과는 달리 정보전달이 쌍방향으로 이루어지며 송신자와 수신자의 역할 무게가 평등해지고 콘텐츠 또한 다양한 미디어를 통해 전달될 수 있다. 이는 기존 방송과 신문 매체를 뛰어넘어 매체 간의 경계를 허물고 상호 간 융합을 통해 정보전달 방식의 새로운 패러다임을 만들어 가고 있다.

　이런 변화의 한가운데 바로 크로스미디어가 화두가 되고 있다. 하나의 콘텐츠를 다양한 매체를 통해 소비자 혹은 독자에게 전달하고 이를 다시 피드백할 수 있는 방식이며 기존의 전통적인 매체 방식에서는 이룰 수 없었던 효과적인 정보 혹은 콘텐츠 전달 효과를 기대할 수 있기 때문이다. 이렇듯 급변하게 변화하고 있는 미디어 환경에서 신문과 방송사들 또한 독자들과 시청자들의 선호도를 빠르게 따라잡고 이를 공급자로서 효과적으로 전달하는 노력이 크로스미디어의 제작방식으로 나타나고 있다. 독자들과 시청자들은 더욱 빠르게, 더욱 다양한 각도에서, 더욱 심층적으로 편리하게 정보를 접할 수 있게 될 뿐 아니라 신문사와 방송사는 약해지는 올드 미디어의 위기를 타개하는 대안으로 이를 적극적으로 수용하고 있다.

크로스미디어(Cross-media)는 하나의 콘텐츠 데이터를 다용도로 여러 매체에 출력하는 방법을 말한다. 다시 말하면 실제 미디어 환경 속에서 온라인과 오프라인 등 다양한 매체 간의 결합으로 일관된 메시지를 전달하는 기법으로 특정 미디어에 국한하지 않고 미디어의 경계를 넘나드는 새로운 미디어 시스템이다.

크로스미디어는 다양한 스타일을 가진 다양한 사용자들이 다양한 미디어를 통해 통합적으로 그리고 상호 소통적으로 교환하는 커뮤니케이션 시스템이다. 이러한 커뮤니케이션은 인터넷, 비디오, 방송, 모바일, 책, 라디오 등 다양한 미디어를 통해 이루어지며 사용자들의 상호 커뮤니케이션이 일정 정도 개입된다(Davidson, 2009). 이런 정의로 볼 때 크로스미디어는 정보전달 방식이 될 수도 있고 미디어 상용 체계가 될 수도 있고 새로운 서비스가 될 수도 있고 새로운 커뮤니케이션 방식이자 경험이 될 수도 있으며 스토리텔링이 될 수도 있다. 또한, 사용하는 범위가 넓어서 사용하는 곳에 따라 정의가 조금씩 달라질 수 있다. 이처럼 크로스미디어라는 개념에는 전달되는 방식에 따라, 활용하는 분야에 따라 다양한 정의가 가능하다.

이런 다양하고 폭넓은 크로스미디어의 정의에 대해 헤이즈(Hayes, 2006)는 제작 형식과 소비의 형태에 따라 그 발전 단계를 4가지로 나누었다.

첫 번째 단계는 크로스미디어 1.0, 'Pushed'형이다. 이는 한 가지 콘텐츠를 별다른 가공 없이 다른 플랫폼에 동시에 사용하는 것으로 같은 콘텐츠를 다른 미디어에 맞게 제작하는 것이 아니라 그냥 사용하는 것이다. 예를 들면 약간의 오디오 변환만을 거친 TV 프로그램을 그 시나리오와 함께 인터넷의 팟 캐스트에 사용한다든지 혹은 간단한 포맷으로 모바일 디바이스에 사용한다든지 하는 제작방식이다. 이럴 경우, 유저들은 TV에서 이 프로그램을 본 후 이어서 웹사이트나 모바일을 통해 지속해서 접할 수 있게 된다. 이 제작방식은 아주 강력한 크로스미디어 모델의 효과를 기대할 순 없지만 한 콘텐츠를 집중적으로 홍보할 수 있다는 이점이 있다. 대표적인 사례가 'Forget The Rules'라는 단편 드라마이다. 이 드라마는 2005년에 제작된 호주의 단편 코미디 드라마로서 세계 최초로 드라마의 스크립트를 웹을 통해 혹은 모바일을 통해 세계적으로 동시에 볼 수 있도록 함으로써 좋은 선례를 보여주었다. 제작진은 이 드라마의 일부 3분 정도의 분량을 웹사이트에 올리고 시청자가 이어지는 스토리 방향을 선택할 수 있도록 했다. 이로 인해 시청자의 참여를 높이고 그 드라마의 스토리 전개에 있어서 시청자의 의견을 반영하기도 하였다.

두 번째는 크로스미디어 2.0으로 'Extra'형이다. 이 콘텐츠는 메인 프로덕션을 통해 주 콘텐츠가 만들어지고 이 메인 프로덕션으로부터 만들어진 주 콘텐츠를 이용하여 각기 다른 콘텐츠를 만들어 다른 플랫폼으로 전달하는 방식이다. 크로스미디어 Extra형은 메인 콘텐츠의 내용과 반드시 똑같지 않아도 된다. 예를 들면 영화 촬영장에서 생긴 뒷이야기들이 모바일을 통해 방영한다든가 소설이나 드라마를 기본 줄거리로 하는 플래시 게임 등이 다른 매체를 통해 이용되기도 한다. 다양한 변형형태로 제작된 'Thursday's Fictions'가 좋은 사례다.

'Thursday's Fictions'는 원래 연극에서 시작되었다. 이후 책으로 출판되고 영화로 만들어지고 초현실주의 댄스 작품으로도 각색되었다. 이 모든 작품은 각각 독립성이 강하고 내용 면에서도 그다지 연결점이 없다. 그리고 각각 표현되는 미디어의 장점을 최대한 살려 재탄생되었다. 최근에는 가상공간 인터렉티브 게임의 일종인 'Second Life'에 탑재되어 유저들이 Thursday's Fictions에 나오는 캐릭터로 자신의 아바타를 만들어 자신만의 스토리를 만들어 갈 수 있게 했다.

세 번째는 크로스미디어 3.0 'Bridges'형이다. 크로스미디어의 한 이점으로서 미디어의 강력함을 나타낼 수 있는 것은 독자들, 시청자들, 그리고 소비자들의 참여를 유도할 수 있다는 점이다. 이 Bridges 형은 독자들이 다른 디바이스를 통해서 지속해서 콘텐츠를 소비할 수 있도록 유도하는 방식이다. 즉 Call to Action이라고 부르는 이 방식은 TV 쇼 프로그램이 끝난 후에도 그와 관련된 콘텐츠들을 다른 디바이스를 통해 지속해서 접할 수 있도록 유도하는 것이다.

예를 들면 종영된 TV 프로그램에 관련된 웹사이트를 시청자들에게 공개하고 이를 통해 지속해서 시청자들이 자신들의 의견과 스토리텔링을 만들어 갈 수 있게 구성해 놓는 것이다. 또한 SMS(Short Message Service)를 통해 라이브 콘서트의 정보를 제공하고 이를 모티브로 TV쇼나 팟 캐스트에도 접속할 수 있도록 한다. 여기서 중요한 것은 독자들이나 시청자들이 다양한 디바이스를 통해 해당 콘텐츠로 연결되는 연결성이다. 독자들이나 시청자들이 하나의 콘텐츠를 접한 후 그 후속으로 다른 디바이스를 통해 계속해서 참여할 수 있다는 것이 주요 포인트이다.

대표적인 예가 2004년 미국 슈퍼볼 시즌에 내보낸 30초짜리 미쓰비시 TV광고(30 second Mitsubishi Super Bowl XXXVIII TV ad)이다. 이 광고에서 미쓰비시자동차의 성능을 테스트하는 장면과 함께 절벽에서 자동차를 떨어뜨리는 장면을 보여주었다. 그러나 마지막 결과는 보여주지 않고 "어떤 일이 벌어질까?" 하는 자막과 함께 그 결과를 알 수 있는 웹사이트 주소를 보여주고 끝났다. 그 결과가 궁금한 시청자들이 그 사이트로 들어와서 지속해서 그 콘텐츠를 이어볼 수 있도록 유도한 것이다(Howard, 2004).

　마지막으로 크로스미디어 4.0이라 할 수 있는데 이는 'Experiences'형 즉 다른 말로 트랜스미디어라고도 불린다. 이 형식은 앞의 세 가지 크로스미디어 형식을 통합한 것이라고 보면 된다. 이 단계의 크로스미디어 콘텐츠는 동시다발적으로 여러 플랫폼을 통해 전달되며 여기서 제작자는 환경을 조성해 주는 역할에 더 충실하게 된다. 콘텐츠는 오히려 많은 독자와 시청자들 그리고 독자들에 의해 만들어진다. 쌍방향 프로듀싱이 가능한 것이다. 그래서 이를 트랜스미디어라고도 부른다. 마치 게임 제작자가 사이버 환경을 만들어 놓으면 게임 플레이어가 그 환경에서 자신들의 세계를 만들어 가는 것과 흡사하다. 이 단계에서 생산되는 콘텐츠들은 다양한 독자들의 다양한 디바이스를 통한 콜라보레이션의 방식으로 만들어지는 것들이 대부분이며 각각 그 자체로 진화하기도 한다. 그러기 때문에 스토리를 만들어 가는 환경과 배경은 매우 중요한 키워드가 된다.

　가장 좋은 예로서 'Alternate Reality Games(ARG)'를 들 수 있다. 이 게임 형식에서는 독자들의 다양한 반응에 프로듀서가 지속해서 대응하며 전체 스토리텔링을 구성해간다. '42 엔터테인먼트(42

Entertainment)'는 '라스트 콜 포커'라는 게임을 만들었는데 이 게임은 철저하게 유저들의 이야기로 만들어지는 게임이다. 42 엔터테인먼트의 CEO인 조단 와이즈만은 "우리는 스토리를 이야기하지 않는다. 사람들은 서로 스토리를 발견하고 이야기를 나눈다. 스토리는 수백만 명의 유저들을 통해 걸러진다. 따라서 결국에는 우리가 썼던 스토리와는 전혀 달라진다"라며 유저들이 만들어 가는 스토리텔링의 중요성을 강조했다.

이렇듯 크로스미디어는 광의적으로 다양한 멀티미디어의 콘텐츠와 제작방식을 아우르고 있다. 그러기 때문에 광의적 개념에서는 원소스멀티유즈(One Source Multi Use)와 같은 초기 단계의 멀티미디어 활용 전략도 포함될 수 있고, 스토리텔링 제작의 상호작용적인 성격이 더 강조되는 트랜스미디어 개념과도 늘 함께 논의되곤 한다. 그러나 협의적인 개념에서 보면 크로스미디어와 OSMU(One Source Multi Use)는 확연히 구분되며 트랜스미디어와도 경계가 그어진다.

2) 크로스미디어의 차별성

크로스미디어는 기존의 융합 관련 다양한 개념들과 많은 유사성을 지니고 있지만, 한편으로는 차별성도 지니고 있다. 우선 넓은 의미에서는 OSMU(One Source Multi Use) 개념도 크로스미디어 제작방식에 포함되는 것으로서 크로스미디어 방식의 초기 단계라고 할 수 있다. 그러나 기존에 진행해왔던 OSMU 방식의 결과물은 크로스미디어의 결과물과 확연한 차이를 보인다. 제작 때부터 하나의 미디어용으로만 제작되어 이를 다른 곳에 각각 다양하게 활용하는 OSMU 방식은 전통적인 매체의 특성을 아직 가지고 있다. 즉 TV용인기드라마를 여러 매체에 판매하는 것이 한 예라 할 수 있다. 기존의 OSMU 콘텐츠는 각각의 매체에 특화된 콘텐츠가 아니라 그저 인기가 있는 콘텐츠라는 이유로 다른 미디어에서 사용하기 때문에 각각의 미디어가 가진 특성을 무시한 채 콘텐츠를 유통하게 되고 이는 해당 미디어 소비자가 가진 특성을 고려하지 않은 채 공급하기 때문에 매체의 특성을 살린 콘텐츠라기보다는 콘텐츠 자체에 초점이 맞춰져 있어서 매체 활용의 한계가 있다(고찬수, 2011).

트랜스미디어와의 차별성도 논의의 대상이다. 크로스미디어를 이야기할 때는 항상 트랜스미디어의 개념이 함께 따라온다. Hayes의 분류에서도 트랜스미디어를 다른 크로스미디어 형태의 복합체로 크로스미디어 범주 안에 포함했다. 그러나 둘은 약간의 상이점을 가지고 있다. 먼저 크로스미디어에서의 크로스가 의미하는 바는 다양한 분야 혹은 사물들을 가로질러 서로 교차함을 뜻한다. 그러므로 크로스미디어는 다양한 미디어의 상호 교환과 교차의 개념이라는 것에 의심의 여지가 없다. 그러나 바로 그 점에서 트랜스미디어와 혼동하기 쉽다. 연구자들에 따르면 크로스미디어는 멀티미디어 전반에 걸쳐서 통합적이고 상호교환적인 미디어의 효과와 의미를 지니며 이때 독자들은 인터넷, 모바일, 케이블 TV, 라디오, 출판물을 통해 콘텐츠를 소비하게 된다. 즉 크로스미디어는 어느 정도의 독자들과 상호교류도 중요하지만 다양한 매체로 콘텐츠를 접할 수 있다는 것이 더 큰 강조점이 된다(Davison 2009).

반면 트랜스미디어는 커뮤니케이션 수단으로서 스토리 라인의 상호 교환성과 이를 독자들이 주도적으로 만드는 참여성에 많은 무게가 실려 있다. 다양한 미디어를 통해 정보를 공유하는 것뿐 아니라 독자들의 상호 소통을 통해 콘텐츠를 구축하는 것, 또 이를 존재하게 만드는 것이 더 중요한 요소라고 할 수 있겠다. 즉 공동의 이익이나 목적을 위해 다양한 미디어를 활용하여 상호 소통을 통해 통합적인 콘텐츠를 만들어 가는 것이 트랜스미디어의 모범적인 사례가 될 수 있다(Gambarato, 2013).

트랜스미디어의 정의에 있어서 이런 약간의 모호함에도 결론적으로 트랜스미디어는 하나의 스토리로 통합되는 다양한 미디어의 콘텐츠를 지칭한다(Caddell, B. 2009). 이와 같은 크로스미디어와 트랜스미디어의 상이함에 따라 활용 분야도 약간의 차이를 보인다. 특히 저널리즘 분야에서는 보도의 진실성과 신뢰성으로 인해 이용자들의 본격적인 제작 참여보다는 다양한 미디어를 통해 더욱 효과적으로 그리고 신속하게 정보를 공유하고 소비할 수 있도록 하는 것에 더 경도되고 있다. 그런 이유에서 이용자들이 스토리텔링을 만들어 가는 트랜스미디어의 특성보다는 다양한 미디어를 통한 정보전달과 독자들과의 소통을 더 원활하게 할 수 있는 크로스미디어의 강점을 활용하는 전략이 저널리즘의 주요 전략이었다. 하지만 최근에는 수요자들의 '맞춤형 콘텐츠'에 초점을 맞춘 미디어사들이 트랜스미디어 특성을 활용하는 서비스 전략으로 이동 중이다.

3) 크로스미디어 함의

- 콘텐츠 및 정보 소비형태의 변화

NBC방송 연구소에 따르면 21세기 현대인들의 라이프스타일 변화의 분수령은 시간에 대한 이용 패턴의 변화에서 시작되었다고 한다(Quinn, 2005). 시간에 대한 가치가 그만큼 높아지고 인터넷 기술과 디지털미디어 기술이 발달하면서 정보를 접하는 소비자들의 소비형태에 큰 변화가 생겼다. 또한, 정보의 양이 늘어나면서 많은 데이터를 수용하고 이를 전달하기 위한 기술들이 급속히 발달하였다. 이전 세대보다 엄청나게 넘쳐나는 정보를 소화하기 위해서는 단선적인 미디어로는 불가능하게 된 것이다.

데이터의 압축 기술과 정보 전달속도가 빨라지면서 다양하고 새로운 디바이스의 개발도 뒤따르게 되었다. 특히 스마트폰, 태블릿PC, e북 단말기 등 새로운 매체가 쏟아져 나옴에 따라 기존 매체의 영향은 크게 줄어들었고 집에 앉아서 TV를 통해 보던 뉴스는 아침 출근길이나 퇴근길 손안의 개인 디바이스를 통해 시청이 가능해졌다. 어디서나 인터넷에 접속할 수 있는 환경에서 다양한 디바이스를 통해 끊임없이 콘텐츠를 소비할 수 있는 세상이 온 것이다. 지난 시대에는 모든 가족이 함께 텔레비전을 보는 co-viewing 시대였다면 지금은 개인 미디어를 소비하는 시대라고 할 수 있다. 이로 인해 집단적인 시청보다는 개별화된 시청이 주를 이루게 되었으며 분절된 소비형태가 일반화되었다(김영환, 2007).

이렇듯 사용자의 정보 소비방식이 바뀜에 따라 적합한 콘텐츠 서비스 전략의 필요성이 대두되고 덜 구조적이고 더 유연한 정보전달 방식이 필요해진 것이다. 크로스미디어 방식은 이런 수용자들의 요구에 맞춰 다양한 미디어를 통해 24시간 언제 어디서나 정보를 전달할 수 있는 새로운 미디어 방식으로 대두되고 있다. 언론, 방송, 광고, 출판, 할 것 없이 거의 모든 미디어는 기존의 일방적인 커뮤니케이션 관행으로부터 다양한 미디어를 통한 양방향성의 커뮤니케이션 방식으로 서비스 전략을 바꿔가고 있다. 이용자와 적극적으로 소통하기 위한 대안으로 크로스미디어 방식을 채택하게 되었다.

이제 미디어 수용자들은 이와 같은 쌍방향 소통 수단을 이용하여 단순한 수용자의 역할에서 벗어나 실시간으로 댓글을 달며 스스로 콘텐츠를 만들어 가는 제작자의 역할을 하고 있다. 그 때문에 콘텐츠 제작자들은 소셜 네트워크와 같은 상호소통형 미디어를 통해 수용자들에게 더욱더 잘 전달될 수 있도록 함은 물론, 이들의 피드백으로 새로운 콘텐츠를 생산하는 데 심혈을 기울이고 있다. 바로 여기서 콘텐츠가 사람들에게 전달되는 길목이 매우 중요해졌으며 이를 크로스미디어 제작시스템이 주도하고 있다. 이렇듯 크로스미디어가 대두되는 이유에는 상호교환적인 크로스미디어의 특성이 있기 때문이다. 사람들의 시청 형태는 기존 미디어로는 담을 수 없을 정도로 바뀌고 있다. 크로스미디어는 이런 변화를 따라가기 위한 시도이다.

– 효과적인 정보전달 방식

크로스미디어의 확산은 멀티미디어의 유저들이 다양한 환경에서 동시에 의미적인 정확한 정보를 소비할 수 있다는 장점으로 인해 더 가속화되고 있다(Boll, 1999). 미디어가 개인화되어감에 따라 집단적인 정보전달보다는 타깃별로 개별화된 전략으로 정보를 전달하는 것이 소비자에게 더 강력하게 다가갈 수 있다. 기존 TV 매체 등 매스미디어와 함께 모바일, 개인 인터넷 사이트 등 개인화된 미디어로 타깃 소비자의 취향과 요구에 맞는 콘텐츠와 정보를 제공하게 된다. 특히 커뮤니케이션 도달 측면에서도 다중의 다(多)방향으로 넓이뿐 아니라 깊이까지 고려되기 때문에 잠재적인 소비자에게까지 공략할 수 있게 된다. 송신자와 수신자가 단순히 일직선상에 있지 않고 개별화된 다양한 방향으로 흩어져 있는 구조 속에서 정확한 타깃을 향해 동시다발적으로 정보가 전달된다.

이런 크로스미디어의 강점은 비용 면에서도 이익이 된다. 수용자가 참여하는 커뮤니케이션 방식이므로 메시지를 낭비 없이 전달할 수 있어 유효성이 높기 때문이다. 그러므로 커뮤니케이션의 가치가 높아지고 타깃에 대한 전략이 매우 정밀해질 수 있다. 그리고 그 메시지의 수준과 깊이를 더 강화할 수 있으며 개별화된 방식으로 인해 타깃에게 전달되는 효과 면에서도 매우 강력해질 수 있다(Hayes, 2013). 이런 이점으로 저비용으로 고효율적인 마케팅전략이 필요한 광고계에서는 일찍이 크로스미디어 방식을 채택해왔다. 단순히 단편적인 이미지 전달 이외에도 여러 가지 다양한 미디어를 동원하여 소비자들이 스스로 참여하게 하고 이를 통해 브랜드나 상품을 더 각인시키는 것이 대표적인 크로스미디어 전략이다.

이런 크로스미디어 방식의 효과는 고객에 대한 메시지 도달률을 높여 고객과 효과적인 커뮤니케이션 기회를 얻을 수 있게 할 뿐만 아니라 반복적이고 구체적인 메시지를 통해 고객들을 자극함으로써 광고효과를 극대화하고 매출증대를 높이는 데 기여하기도 한다. 온라인 광고 대행사 인디노 커뮤니케이션이 리서치 전문회사 인코리안클릭에 의뢰해 인구 통계학적인 표본 추출을 통해 10~49세 인터넷 이용자 1천 명을 상대로 크로스미디어 마케팅의 효과를 조사하였다(신뢰도 95%, 표본오차±3%). 조사결과 기업이 상품 광고의 효과를 극대화하려면, TV 광고를 통해 상품의 브랜드나 이미지를 널리 알린 뒤, 인터넷을 통해 세부 정보를 제공하는, "TV+인터넷의 크로스미디어" 기법이 광고효과가 높은 것으로 나타났다. 또한, 네티즌의 광고이용 형태를 분석한 결과, 전체의 40%가 TV 광고를 본 뒤추가로 정보를 얻기 위해 인터넷을 이용한다고 응답했다(2004.5.24. 아이뉴스24).

또한, 2006년 국내 주요 포털들로 구성된 인터넷매체 협의회에서 XMOS(Cross Media Optimization Study)라는 프로젝트명으로 TV와온라인 크로스미디어 효과 조사를 진행하였다. 조사결과 TV 광고와인터넷 광고를 믹스해서 진행했을 때, 브랜드 인지도가 증가하는 것으로 나타났다. 미디어마다 소비자에게 전달하는 정보의 전달 방식이 다르고 단일 미디어만 사용할 때보다 소비자에게 전달될 메시지의 도달률 또한 높아지기 때문에 크로스미디어의 활용은 브랜드가소비자에게 더욱 적극적인 커뮤니케이션을 할 수 있도록 해준다. 초기 멀티미디어를 활용한 콘텐츠 전달 방식은 두 개 이상의 미디어를활용하여 개별 매체의 도달 범위를 확대하고 좀 더 많은 사람에게많은 정보를 제공하는 양적인 개념이었다면 크로스미디어 전략은타깃 소비자에게 맞춤화되고 효과적으로 정보를 제공하는 것이 최대 강점이다.

더 나아가서 크로스미디어는 소비자를 분석하고 분석결과를 토대로 예측하여 접점을 찾아내고 그들이 갈 수 있는 다양한 길을 설계하여 메시지를 전달하는 시나리오를 짤 수 있다. 이를 위해 커뮤니케이션 효과측정뿐만 아니라 소비자의 심리적, 행태적 변화까지 포괄하는 심도 있는 리서치가 병행되기도 한다. 각각의 수용자들을 유인할 수 있는 것이 무엇인지를 분석해서 그들을 능동적으로 관여하게 만들어 스스로 행동하고 커뮤니케이션하게 하는 것이 크로스미디어의 궁극적인 목적이 된다. 소비자는 이러한 과정을 거치며 수용자와의 연대감을 형성하게 된다. 일본 광고회사 덴츠사가 발행한 <크로스위치>에서 '크로스위치'는 크로스미디어 실천을 통해 소비자 마음에 스위치를 켠다는 뜻으로 크로스미디어가 바로 소비자들의 심리와 행동에 더 가깝게 접근할 수 있는 미디어 전략임을 강조했다. 즉 소비자가 자연스럽게 주목하고 능동적으로 행동하는 흐름을 만들어 내는 것이며 기업과 소비자 혹은 브랜드와 소비자가 친밀하게 연결될 수 있다는 것이다(덴츠 크로스미디어 개발 프로, 2009).

미국 폭스 채널이 NBC, CBS, CNN 등 기존의 방송 채널을 밀어내고 돌풍을 일으킨 것도 시청자들에 대한 철저한 사전조사 덕분이었다. 폭스 채널은 시청자조사를 통해 콘텐츠뿐만 아니라 화면의 색깔까지 기존방송과 차별화하며 짧은 시간에 성공을 이루어 냈다(한국경제신문, 2010).

4) 저널리즘에서 크로스미디어의 현황

크로스미디어(Cross Media) 제작방식은 저널리즘 분야에서 세계적인 관심을 끈 지 오래되었다. 2015년 1월 스위스에서 열렸던 유럽에서 가장 오래된 방송 포럼 중 하나인 스위스 'BaKa 포럼'은 주제를 '크로스미디어'로 정하고 "크로스미디어는 콘텐츠(스토리)를 사람들에게 전달하는 새로운 방식"이라고 정의한 바 있다. 또한, BBC는 자신들의 회사명인 BBC의 뜻을 Beyond Broad Cast라고 바꿔 부를 정도로 크로스미디어 개념 도입에 매우 적극적이다. 마크 톰슨 전 BBC 사장은 "BBC는 더 이상 단순히 스스로를 TV, 라디오, 방송사로 생각해서는 안 되며 수용자에게 모든 미디어와 모든 기기를 통해 그들이 집에 있든 이동 중이든 콘텐츠를 제공할 수 있어야 한다."라고 말했다

저널리즘에서 크로스미디어 제작방식은 제작 단계부터 하나의 뉴스나 콘텐츠를 신문, 잡지, TV 방송, 인터넷, 휴대폰 등 다양한 매체에 맞춰 제작해 보도하는 형태로 매체의 경계를 넘나들면서 수용자에게 신속하게 뉴스를 전하고 독자들은 다양한 매체를 통해 그 뉴스를 접할 수 있는 시스템을 말한다. 즉 하나의 콘텐츠를 신문, 방송, 인터넷, DMB, IPTV 등 다양한 미디어의 특성에 맞게 초기부터 제작하여 각각의 매체 특성에 따라 독자들도 다양한 소비형태로 뉴스를 접하게 되는 것이다. 예를 들면 하나의 뉴스를 신문과 잡지를 통해 심층적으로 볼 수 있고, 방송을 통해 실시간으로 알 수 있고, 인터넷을 통해 빠르게 접할 수 있으므로 정보의 공유가 훨씬 다각적으로 된다. 이러한 보도 형태를 통해 하나의 콘텐츠가 다양한 미디어를 통해 전송됨으로 수용자에게는 시간과 장소에 구애 없이 정보를 전달받을 수 있는 편리함을 줄 수 있다. 언론계에서도 언제 어디서나 24시간 다양한 디바이스를 통해 독자들이 있는 곳으로 찾아가는 뉴스 서비스를 실현하고 있다. 시카고 트리뷴지는 이제 저널리스트와 저널리즘 사업은 독자들의 아이 볼(Eyeball)이 되어야 한다고 강조하고 있다. 즉 더 많은 사람이 다양한 미디어를 통해 생산된 콘텐츠를 볼 수 있도록 하기 위해서는 그들이 직접 찾아 나서기 전에 매체가 먼저 그들이 있는 곳에 있어야 한다(Jones, 2009)는 것이다.

한편, 국내에서 크로스미디어 기획은 신문과 방송의 제작 인력이 협력해 제작한 동일한 콘텐츠를 신문, 방송, 인터넷, IPTV 등 다양

한 매체를 통해 내보낸다는 의미로 국내 주요 미디어에서 비슷한 기획을 하면서 보통명사로 쓰기 시작했다. 특히 2011년 종합편성방송의 출범으로 신문과 방송 겸영이 가능해지면서 신문과 방송의 통합형 콘텐츠가 활발하게 크로스미디어 기획물로 제작되고 있다.

- 인터넷에서 모바일로의 대이동

2009년 11월 애플의 아이폰이 출시되면서 스마트폰 시대가 본격적으로 개막된 후 모든 콘텐츠는 폰 안으로 들어가고 있다. 게다가 2019년 LTE 시대를 넘어서 5G 시대가 되면서 '다운로드&플레이'가 아니라 '스트리밍'이 가능해진 본격적인 모바일 시대가 열렸다. 5G의 상용화는 미디어 패러다임이 혁신적으로 변화하는 신호탄이라 할 수 있다. PC 환경에서 스마트폰 환경으로, 유선 인터넷 플랫폼에서 무선 모바일 플랫폼, 그리고 초고속 모바일 플랫폼으로의 변화를 의미한다. PC를 부팅하기보다는 스마트폰을 드는 데 익숙해진 미디어 이용자들은 뉴스 보기, 콘텐츠 시청, 쇼핑 등 어지간한 일들을 스마트폰만으로 처리하고 있다. 2014년 5월 발표된 카카오의 다음커뮤니케이션 인수는 이 같은 환경변화를 단적으로 보여준 상징적인 사례다.

'올드 미디어'로 인식되는 신문과 TV도 예외는 아니다. 이런 모바일 미디어로의 콘텐츠 이동으로 인해 머지않아 사람들은 스마트워치나 '구글 글라스' 같은 다양한 웨어러블(Wearable) 디바이스를 통해 편하게 뉴스와 콘텐츠를 접하게 될 것이다.

‑ 소셜 네트워크를 통한 제작 유통의 변화

또한, 최근에는 소셜미디어를 통해서 뉴스를 생산하고 공존하려는 노력이 많이 시도되고 있다. 조선일보, 중앙일보, 동아일보 등 국내 주요언론사는 모두 속보 위주의 서비스를 하는 대표 트위터 계정과 자사의 경제 기사나 사설, 영문판 기사를 특화한 복수의 트위터 계정들을 개설해 운영 중이다. 한겨레신문의 경우 네이버 구독자 수가 2019년 7월 기준 2백만 명을 넘어섰으며 JTBC의 경우 네이버 채널 구독자 수가 260만 명을 넘어섰다. 종이 매체의 발행 부수보다 모바일 접속자 수가 몇 배는 많은 상황이 벌어진 것이다. 또 통신사인 연합뉴스의 영문판과 영어신문 코리아타임스와 코리아헤럴드도 영문 트위터 서비스로 안정적인 팔로워 숫자를 보유하고 있다.

이런 소셜 네트워크를 통한 뉴스 전달 방식은 뉴스를 만드는 생산자인 기자와 이를 읽는 독자 간의 활발한 의사소통을 지속해서 유지할 수 있게 한다. 기자들이 이용자의 의견을 수렴하고 뉴스 생산에 반영하는 이 피드백이 언론사와 소셜 네트워크 이용자 간의 신뢰감을 형성하며 이는 뉴스에 대한 충성도로 연결된다. 송신자와 수신자의 관계를 더 긴밀하게 만드는 것이다. 결국, 기자와 이용자들이 상호 소통의 장을 갖게 될수록 뉴스의 가치는 향상될 수 있다. 실제 뉴욕타임스(nytimes.com)에서 인터뷰의 10% 정도는 마이크로 블로그인 트위터로부터 발굴되고 있다(노기영·김경희·이진영, 2010).

또한, 뉴스 콘텐츠의 생산을 위한 소셜미디어의 활용은 뉴스 유통에 새로운 이해관계가 형성된 것을 의미한다. 과거에는 언론사가 포털사이트에 뉴스공급을 하고 나면 그 이후의 문제는 직접 관여하지 않았으나 이제는 유통에 직접 소셜 네트워크를 통해 개입하기 시작할 수 있게 된 것이다. 뉴스의 생산과 공급 그리고 유통이 통합되는 형태가 등장하고 있다. 이런 소셜미디어를 통한 상호성이 강화되면서 제작자와 중간자 그리고 시청자의 힘의 균형을 가져오기도 한다. 이전 대중미디어 시대에는 오직 제작자의 의도에 따라 시청자들이 수동적으로 시청을 했다면 이제는 시청자가 제작의 한 부분이 되어 프로그램 방향에 직접 영향을 미치고 있기 때문이다. 예를 들면 팝 아이돌이나 빅 브러더 혹은 팝스타 라이벌 등이 그 좋은 예이다. 이렇듯 뉴스 및 콘텐츠 소비자들과 양방향 정보의 교환을 통한 참여적 뉴스 생산이 새로운 저널리즘의 장을 열고 있다. 그리고 그 선두에는 소셜미디어라고 하는 정보 공유의 새로운 패러다임이 이끌고 있다.

- 조직의 개편

크로스미디어는 제작·기획 단계부터 신문·방송·인터넷과 같은 이질적인 미디어의 제작자들이 함께 모여 각자 매체의 특성을 살리고 취재와 제작과정의 협력과 공유를 통해 새로운 영역의 콘텐츠를 만드는 작업이다. 그러므로 인쇄신문, 잡지, TV, SMS, e메일, 웹 문서와 같은 다양한 미디어를 통해 뉴스스토리를 통합적으로 표현해야 하므로 무엇보다 통합적인 팀워크가 매우 중요해진다. 이런 크로스미디어 전략을 뉴스 제작에 적용해서 새로운 형태의 제작시스템을 만들고자 하는 시도는 '통합 뉴스룸'이라는 이름으로 세계 유수의 신문사에서 이미 이루어지고 있다. 생산 조직인 통합 뉴스룸을 구축하는 것이 2000년 초반부터 언론계의 주요 화두가 됐다. 통합 뉴스룸이란 기존의 뉴스를 제작하는 제작시스템에서 신문의 지면을 담당하던 곳과 인터넷뉴스를 담당하는 조직을 통합하여 온라인과 오프라인의 뉴스 제작을 한 곳에서 또는 장소는 떨어져 있더라도 상호 간의 유기적인 협의를 바탕으로 제작하고자 만든 조직이다. 이미 많은 신문사가 이를 도입하여 조직의 통합과 함께 제작비용을 줄이고 있으며 국내의 신문사들도 큰 관심을 보이고 이미 도입을 하고 있다. 통합 뉴스룸 구축은 예산 절감의 방편인 동시에 멀티미디어 기자 인력을 갖춘 디지털 시대 뉴스를 생산하는 데 필수 조건이기도 하다.

5) 크로스미디어의 과제와 사례

- 인력 및 조직의 강화

미디어 패러다임의 대이동에서 크로스미디어는 아직 완성된 성공 모델이라기보다는 진화 중인 도전 모델이다. 아직도 진화 중인 융합 제작기법이며 그러므로 남은 과제들은 아직도 많다. 특히 다양한 디바이스나 플랫폼에 탑재할 콘텐츠가 아직도 절대적으로 부족한 실정이다. 이런 콘텐츠 생산이 부진한 데에는 몇 가지 원인이 있을 수 있는데 그중에서도 전문 인력 부족이 가장 주요한 원인이 되고 있다. 언론사 안팎으로 빠르게 변화해가는 미디어 환경에서 이를 주도해 나갈 인재가 부족하다는 것을 의미한다. 콘텐츠의 질을 유지하면서 통합형으로 제작하려면 현재 종이신문 제작 인력 외에 추가 인력 보충이 필요하다는 점이 지적되고 있다. 이학준 전 조선일보 크로스미디어 팀장은 "신문과 방송 모두 뉴스 콘텐츠의 핵심은 결국 스토리텔링이다. 신문 기자들은 뉴스밸류에 대한 감각이 있으므로 영상

언어에 익숙해지면 통합형 콘텐츠 제작이 가능하다. 플랫폼에 대한 이해가 중요한데 여러 미디어 플랫폼에 어울리는 콘텐츠를 찾아야 한다. 신문과 방송이 독자적인 뉴스 콘텐츠를 제작할 경우 필요한 인력이 2명이라고 한다면, 크로스미디어는 1.5명의 인력으로 통합형 콘텐츠를 만들어 낼 수 있다"라고 강조했다(임현찬, 2014). 하지만 신문사 내부적으로 멀티미디어 콘텐츠 제작 인력을 별도로 완벽하게 갖추고 있는 경우는 거의 없으며, 기존 인력을 대상으로 충실한 교육 프로그램을 시행하는 곳도 드물다. 이렇듯 크로스미디어 제작에 있어서 가장 시급한 과제라고 할 수 있는 것은 바로 적절한 인재를 양성하고 이를 적절히 배치하는 것이다.

콘텐츠 생산이 원활치 못한 원인의 두 번째는 데스크의 인식 부족이다. 이는 크로스미디어 제작을 위한 조직 운영과 리더의 준비가 부족하다는 것을 의미한다. 크로스미디어의 필요성과 가치가 아직 저평가되어 있으며 이해도 또한 아직 낮은 것이다. 물론 언론사 조직구조가 통합형 콘텐츠를 제작하기에는 적합하지 않다는 점도 한 원인이 된다. 조직이 통합되지 않은 상황에서 통합형 콘텐츠를 만든다는 것은 어려운 일이기 때문이다. 현재 통합 뉴스룸이라는 새로운 형태의 조직을 운영하는 언론사들이 많아지고는 있지만, 아직 기획 단계부터 크로스미디어의 특성을 인식하고 뉴미디어 시각에서 콘텐츠를 만들어 가는 조직은 아직 완벽하게 정비되어 있다고는 할 수 없다. 멀티미디어 뉴스를 생산하려면 단일 매체를 겨냥한 뉴스를 생산할 때보다 물리적으로 업무 부담이 그만큼 늘게 된다. 하지만 대부분의 신문사는 인력 규모가 종이신문을 제작하기에도 빠듯한 실정이어서 신문 이외의 다른 플랫폼에 적합한 콘텐츠 생산에까지는 여력이 미치지 않는다. 예를 들면 현재 조직 구조상 언론사에서는 통합형 콘텐츠의 기획은 종이신문 기자에서 시작하는 경우가 많은데 신문 기자들은 일차적으로 신문에 쓰는 기사에 책임을 지고 있으므로 통합형 콘텐츠 기획과 제작에까지 욕심을 낼 만한 동기를 갖지 못한다는 것이다. 그러므로 언론사의 현행 통합 뉴스룸의 역할은 초보적인 수준의 통합형 콘텐츠를 제작하거나 온라인과 오프라인 매체 사이에서 연락병 역할을 하는 데 제한돼 있다(노기영·김경희·이진영, 2010).

기자 개인 차원에서도 멀티미디어 뉴스 생산 역량 강화를 위한 인식과 교육이 필요하다. 멀티미디어 환경에서 기자들은 신문기자, 혹은 방송기자가 아니라 '뉴스 기자'라는 인식을 지녀야 한다. '신문기자'나 '방송기자'와 같은 단일 플랫폼에 한정된 역할 인식을 좀 더 넓혀 '콘텐츠 기획 및 생산자'로서 자신의 역할을 규정할 필요가 있다.

노르웨이 Aftenposten지의 편집장 롤프 라이(Rolf Lie)는 "오늘날 저널리스트들은 나는 '뉴스페이퍼'에서 일하는 것이 아니라 '뉴스'에서 일하는 것이라고 말해야 한다."라고 하면서 기자들의 콘텐츠에 대한 역량 강화를 강조했다(Quinn 2005). 취재기자들은 방송이라는 단일 매체에 다 담지 못하는 내용을 다양한 플랫폼에서 표현할 기회라고 적극적으로 사고할 필요가 있다. 그만큼 기자로서의 사회적인 영향력도 커지는 계기가 될 수 있다. 언론사들도 기자에게 동기를 부여하고 기존 형식을 벗어날 수 있도록 지원해야 한다. 웹이냐 앱이냐 이런 논쟁이 중요한 것이 아니다. 기존방식을 답습하지 않고 새 미디어 환경에 어울리는 스토리텔링과 다채로운 형식 실험을 할 수 있는 기술적 시도가 필요하다.

또한, 멀티미디어 뉴스 생산을 위한 통합형 조직문화에 적응하도록 노력해야 한다. 신문과 방송, 인터넷은 매체의 특성에 따라 서로 다른 조직문화를 가진다. 신문이나 방송과 같은 올드 미디어보다 인터넷 조직원들의 연령은 상대적으로 낮은 편인데 이처럼 세대 차이에서 오는 잠재적인 갈등상황에 대해서도 유연한 자세를 가질 필요가 있다. 기자들의 역할 인식 변화나 새로운 조직문화 적응 노력이 중요한 이유는 현장 기자들이 움직여주지 않으면 언론사 조직의 멀티콘텐츠 생산 능력도 떨어질 수밖에 없기 때문이다. 뉴스밸류를 예로 들면 신문에서는 한 줄 보도할 가치도 없는 뉴스라도 영상이 중시되는 방송에서는 비중 있는 뉴스가 될 수 있으며, 거꾸로 아무리 신문기사로는 훌륭한 아이템이어도 영상이 뒷받침되지 않으면 방송에서는 찬밥 신세가 될 수 있다.

- 인프라 및 기술적 지원

크로스미디어 제작 기획의 확대를 위해서는 플랫폼의 특성과 장점을 살릴 수 있는 콘텐츠 제작기술이 필요하다. 미국의 뉴욕타임스(New York Times)도 자사를 '기술기업'이라고 말할 정도로 기술 및 인프라 구축에 집중 투자하고 있다. 뉴욕타임스는 2006년 미디어업계에서는 처음으로 R&D 그룹을 만들었다. R&D 관련 인력도 초기 12명에서 지금은 40~50명으로 늘었다. 이후 BBC와 뉴스코프(Newscorp)도 뒤따라 R&D 부문을 운영하고 있다. 이렇듯 해외 언론사들은 발 빠르게 새로운 미디어와 디바이스에 대한 기술적인 바탕을 견고하게 다지고 있다. 영국의 파이낸셜 타임스(Financial Times)가 모범사례로 꼽히는데 파이낸셜 타임스는 고객 데이터를 분석하는 팀을 따로 두어 독자가 어떤 기사를 읽고 싶어 하고, 어느 영역에 종사하고 있는지 등의 정보를 취합한다. 독자들에게 맞는 즉 타깃에 맞는 '맞춤형 기사'를 만들려고 하는 전략이다. 가디언 (Guardian)지도 디지털 인재 등을 적극적으로 영입함으로써 뉴미디어 기술 경영 투자에 적극적이다. 독일 시사 주간지 디 차이트(Die Zeit)의 온라인 편집장을 이례적으로 영입함으로써 국적을 불문하고 디지털 인재 영입에 힘쓰고 있으며 이들을 크로스미디어 사업의 일꾼으로 키우고 있다(Sweney, 2012).

그러나 국내 언론사들의 처지에서 이런 흐름을 따라잡거나 현실적으로 당장 디지털 기술에 있어서 전문성을 확보하기가 쉬운 일은 아니다. 그렇다면 보다 효율적이고 전문적인 시스템을 갖춘 파트너와 연계를 맺는 법도 하나의 대안으로 제시될 수 있다. 그런 측면에서 미국 주요 지상파방송사가 AOL과 Google 등 인터넷포털 사업자와 제휴하여 새로운 온라인 동영상 서비스 모델을 개발하는 것이나 경쟁 관계에 있는 CBS와 FOX가 온라인 사업을 제휴하고 있는 사례 등은 벤치마킹할 필요가 있다. 플랫폼 간 이동을 지원하는 개방형 플랫폼 구축을 위한 유용한 협력체제(collaborative system)가 될 수 있기 때문이다.

또한, 제작시스템에서도 이미 개발된 툴을 이용하는 것도 현명한 판단일 수 있다. 산업혁명 이후 서구 공장들이 전력회사에서 전기를 빌려 씀으로써 자체 발전시스템을 걷어내고 보다 효율적으로 생산 가동에 돌입했듯이 각 언론사도 더욱 전문적이고 기술적인 지원을 위해서 이미 개발되어있는 것을 활용하는 방법이 더 효율적일 수 있다. 예를 들면 뉴욕타임스가 구글의 웹오피스를 기사 작성 시스템으로 도입만 해도 디지털 퍼스트 전략을 쉽게 구사할 수 있다. 구글의 웹오피스는 여러 기자가 공동으로 기사를 쓰는 기능을 비롯해 데이터베이스 구축, 데이터 분석, 소셜미디어 출고 기능 등 NYT가 원하는 기능을 대부분 갖추고 있기 때문이다. 이처럼 양질의 콘텐츠 생산과 더불어 효율적인 생산 유통을 위해서는 전문적인 IT시스템과의 제휴와 연계가 현명한 해법이 될 수 있다(우병현, 2014). 즉 클라우드(Cloud) 활용 전략이라 할 수 있다.

- 콘텐츠의 질적인 향상

크로스미디어는 기본적으로 독자와의 상호 커뮤니케이션을 전제로 하고 있다. 그리고 최근에는 소셜 네트워크를 통한 일반인들의 댓글이 더 중요한 콘텐츠가 되고 있기도 하다. 그러나 이런 방식에도 몇 가지 허점이 있다. 먼저 포스팅된 글에 대한 질의 문제와 진실성에 대한 담보가 부족하다는 것이다. 또한, 전통 미디어의 편집회의와 데스킹처럼 오류를 걸러내는 과정이 없어 개인적인 이권이나 책임 없는 항의들이 콘텐츠의 신뢰도를 떨어뜨릴 수 있다. 오픈 저널리즘이 정확하고 공정한 콘텐츠와 플랫폼의 공유와 협력으로 이끌어질지 아니면 소문과 뉴스 편식의 수단으로 전락할지는 종이 한 장 차이이다. 핀란드 싸노마(Sanoma) 미디어 그룹의 전 수석 편집장인 아라발자카는 이런 크로스미디어 전략에서 콘텐츠나 정보의 질이 떨어짐을 경고했다. 여러 미디어나 여러 참여자를 통해 모인 정보나 콘텐츠를 단순히 삽으로 주워 담듯이 모은다면 정보의 가치는 매우 떨어질 것이라고 경고했다(Quinn, 2005). 이런 면에서 허핑턴 포스트지가 실시하고 있는 게임 형식의 리워드 제도는 매우 고무적인 해법이라고 할 수 있다. 더 나아가 오픈 필진 제도들은 필진의 원고료 시스템이나 그 보상체계를 무너뜨리고 있다. 글을 기고하는 전문 필진이나 리포터들의 역할은 이제 전문 직업이라기보다는 전문 취미가 되어 가고 있다.

– 크로스미디어의 향후 과제

사회는 점점 더 빠르고 무섭게 '3B less' 사회로 접어들고 있다. 경계도 없어지고(Boundaryless), 국경도 없어지고(Borderless), 장벽도 없어지는(Barrierless) 예측불허의 세상으로 급변하고 있다. 정보의 전달 형태 또한 도달한 메시지가 공유(share) 또는 전파되고, 또 아직 모르는 다른 타깃에 검색(search)되는 소위 '2S' 형태로 변하고 있다(이원섭, 2012). 이런 환경 속에서 크로스미디어는 정보전달의 유효성을 어느 때보다 높이고 새로운 융합 콘텐츠를 효율적으로 생산할 수 있는 새로운 대안으로 대두되고 있다. 이런 크로스미디어의 부상에는 사용자들의 정보 소비형태와 디지털 기술이 한몫하고 있다.

이런 디지털미디어 시대의 새로운 제작기법으로 주목받고 있는 크로스미디어는 언론계, 방송계, 광고계에서 이미 다양하게 활용되고 있다. 특히 언론에서는 수익성이 떨어지고 있는 전통적인 미디어 방식의 위기를 타개하고 디지털미디어 환경에 익숙한 독자들을 끌어들이기 위해 크로스미디어 콘텐츠 생산에 점차 집중하는 상황이다.

언론 측면에서 크로스미디어는 뉴스에 대한 새로운 시각이며 모든 미디어를 활용하여 기존 독자들은 물론 잠재적인 독자들에게 강력하게 또는 다양하게 뉴스를 만들고 공급하는 방식에 대한 새로운 접근이다. 즉 정보를 최상의 방법으로 최대의 조건에 맞게 독자들에게 전달하는 것이 언론에 있어서 크로스미디어 전략의 목표이다. 이제 국내외 언론사들은 동일한 뉴스 아이템을 다양한 매체의 개별적인 특성에 맞게 변형해 생산하는 실험을 하고 있으며 이를 위한 새로운 환경에서의 저널리즘은 일직선상의 일방적인 하나의 미디어로 뉴스를 생산하는 것이 아니라 다양한 채널을 통해 전달하는 정보 자체가 중요한 키포인트다. 즉 언론의 미래는 종이냐 전자냐의 문제가 아니라 정보에 달렸다는 것이다. 이에 따라 해외 유수의 언론사들은 뉴스를 생산하면서 문자 형태뿐만 아니라 동영상, 지리정보 시스템 (Geographic Information System, GIS), 인포그래픽을 활용해 다양한 멀티미디어 콘텐츠를 만들고 있다(이민규·강남준·권혜진, 2009). 이때 각 미디어의 강점과 특성을 잘 이해해야 그 효과를 극대화할 수 있다. 특히 최근에는 스마트폰을 비롯한 모바일 기술의 발달로 거의 모든 콘텐츠가 모바일 디바이스를 통해 유통된다고 해도 과언이 아니다. 게다가 이 모바일 디바이스에서 가장 쉽게 접속하는 소셜 네트워크는 크로스미디어 저널리즘의 새로운 패러다임을 제공하며 중요한 정보전달 생성의 길목이 되어주고 있다.

그러나 크로스미디어 제작 기획은 아직도 진화하고 발전하는 과정에 있다. 따라서 이를 새로운 디지털미디어 환경에서의 총아로 키우기 위해서는 많은 과제가 남아있다. 지금처럼 미디어 기술이 급변하고 시장이 불확실할수록 디지털미디어 기술에 기반을 둔 새로운 뉴스 콘텐츠 개발에서 활로를 찾아야 한다. 전통적인 미디어들의 수익성이 떨어지고 이용자들의 미디어 소비형태가 급변하는 환경에서 크로스미디어는 새로운 활로가 되어줄 수 있다. 언론엔 이 모든 변화가 피곤한 일이겠지만, 이미 그런 환경에서 빠르게 성장하고 있는 새로운 매체들이 등장하고 있고 그들과 경쟁해야 한다. 세계 시장에서 글로벌 기업과 경쟁하려면 그들과 같은 방식의 콘텐츠 생산·유통에 매달려서는 승산이 없다. 국내 IT 기반을 바탕으로 새로운 융합 콘텐츠를 만들어야 그들도 국내 미디어사들을 단순한 프로그램 판매시장이 아닌 대등한 파트너로 대접해줄 것이다. 크로스미디어 제작 기반을 한국형 글로벌 미디어의 강점으로 키워야 한다는 게 국내 언론사들의 당면과제이다.

– 크로스미디어의 사례

• 가디언(The Guardian): 개방과 공조(openness and cooperation)

종이신문 시절부터 기자로 활약하다 가디언 편집장이 된 앨런 러스브리저는 종이신문 기자 출신이 가지는 종이신문 우선의 고집을 일찌감치 버렸다. 오히려 온라인에서 성과를 내는 사람에게 인사고과를 확실히 주고, 종이신문을 못 보게 하는 등 이른바 '문화투쟁'을 실시했다. 그는 지난 2006년에 이미 "우리는 디지털 회사이다. 웹이 우선 돼야 한다"라며 '웹 우선 정책(web first policy)'을 대내외에 발표했으며 저널리즘은 결과보다는 과정임을 꾸준히 강조해 왔다. 그는 미래의 정보전달 시스템에서는 '개방'과 '공조'가 가장 큰 핵심 키워드로 떠오를 것이라고 이야기한다. '개방'이란 거대한 정보 네트워크 속에서 저널리스트가 찾아내고 전달하는 정보는 한계가 있으며 이를 개방하여 무수히 많은 정보와 공유하고 연결함으로써 더 강력하고 의미 있는 정보를 만들어 낼 수 있다고 강조했다. 이와 더불어 '공조'란 이런 개방적으로 공유된 정보를 거대한 정보 네트워크 속에서 다른 이들과 협업하여 더하고 빼냄으로써 우리가 혼자 믿고 있는 것을 더 구체적으로 더 강력한 정보로 만들어 낼 수 있다는 것이다. 이런 '개방과 공조'는 바로 독자들과 다른 언론 기관과 함께 만들어나갈 수 있다고 덧붙였다(Mitchell, 2010). 더 나아가 2011년부터 '신문은 이제 신문을 넘어서야 한다.'라는 선언으로 웹 우선 정책에서 '디지털 퍼스트(Digital First)'노선으로 그 정책 방향을 확대해 나가고 있다. 이런 경영진의 정책 방향에 맞춰 가디언은 신문사 최초로 실시간 뉴스를 분 단위로 생중계하는 '라이브 블로그' 서비스를 시행했다. 스포츠 경기를 분 단위로 보도한 것을 시작으로 2008년 정치 분야로까지 확대했다. 그리고 2010년 '아랍의 봄' 보도에 활용되면서 그 성가를 더욱 높였다. 종이신문이 뉴스를 생중계한 것이다. 실시간 멀티미디어 중계인 이 라이브 블로그는 그 방문자 수가 전통적인 기사보다 약 3배가 많은 것으로 나타났으며 대형 사건이나 이슈가 발생했을 때 특히 그 위력을 발휘하고 있다. 이를 두고 가디언 관계자들은 "라이브 블로그가 온라인 저널리즘의 다른 형태를 능가한다"라고 자평하기도 했다. 우크라이나 사태를 보도한 라이브 블로그는 사진, 비디오 그래픽 등 멀티미디어 방식을 사용하면서 매시간 많게는 7차례 뉴스를 업데이트했다.

한편 트위터 등을 통한 독자들의 제보로 가디언 리포터들만으로는 도저히 밝혀낼 수 없는 사실들을 밝혀내기도 했다. 이는 바로 가디언의 크로스미디어 모토인 '개방과 공조' 효과가 잘 나타나는 보도 형태였다. 모바일 앱 '위트니스(witness)'가 바로 그 가디언 특유의 오픈 저널리즘의 전형을 보여주고 있다. 가디언은 위트니스를 통해 2009년 영국 하원의원들의 활동비 청구내용 46만여 건을 모두 스캔해 인터넷에 올린 후 2만 7000여 명의 독자가 참여해 22만여

건의 청구서에서 문제점을 찾아낸 성과를 올리기도 했다. 또한, 가디언의 리포터들보다 회계 부분에서 전문적인 지식을 가지고 있는 독자들의 상세한 정보 덕분으로 대기업들의 탈세 혐의를 밝히는 데 큰 성과를 거두기도 했다. 2009년에는 런던에서 열린 G20 정상회담 중 사망한 한 시민의 무고한 희생 원인을 한 리포터의 트위터에 올라온 수천 명의 제보 사진으로 밝혀내기도 하였다. 일반 언론 사진 기자들이 정상들에 주목할 때 일반 시민들은 한 경찰이 과잉진압으로 시민을 가격하는 장면을 잡은 것이다. 기존의 보도로는 그렇게 신속하게 밝혀내기 힘든 일을 많은 독자의 제보로 밝히게 된 것이다. 이 밖에도 국제적인 거대한 정유회사인 트라피규라사가 아프리카에 오염물질을 불법으로 투기한 사실을 밝혀내는 데에도 트위터들의 제보가 결정적인 역할을 했다. 신문기자 한 명이 몇 달 동안 혹은 몇 년 동안 고군분투하며 조사해야 할 일을 수천 명의 서로 모르는 사람들끼리 힘을 합쳐서 이른 시간 안에 그 만행을 드러나게 한 셈이다(Rusbridger, 2009). 이런 성과들이 독자들과의 커뮤니케이션이 가능한 크로스미디어의 성과이며 바로 크로스미디어 제작시스템이 개방과 공조를 통한 정보의 진실성을 높이자는 가디언지의 모토를 달성케 한 것이다.

• 허핑턴포스트: 소셜 네트워크 뉴스

허핑턴포스트는 오늘날 가장 성공한 인터렉티브 온라인 저널리즘으로 평가받는 미국의 대표적인 자유 계열 블로그 뉴스 사이트다. 2005년 5월 미국의 칼럼니스트인 아리아나 허핑턴(Arianna Huffington)이 설립한 이 뉴스 사이트는 정치, 비즈니스, 엔터테인먼트, 기술, 미디어, 세계, 생활 건강 등 폭넓은 주제를 약 700명의 기자와 4만 명의 블로거가 집필하고 있다. 허핑턴포스트는 처음부터 내부 기자뿐 아니라 정치인, 대학교수, 연예인, 작가, 시민운동가 등 외부전문가 필진에게 지면을 개방했다. 전문가와 독자들을 향한 '지면개방'이다. 가수 마돈나, 빌 게이츠, 푸틴 러시아 대통령, 구글 에릭 슈미터 회장, 달라이라마 등 수많은 세계적 유명 인사들이 허핑턴포스트에 글을 쓰는 컨트리뷰터(contributor)로 참여하고 있다. 이런 컨트리뷰터(외부전문가 필진) 제도는 오픈 저널리즘의 또 다른 형태다. 외부 필진은 콘텐츠를 제공하고 미디어는 이 콘텐츠를 전달하는 '플랫폼'이 된다. 독자들이 정보를 소비하는 동시에 스스로 정보활동에 참여하기를 원하는 욕구를 이용해 뉴스 사이트에 더욱 적극적으로 참여할 수 있도록 하는 소셜미디어 전략을 이용한 것이다. 아리아나 허핑턴은 "허핑턴포스트는 저널리스트의 결합체이자 플랫폼이다. 기고자들은 자신들이 쓴 글들을 배포하고 자신들의 주장이 다른 사람들에게 전달되길 원한다"라고 말했다. 크로스미디어의 확대와 함께 외부전문가 필진 제도가 언론의 새 흐름으로 정착되고 있는 좋은 예를 보여주고 있다.

더 나아가 허핑턴포스트는 페이스북(Facebook)과 본격적인 파트너십을 맺고 소셜뉴스(Social News)라는 서비스를 시작했다. 페이스북은 좀처럼 다른 업체와 파트너십을 맺는 경우가 거의 없음에도 불구하고 허핑턴포스트의 좌편향성을 고려하면서까지 파트너십을 맺은 것은 허핑턴포스트의 미디어적 강점을 인정한 것이라 할 수 있다. 페이스북 측은 "허핑턴포스트는 사람들이 어떻게 뉴스를 발견하고 소비하는지에 있어 혁명을 주도하고 있는 매체"라면서 "페이스북과의 연계를 통해, 허핑턴포스트 소셜 뉴스는 뉴스를 훨씬 소셜한 경험으로 만드는 방법을 주도하고, 페이스북 친구 네트워크를 통해 사용자들에게 뉴스와 현재의 사건을 공유하고 필터링할 수 있는 새로운 길을 제공하고 있다"라고 강조했다(Facebook). 이는 언론사와 SNS가 만나 탄생한 새로운 뉴스 서비스라는 점에서 시선을 끌고 있다.

'허핑턴포스트' 댓글은 다양한 소셜 네트워크 서비스와 연계되어 제공되고 있다. 댓글을 남기고 버튼만 누르면 해당 소셜 네트워크 서비스에 포스팅되며 아이폰 애플리케이션의 댓글과도 함께 연동되고 있다. 그 결과 '허핑턴포스트'는 각종 매체의 뉴스와 블로거들의 글을 모으며 전통의 명문지 '워싱턴포스트'를 순방문자 수에서 앞지르기도 하였다. 이 서비스가 지향하는 바는 간단하다. 페이스북의 친구들이 허핑턴포스트에 한 여러 활동을 이 공간을 통해 보여주겠다는 것이다. 친구가 추천한 기사나 글을 더 신뢰한다는 많은 서베이 결과에서 착안한 서비스이다. 친구가 본 기사나 댓글을 단 기사가 그만큼 신뢰할 만하고 볼 만하다는 전제에서 서비스가 기획됐다. 허핑턴포스트는 최근에는 뉴스의 생산(Engage), 참여(React), 공유(Share) 등을 활성화하고 독자들의 자발적인 참여로 신뢰성 있는 뉴스 서비스를 구축하기 위해 게임기법을 적용하기도 하였다. 일명 '게이미피케이션'으로 친구 맺기 게임과 더불어 뉴스의 신뢰도를 자발적으로 감시하게 하여 배지를 통한 보상과 지위를 제공함으로써 독자들의 로열티를 강화하기도 하였다(김형택, 2013). NYT 혁신보고서 24쪽에는 이런 인상적인 구절이 있다. '뉴욕타임스에는 발행 버튼을 누르면 기사가 완료됐다고 생각하는 기자와 편집자들이 많지만, 허핑턴포스트에서는 발행 버튼을 누른 순간부터 그 기사의 일생이 시작된다(At Huffington Post, the article begins its life when you hit publish).'

이렇듯 허핑턴포스트는 소셜 네트워크와 모바일 시대에서 뉴스란 마감 시간이 있는 '완성품(product)'이 아니라 실시간으로 끊임없이 만들어 가는 '과정(process)'으로 인식하고 있다.

• 뉴욕타임스: 인터렉티브 저널리즘

2009년부터 편집국 내에 Interactive News Team을 신설한 뉴욕타임스는 다양한 인터렉티브 뉴스스토리를 생산해왔다. 지난 2011년 제작된 'Inaugural Words: 1789 to the Present'를 비롯해 수많은 인터렉티브 방식의 보도기사가 시도되었다. 멀티미디어부 기자 및 프로듀서와 그래픽디자이너 개발자, 편집국 기자 등으로 구성된 이들은 다른 그룹과는 별도로 뉴스룸의 기사를 다양한 멀티미디어 방식으로 독자에게 보여주는 스토리텔링 기법을 기획하고 생산한다(채광현, 2013).

대표적인 작품이 스노우 폴(Snow Fall)이란 기획기사인데 이는 미국 워싱턴 주 캐스케이드산맥에서 발생한 재앙적인 눈사태에 대한 보도이다. 이 기획기사에 주목하는 이유는 퓰리처상 수상작이란 이유뿐 아니라 인터렉티브 저널리즘(Interactive Journalism)이라는 당시로써는 미래형 보도 형식을 잘 구현했다는 점에서이다. 인터렉티브 저널리즘이란 웹 기술을 활용해 기자가 독자들과 직접 교감하는 방식을 통칭하는데 최근 들어서는 비디오와 오디오 슬라이드쇼 게임 등으로 그 미디어가 확장되면서 다양한 멀티미디어 기술을 접목해 독자와 교감하려는 스토리텔링 방식을 총칭하는 개념으로 자리 잡아가고 있다.

해외 언론들은 'Interactive Feature', 'Interactive News Service'라는 이름으로 다양한 토픽을 비주얼하고 이해하기 쉽게 서비스하고 있으며 이 같은 스토리텔링 방식을 일각에선 'Interactive Narrative'라고 부르기도 한다. 스노우 폴(Snowfall)도 기존의 기획 보도와 다르게 뉴미디어 기술을 활용한 인터렉티브 기능을 기사 곳곳에 삽입하여 살아 움직이는 듯 본문을 구성했다. 1만 7천 자에 달하는 긴 스토리를 읽어감에 있어 독자들이 스스로 직접적인 반응과 참여를 취할 수 있도록 멀티미디어 비디오와 모션 그래픽들을 곳곳에 적절히 배치하였다. 이를 통해 독자들은 심도 있는 내용의 긴 취재기사를 자연스럽게 그리고 흥미롭게 읽어 나갈 수 있다. 또한, 웹에서뿐 아니라 모바일이나 태블릿에서도 그 가치를 그대로 느낄 수 있도록 동시에 제작되었다. 미 언론사 Atlantic wire는 이러한 기사에 대해 **full-bleed-style***이라고 표현했다(*full-bleed-style : 여백 없이 꽉 채워진 스타일이라는 의미로 인쇄에서 주로 쓰이는 용어).

뉴욕타임스 최초 여성 편집장인 질 에이브럼슨(Jill Abramson)은 제4회 온라인 저널리즘 국제심포지엄에서 '스노우 폴(Snowfall)은 이제 환상적인 그래픽과 비디오, 모든 종류의 멀티미디어를 활용한 이야기를 상징하는 동사가 되었다'라고 자평하기도 하였다.

한편 뉴욕타임스는 소셜미디어를 이용한 뉴스 서비스와 취재를 강화하기 위해 소셜미디어 에디터(Social Media Editor)직을 신설했다. 소셜미디어 에디터는 자사 콘텐츠를 트위터, 페이스북, 유튜브 등 소셜미디어 네트워크를 이용해 독자에게 전달하는 역할을 담당한다. 또한, 소셜미디어의 트렌드를 파악하고 기삿거리를 찾아 기자들에게 전달하는 역할도 병행하고 있다. 아직 소셜미디어에 익숙하지 않은 기자들의 적응을 돕는 것도 주요 역할 중 하나이다. 뉴욕타임스는 종이신문이나 온라인 외에도 소셜미디어에서 뉴욕타임스 콘텐츠를 접하는 독자가 늘어나고 있으며 기자들에게도 소셜미디어가 새로운 취재원 구실을 하므로 이 같은 결정을 내렸다. 뉴욕타임스는 닷컴 운영 초기 단계부터 속보 생산을 위해 정치 행정 법조사건 경제 담당 기자들로 구성된 온라인 전담부서 'CND(Continuous newsdesk)'를 설치해 운영해왔다. 그러나 통합 뉴스룸 구축 이후 CND가 생산하는 속보보다 통합 뉴스룸 소속 기자들이 출고하는 속보가 늘어나는 추세이다. 속보 외에 기획기사를 신문보다 닷컴에 먼저 게재하는 비중도 점차 증가하고 있다. 선데이 매거진에 실리는 기획기사를 목요일 오전 닷컴에 먼저 게재하는 식이다. 또 속보나 기획기사 이외에도 광고주들이 많이 몰리는 분야의 콘텐츠에 비중을 둔다. 기존의 엔터테인먼트와 여행 섹션을 강화한 데 이어 건강, 비즈니스, 테크놀로지 분야의 콘텐츠도 강화하는 데 주력하고 있다.

크로스미디어 정책에 대해 현장에서 직접 제작을 담당하고 있는 최상훈 뉴욕타임스 서울 특파원은 "독자들이 페이스북으로 와서 뉴욕타임스 기사를 많이 보기 때문에 페이스북에 엄청나게 많은 기사를 올리고 있습니다. 그렇게 하면서 페이스북에서 수수료를 받습니다. 또 뉴욕타임스 기자가 현장에 가서 페이스북 라이브라는 방송을 만들기도 합니다. 그 외에 디지털 크로스미디어에는 아이패드용, PC용 등 다양한 콘텐츠가 있습니다. 학생용 뉴욕타임스 버전도 있고, 추가 요금을 내고 뉴욕타임스의 과거 콘텐츠를 모두 볼 수 있는 버전도 있고, 소액 비용만 내고 이용할 수 있는 간략 버전도 있습니다.

또 모닝 브리프와 이브닝 브리프라고 해서 콘텐츠를 독자들에게 직접 배송하는 것이 있습니다. 예를 들어 '오늘 당신이 읽어야 할 기사목록' 같은 것을 만들어서 중요한 국제뉴스를 요약해 보냅니다. 때에 따라서 '며칠 뒤 한국 대통령에 대한 헌법재판소의 탄핵결과가 나옵니다'와 같은 예고 기사도 보내줍니다. 뉴욕타임스 기자 중 자기가 최근에 읽었던 재미있고 유익한 기사, 논문, 잡지, 책, 다큐멘터리 같은 것을 서비스 차원에서 독자와 공유하기도 합니다. 뉴욕타임스 구독자가 그 콘텐츠를 신청하면 무료로 보내줍니다. 일주일에 두번 정도 보내주고 있습니다. 뉴욕타임스 기자가 운영하는 다양한 블로그도 있습니다. 음식 만드는 블로그, 글쓰기 블로그, 여행 블로그도 있습니다. 파워 블로거도 많습니다. 유명한 작가들이 블로그에 참여해서 글을 쓰기도 하고, 유명한 프리랜서 사진 기자들이 들어와 사진전시회를 하기도 합니다. 그런 모든 것들이 일종의 크로스미디어 브랜딩 전략인 것이죠. 독자들이 뉴욕타임스 웹사이트에 들어오면 엄청나게 많은 유익한 정보를 얻을 수 있다는 인식을 주는 것입니다. 뉴욕타임스는 결국 웹사이트인 것 같습니다"라고 크로스미디어 디지털 전략에 대해 강조했다(임현찬, 2017).

3 수용자에서 사용자로 : 사용성과 UX

종이신문은 그 취재와 보도, 제작에 있어서 뚜렷하고도 명백한 규칙과 관행들이 있었다. 예컨대 신문기사는 역피라미드 식으로 작성하는 것이 잘 읽히며 가로쓰기의 경우 독서중력2)은 지면의 좌측 상단에서 우측 하단으로 이어진다는 것 등이 그것이다. 그러나 디지털미디어에도 이러한 법칙이 적용될 수 있는지, 혹은 디지털미디어의 새로운 법칙과 관행이 존재하는지에 대해서는 연구가 활성화되어 있지 않다. 이러한 문제에 관한 지금까지의 연구는 저널리즘으로서의 디지털미디어보다는 디자인의 측면에서 다루어 온 경향이 강하다.

또한, 신문이나 방송은 명백히 언론이 갖는 본연의 이념과 편집, 제작 관행, 그리고 저널리즘이 갖는 일반 법칙들을 갖고 있다. 그러나 디지털미디어의 경우 언론으로서의 제작 규칙보다는 이제 디자인(영상, 시각, 콘텐츠 디자인) 관점에서의 규칙과 관행을 따라서 제

---

2) 독서중력(reading gravity)의 원리는 시선의 움직임이 좌측 상단 코너인 주시 지역(primary optical area : POA)에서 시작하여 우측 하단 코너인 종점 지역(terminal area : TA)까지의 대각선을 의미하며 독자는 이러한 독서중력 이외의 지역에는 눈을 덜 돌리게 된다는 이론이다.

작되는 것이 일반적이다.

이제까지 신문이나 TV는 '보는' 것이었다. 여기서 '본다'라는 행위는 정확하게 말하면 '읽거나(Reading)' 시청하는 것을 의미한다. 신문을 읽는 행위는 시각을 바탕으로 한 일련의 정보 인지 과정이라 할 수 있다. 종이라는 인쇄 매체가 갖는 한계점으로 인해 신문은 텍스트(Text)와 그래픽, 사진이라는 3가지 표현요소를 가질 수밖에 없었고 따라서 독자의 행위는 종이에 인쇄된 뉴스를 읽거나 보는 것을 의미했다.

그러나 디지털미디어의 등장으로 독자의 행위는 읽기에 덧붙여 '클릭(Click)'하고 '스크롤(Scroll)' 하며 뉴스를 소리로 '듣는' 공감각적 행위가 추가되었다. 모바일 IPTV의 등장으로 TV도 클릭하며 대화하는 형태로 바뀌고 있다. 종래의 종이신문 읽기나 TV 시청행위가 일방적인 과정이었다면 디지털미디어를 읽거나 보는 과정은 컴퓨터나 모바일 기기를 '사용'해 원하는 정보를 획득하고 처리하기 위해 컴퓨터와 상호작용(Interaction)하는 양 방향적 과정이라 할 수 있다.

따라서 디지털미디어에서는 글자의 크기나 자간, 형태 등에 추가해 정보의 구조나 기능(Function)과 같은 상호작용적 요소까지도 고려해 제작되어야만 한다. 매스미디어로서의 전통매체들은 상호작용이 거의 없이 일방적으로 제공되는 정보를 받아들이기만 하는 수동적 수용자를 전제로 한다면 디지털미디어는 컴퓨터와 모바일 미디어를 능동적으로 '이용'하는 '사용자'를 전제로 한다. 이러한 의미에서 전통매체의 열독이나 시청행위에 대한 평가를 열독 행태(Readership) 혹은 시청률 분석이라 칭한다면 디지털미디어의 소비행위에 대한 평가는 '사용성(Usability)' 평가라 칭할 수 있을 것이다.

1) 미디어의 사용성(Usability)

사용성은 사용자가 목표로 하는 기능이나 동작을 효율적으로 수행하게 만들어 사용자와 사물 사이에 최적의 인터랙션(Interaction)을 구현하게 하는 것이며 인터랙션은 인간을 둘러싼 기기, 공간, 활동 등 인간과 상호관계를 갖는 것들을 디자인하는 것이다(강성중, 2002). 인간이 도구를 사용한 이래로 '사용성'의 문제는 항상 존재해 왔다. 구석기 시대부터 현재까지 인간이 사용하는 도구 발전의 키워드는 '보다 사용하기 쉽게'였으며, 그 저변에는 도구를 사용하는 인간의 '경험'이 새로운 도구를 창조해냈다고 할 수 있다. 인터넷과 같은 도구를 사용한 디지털미디어도 마찬가지로 사용자의 '경험'이 새로운 디지털미디어를 만들어 내는 순환과정을 밟고 있다. 디지털 매체로 만들어진 모든 사물은 이미 수립되어있는 것과 같은 동일한 유형의 인터랙션을 제공하지는 않는다. 즉 그들은 인쇄 매체 등에서와 같이 사용자가 기존에 익숙한 같은 방식으로 반응하지 않는다(김옥철, 1999, 26쪽). 종이신문에서는 2차원 평면의 정보 매체를 통해 자신이 원하는 정보를 찾거나 신문지면을 넘기거나 하는 정도에서의 인터랙션이 존재했지만, 컴퓨터와 같은 디지털 기기는 보다 적극적이고 다양한 인터랙션이 존재한다. 따라서 디지털미디어는 종래 종이신문의 '읽기 쉽게'를 넘어서 다양한 인터랙션에 기반을 두고 '사용하기 쉽게' 만들어져야 할 필요가 있다.

디지털미디어를 소비하는 행위는 결국 컴퓨터와 인간의 상호작용이라는 행위를 전제로 한다. 이러한 인간과 컴퓨터의 상호작용

(Human-Computer Interaction, HCI)이란 인간이 컴퓨터를 사용해 어떤 과제(task)를 수행할 때 발생하는 디자인 행위로 정의된다 (Schneiderman, 1992). 인간과 컴퓨터라는 두 상이한 시스템이 서로 커뮤니케이션하는 채널을 유저 인터페이스(User Interface)라 부르며 이러한 인터페이스는 효율적인 커뮤니케이션을 위해 반드시 사려 깊게 고안되어야 한다. 왜냐하면, 인간과 컴퓨터는 매우 다른 방식의 커뮤니케이션 수단을 갖고 있기 때문이다. HCI의 목적은 유용하고 사용성이 높은 인터페이스를 개발하려는 것이다. 국제표준화기구 (International Organization for Standardization, ISO)는 사용성이 높은 인터페이스란 "특정한 상황에서 일련의 작업을 수행할 때 사용자들이 얻을 수 있는 만족도와 효율성"이라고 정의하고 있다(ISO 9241).

인터페이스(Interface)란 원래 두 개의 다른 세계가 접하는 곳에서 발생하는 면(面)을 가리키는 화학 용어를 의미한다(박영목·이동연 역, 1998, 37쪽). 다른 두 개의 물질이 접하는 면이라는 것에서 경계면이라고도 번역된다. 여기에서 파생되어 사람과 도구 및 기계와의 접점을 의미하는 것으로도 쓰이게 되었다. 미디어에 있어서 시각적인 인터페이스에 관한 연구가 폭넓게 이루어지고 있는 것은 시각을 이용한 정보전달이 인간의 오감 중 약 80%를 차지함으로 시각을 통한 정보전달은 커뮤니케이션의 사용 편의성을 증가시키는 데 효과적이기 때문이다.

인간이 진정으로 필요로 하는 것을 만족시키고 인간의 실수를 고려한 인터페이스가 존재한다면 그것이야말로 인간 중심 인터페이스라 할 수 있을 것이다. 인간 중심 인터페이스를 만들려면 우선 인간이 어떻게 행동하고 기계가 어떻게 작용하는지 잘 이해하고 있어야 한다. 그뿐만 아니라, 사람들이 경험하게 될 어려움을 디자이너와 개발자 자신이 그 누구보다도 더 민감하게 느낄 수 있도록 만반의 준비를 하고 있어야 한다. 이는 말처럼 쉬운 일이 아니다. 우리는 이미 제품들의 기존 작동 방식에 익숙해져 있어 인터페이스가 불필요하게 복잡하고 혼란스럽고 낭비적이고 인간의 실수를 유발해도 이를 그냥 당연한 것으로 받아들이기 때문이다(제프 래스킨, 2003, 8쪽).

2) 사용자 인터페이스(User Interface)와 상호작용

인간의 마음은 작은 단서만 가지고도 세상의 여러 사건이나 물건들을 이용할 수 있으며 설명할 수도, 이해할 수도, 납득할 수도 있다. 우리가 일상생활에서 사용하는 책, 라디오, 주방기기, 사무용품, 조명 스위치 등 여러 물건은 물론 신문, 방송, 넷플릭스 등 미디어 콘텐츠들도 모두 인터페이스가 좋은 것은 사용하기도 이해하기도 쉽다. 이러한 것은 어떻게 작동하는지를 눈으로 보면 알 수 있는 명확한 단서를 가지고 있다. 그러나 잘못 디자인된 물건은 사용하기 힘들고 잘못 디자인된 콘텐츠는 짜증이 난다. 이런 물건과 콘텐츠들은 아무런 단서도 주지 않고, 때론 틀린 단서를 주어 사용자가 골탕 먹고, 정상적으로 해석되고 이해되지 않는다. 따라서 좋은 인터페이스를 디자인한다는 의미는 '인간과 사물 사이에 벌어지는 커뮤니케이션의 차이를 없앰으로써 물리적 인터페이스는 물론 인지적, 감성적 인터페이스를 활성화하여 사물과의 커뮤니케이션을 증진하는 것'이라 할 수 있다. 우리는 인터페이스를 통해 사물을 사용하고, 사람들을 만나며, 미디어를 경험한다.

인터페이스 설계에서 가장 우선시 되는 것은 사용자 분석이다. 구체적으로 누가 사용할 것이며 이들의 성향은 무엇인지를 파악하는 것이 가장 중요하다. 과거의 전통 미디어에서도 독자와 시청자가 누구인지, 어떻게 미디어를 소비하는지를 아는 것은 중요했다. 그러나 전통 미디어에서 커뮤니케이션은 일방적으로 송신자 중심으로 이루어진 경향이 강하다. 디지털미디어는 기본적으로 사용자와의 상호작용, 사용자의 참여가 전제되어 있으므로 전통매체와는 전혀 다른 소비자의 이해 접근법이 필요하다. 과거와 달리 디지털 환경에서는 컴퓨터를 매개로 하는(computer mediated) 커뮤니케이션이 이뤄지고 있기 때문이다.

좋은 사용자 인터페이스의 조건으로 전통적 미디어에서는 '읽기 쉬움' 즉 독이성(Readability)이 중요했으며 이는 신문뿐만 아니라 방송에서도 중요한 요소로 간주하였다. 가독성은 사용자 인터페이스 디자인의 가장 중요한 첫 번째 요소인 가시성과 맥락이 맞닿아 있다. 가시성은 조작할 때 중요한 부분은 눈에 잘 띄어야 하고 적절한 지시 내용을 전달해야 한다는 것이다(Donald Norman, 2007, 16쪽).

그러나 디지털미디어가 등장하면서 이러한 가독성은 시각 인터페이스 이외에도 사용하기 쉬워야 한다는 오감 인터페이스로 확대되었다. 사용자들이 디지털미디어를 접할 때 그 내용뿐만 아니라 어떻게 사용되어야 한다는 것을 쉽게 예상할 수 있어야 한다. 도널드 노먼은 사용자 중심적인 제품이나 도구는 기술보다는 사용자가 필요하다고 느끼는 것에서부터 시작한다고 강조한다. 사용자 중심의 미디어 개발의 최종 목표는 사용자를 만족시키는 기술과 콘텐츠이고, 이는 사용자 자체와 사용자가 하고자 하는 작업을 잘 이해하는 데서 출발한다.

이제 인간과 컴퓨터 상호작용(Human Computer Interaction)이라는 새로운 인터페이스가 미디어학의 범주로 편입되고 있다. 인터페이스는 인터랙션이 일어나는 개념적이고 구체적인 장소를 의미하며, 인터랙션은 인간과 도구 사이에서 수행할 수 있는 커뮤니케이션을 목적으로 일어나는 일련의 활동으로 정의된다. 인터랙션은 인간에게 영향을 미치는 물리적 기구나 환경을 대상으로 하는 시공간적 개념까지도 포함한다. 인간-컴퓨터 상호작용, 즉 인터랙션 디자인은 시간과 조작의 흐름을 고려한 사용성을 연구하는 분야로 알기 쉽고, 보기 쉽고, 생각하기 쉬운 소프트웨어와 콘텐츠 개발을 목적으로 하고 있다.

인터랙션이란 사용자의 입력과 이에 대한 시스템의 피드백이 이루어지는 수단을 의미한다. 여기에는 물리적인 컨트롤 장치들(예를 들어, 마우스, 조이스틱, 마이크로폰 등)과 사용자의 감각적인 피드백(심리적 상태변화, 청각적 디스플레이, 촉각적 피드백 등)이 모두 포함된다. 전통적 매체에서 정보와 메시지 전달을 위한 1차원적인 정보 획득을 보다 체계적으로 제공하기 위한 일련의 과정을 정보 디자인(정보구축)이라 한다면, 더욱 높은 차원의 2차원적 정보 제공을 위해 도구 사용과 제어 같은 상호관계에서 나타나는 행동과 그에 따른 영향을 인터랙션 디자인이라 한다.

이러한 인터랙션 디자인의 전제는 인간을 적극적이고 능동적인 정보수용의 주체로 본다는 것이다. 특히 컴퓨터로 상징되는 디지털 미디어 도구들이 직간접적으로 일상생활의 한 부분이 되어버린 환경에서 컴퓨터와 인간 사이의 인터페이스를 개선하는 것은 미디어

업계에 있어 필요불가결한 요소가 되었다. 이에 따라 인간과 컴퓨터 상호작용(HCI)이라는 학문 분야가 대학의 미디어 관련 학과에서도 정식으로 가르치는 분야로 등장했다. 현재 HCI는 컴퓨터공학, 심리학, 인간공학, 신호처리 패턴인식, 인공지능, 음향과 영상, 가상현실, 감성공학 등 다양한 학문을 융합하는 학문으로 발전하는 추세다.

HCI는 그 출발이 컴퓨터 공학으로, 컴퓨터 작동시스템이 인간과 상호작용할 수 있게 컴퓨터 작동시스템을 디자인, 평가, 완성하는 과정을 다루며, 이 과정을 둘러싼 중요 현상들에 관해서도 연구하는 학문이었다. 이후 사람과 컴퓨터기술이라는 두 요소가 서로에게 영향을 미치는 방식을 연구하는 학문으로 발전했으며 지금은 컴퓨터뿐만 아니라 컴퓨터를 포함한 모든 시스템과 인간이 상호 영향을 미치는 모든 현상을 연구하는 학문으로 인식되고 있다.

3) 미디어와 인터페이스 디자인

디자인은 어떤 형태와 그것이 가진 기능이 조화를 이루도록 하는 작업이다. 따라서 추구하는 목적과 분야에 따라 독특한 디자인을 하고 있다. 예를 들어 인터넷 사이트의 메인 페이지에서 하부페이지로 이어지는 페이지의 깊이(Page Depth)는 얼마나 깊어야 할까? 2번의 클릭을 거쳐 원하는 페이지에 도달하는 것과 10번의 클릭을 거쳐 도달하는 것에는 어떤 차이가 있을까?

통설적으로 페이지 깊이가 깊을수록(깊은 곳에 숨어 있는 페이지일수록) 하이퍼링크를 이용해 클릭 수를 줄여주는 것이 페이지 뷰(Page View)가 높아진다고 한다. 그러나 교육용 사이트를 생각해보자. 특정 분야의 지식을 전달해주는 학습(Instruction) 사이트는 한

페이지, 한 페이지 독자가 콘텐츠를 제시해주는 방법대로 따라서 읽고 보게 하는 것이 중요하다. 왜냐하면, 페이지를 클릭하며 넘기는 도중에 중간에 딴 곳으로의 링크를 허용한다면 독자는 딴 곳으로 나가버리기 때문이다. 따라서 이런 사이트는 목적상 반드시 선형적 (Linear) 구조를 지녀야 한다. 싫어도 Go 버튼을 누르거나 Back 하는 것 외에는 클릭을 허용해서는 안 되는 것이다.

이처럼 특정한 목적을 달성하기 위해 디자인 요소들이 어떻게 결합하여야 하는가를 결정하는 것이 미디어의 인터페이스 디자인에서 중요하다. 디지털미디어의 사용자 인터페이스도 아날로그 인터페이스와 마찬가지로 1) 기본 구조 2) 타이포그래피(Typography) 3) 시각물들 4) 레이아웃의 분야로 구성되어 있다. 그러나 여기에 기능(Function)이나 계층(Hierarchy), 상호작용성(Interactivity) 같은 무형의 표현요소와 사운드 같은 청각적 요소까지 고려해야 하는 것이 디지털미디어 인터페이스 디자인이다.

즉 디지털미디어의 디자인은 가독성(Readability), 정보성(Informatives), 조직성(Gestalt)과 같은 언론 고유의 요소까지 함께 생각해야 한다. 이렇게 1) 시각디자인의 고유 요소에다 2) 인지공학적 요소, 그리고 3) 언론의 고유한 본질까지도 고려해야 하는 것이 디지털미디어 인터페이스 디자인이라 할 수 있다. 디지털미디어에서 인터페이스 디자인의 목적은 언론 본연의 기능을 극대화하려는 것이다. 즉 시각적 도구와 각종 기능적 요소를 사용해 독자와 시청자들을 기사와 프로그램으로 유도하고 이들의 미디어 사용(읽고 보고 듣기)을 효율적으로 만들기 위함이다. 흔히 종이신문에서 시각적 커뮤니케이션 혁명의 사례로 USA Today를 꼽는다. 전통적인 흑백, 텍스트 중심의 신문 편집에서 컬러, 사진, 그래픽, 여백이 많은 편집으로의 전환은 미국 언론에서 하나의 획기적인 변화로 간주한다. 그렇다면 디지털미디어에서 이 같은 커뮤니케이션의 혁명은 어떠한 것이어야 하는가?

언론 혹은 미디어는 가독성과 정보성이라는 모순된 두 가지 원리를 동시에 추구한다. 미디어의 목적은 독자에게 정보를 많이, 그리고 효과적으로 전달하는 것이다. 종이신문에서의 레이아웃이 여백의 미가 없이 사각형의 모듈라로 빽빽하게 문자가 들어차게 하는 것은 더욱 많은 정보를 독자에게 전달하려는 의도이다. 그러나 가독성을 높이기 위해 여백을 시원하게 주고 사진을 크게 쓰는 것은 결국 정보량의 감소를 가져온다.

20세기 후반 많은 학자와 시각 디자이너들이 과학적 조사를 통해 타이포그래피를 포함한 가독성을 높이기 위해 안구운동의 속도, 피로, 독서중력, 중력 역행 등 다양한 연구들을 하였다. 예를 들면 사람의 안구로 한순간 볼 수 있는 범위는 가로세로 1인치 즉 12포인트 활자 6자 폭이라든지, 가독성이 가장 높은 글의 길이가 최소 3.7cm, 최대 8.6cm 사이라고 하는 연구 결과 등이 그것이다. 이러한 연구 결과로 최적 칼럼 길이 포맷 등이 미국신문에 도입되었다.

그러나 이 같은 결과들이 디지털미디어에도 적용될 수 있는지(상호작용성과 계층성 등과 같은 요소들과의 결합 효과 때문에)는 과학적 접근이 부족한 실정이다. 최근에야 휴먼-컴퓨터 인터페이스(Human Computer Interface) 분야에서 이러한 접근을 시도하고 있지만, 국내의 디지털미디어들은 기존의 전통매체의 인터페이스 디자인의 논리를 답습하고 있는 것이 현실이다. 예를 들어 최근의 HCI 연구에 따르면 독자들의 안구운동은 인터넷 페이지를 접할 때 어느 부분에 먼저 주목하는지 정해진 법칙이 없다는 결과들이 나오고 있다. 즉 사용자들은 어떤 정해진 법칙을 갖고 인터넷 사이트를 접하는 것이 아니라는 것이다. 이러한 결과들은 다소 혼란스럽다. 디자이너의 사명은 독자가 시각적 뉴스 맵을 제시하고 정보 내용을 효율적으로 전달하여 쉽게 인식할 수 있도록 하는 것이다. 그런데 그러한 과학적 방법의 결과로 나온 웹페이지를 도대체 어느 부분을 먼저 주목하는지도 예측할 수가 없는 것이 현실이다. 독자들은 사진이나 그래픽, 또는 커다란 헤드라인 등 강력한 시각적 요소가 있는 곳을 가장 먼저 주목하게 되는데 인터넷 신문의 이곳저곳에 산재해 있는 배너광고와 스크립트를 활용한 돌출광고 등은 오히려 독자의 시선을 분산시키는 결과를 초래하는 셈이다.

그렇다면 좋은 미디어 인터페이스 디자인이란 무엇일까? 한마디로 사용자 측면에서 알기 쉽고 보기 쉽고 사용하기 쉽도록 정보를 디자인하여 전달하는 것이다. 이는 결국 사용자의 사용성(Usability) 평가를 통해 검증할 수밖에 없다. 사용성 평가는 원래 제품 디자인 분야에서 행해지고 있던 일종의 제품평가 테스트였지만 이제는 이를 디지털미디어 분야에도 다양한 적용이 이뤄지고 있다. 어떤 특정 사이트나 디지털미디어의 조작성과 사용성은 사이트의 구조나 링크 관계, 내비게이션, 배경이나 버튼의 색상, 위치, 문자표현 등 다양한 요소를 조합하여 검증한다. 각각의 요소에서 문제점이 발견되면 하나씩 해결하며 조금씩 개선해 나간다. 어떤 사이트의 콘텐츠나 서비스가 아무리 매력적이어도 조작성이 나쁘면 사용자는 두 번 다시 그 사이트에 접속하지 않을 가능성이 크다. 또한, 특정 사이트의 사용성 평가결과가 동종, 또는 유사한 사이트에 일반화시켜 적용하기는 곤란한 점도 있을 만큼 복잡하다. 미디어의 본질은 전달하고 싶은 무엇인가를 독자들에게 효율적으로 전달하는 것이다. 독자들이 길을 잃어버리게 만드는 인터페이스, 다시 오고 싶지 않게 하는 인터페이스를 가지고도 스스로 만족하고 마는 선문답 같은 미디어 사이트들을 만들고 있지는 않은지 한 번쯤 생각해 볼 일이다.

4) 사용자 경험(UX, User Experience)으로의 발전

HCI의 목적은 애초 사용자 중심의 시스템을 만들기 위해 사용자들이 무엇을 요구하고 그들의 가치 기준은 무엇이며, 그리고 그들이 주로 하는 작업이 어떤 것인지에 대해 알고자 하는 것이었다. 이 경우 HCI는 시스템을 보다 사용하기 쉽고(Usability), 안전하고(safety), 기능적으로(functionality) 만드는 것을 목적으로 한다. 그러나 지난 20여 년 동안 HCI 분야는 다학문 분야와의 융합을 통해 사용자 중심의 디자인을 위한 기준을 확립하려는 연구가 다양하게 진행되었으며 최근에는 해당 시스템을 이용하는 사람들에게 최적의 사용자 경험(User Experience)을 제공하는 것으로 발전되어 왔다.

사용성이란 쌍방향 제품(Interactive product)을 통해 고객이 '원하는 목적을 제대로 달성(Useful)'하였는가와 그러한 목적을 '가능한 한 편리하게 수행(Usable)'하였는가, 그리고 '전반적인 사용 만족도'는 어떠하였는가와 같은 요소들을 가지는 복합적인 개념이므로 최근에는 기능적인 부분 이외에 사용자의 감성적인 측면이 중요시되고 있다.

사용자의 감성, 즉 심리는 사용하면서 느끼는 만족스러운 경험에 관한 것이라 할 수 있다. 콘텐츠가 아닌 제품을 기획하고 설계하고 만드는 처지에서는 사용성이나 사용자 경험이나 둘 다 같은 의미로 사용될 수 있지만, 콘텐츠의 경우 특히 유용성과 효율성 같은 품질 속성보다는 감성의 영역을 다루는 사용자 경험이 더 중요시된다.

- 사용자 경험(UX)의 정의

경험이란 사람들이 실제로 보고, 듣고, 겪는 일 또는 과정 또는 그 과정에서 얻는 지식이나 기술적인 능력을 의미한다. 사람들이 감각 기관을 통해서 받아들인 자극을 내적으로 관찰하여 얻게 되는 주관적인 감정이나 견해, 사상, 이론을 지칭하는 경험은 서로 다른 유형으로 세분될 수 있고, 그 세분된 유형들은 각각의 고유한 구조와 진행 과정을 갖고 있다(정선희, 이경원, 2004). 경험은 그 자체만으로 의미를 갖지 않는다. 수많은 경험 가운데 의미가 있는 경험은 매우 적다. 경험이 의미가 있으려면 경험의 요소들이 사용자에게 주어진 상황(context)과 얼마나 잘 부합되는지가 중요하다.

사용자 경험(UX: User eXperience)이란 사람들이 어떤 제품이나 서비스와 상호작용하면서 축적하게 되는 모든 기억과 감정을 의미한다. 즉, 디지털 상품이나 서비스와의 상호작용을 통해서 유발되는 모든 심리적인 효과(Psychological Effects)를 총칭하는 개념으로 이는 우리의 시각이나 청각 감각이 자극을 받은 정도, 우리가 상품이나 서비스에 부여하는 가치나 의미들, 그리고 이를 통해 촉발된 감성과 느낌을 모두 포함한다.

UX의 사전적 의미는 기존의 HCI(Human-Computer Interaction) 개념에다 사용자가 제품이나 서비스를 사용할 때 느끼는 모든 경험과 만족을 더한 것으로, 제품이나 서비스를 공급하는 쪽에서의 관점이 아니라 이를 사용하는 사용자의 관점에서 바라본다는 측면에서 UI(User Interface)와 UX가 혼재되어 사용되고 있다. 그러나 UI가 사용자의 Need에 따른 Action의 편의성에 초점을 둔다면 UX는 이를 통하여 사용자가 느낄 수 있는 것에 초점을 둔다는 차이점이 있다. UI가 사물과 일반 사용자 간의 소통방법을 말한다면 UX는 UI에서 사물과 일반 사용자 중 사용자 측을 고려한 디자인을 말한다. UX의 X는 expect, experience를 의미한다. 이는 곧 사용자가 하는 행동을 예측하거나 사용자의 경험을 연구하는 것이다. UX 개념을 애플사는 HI(Human Interface)라고 부르고 있다. 애플사는 가장 좋은 HI 디자인은 기기가 뛰어난 능력이 아니라 사람, 생각, 동작이라고 말한다(임경수·김항곤, 2011).

UX 디자인은 사용자가 놓여있는 상황을 어떻게 이해하고 지원할 것인지, 서로 다른 디자인 요소를 어떻게 통합할 것인지를 결정한다. UX 디자인은 정보 설계, 인터페이스 디자인, 인터렉션 디자인 영역을 통합하여 사용자의 요구와 필요에 맞게 경험 요소의 연결구조를 설계하는 것이다.

사용자 경험은 개인이 제품, 시스템, 서비스의 사용을 기대하고 실제 사용을 수행함을 통해 가지게 되는 인식과 반응이다. 즉, 사용자 경험은 개인의 주관적, 감성적 관점에 좀 더 주안점을 두고 있으며, 이는 실용성과 이성적인 품질에 좀 더 초점을 두는 사용성(Usability)과 차별화되는 부분이다. 도널드 노먼(Donald Norman)은 사용자 경험 디자인의 범위를 사용자와 제품, 서비스를 인식하고 배우고 사용하는 모든 사용자 인터렉션의 측면들을 포괄한다고 설명하고 있다.

반면 캐런 도너휴(Karen Donoghue)는 광의의 관점과 협의의 관점에서 나누어 사용자 경험을 기술하였다. 협의적 관계에서 보면 사용자 경험은 정기적으로 이루어진 고객과 제품, 서비스 간의 관계를 지칭하며 물리적 사용자 인터페이스 몰입, 인터렉션 프로세스와 피드백 시스템을 모두 포괄한다. 반면 광의의 개념으로 보면 사용자 경험은 사용자의 행동과 태도를 아우르는 경험을 지칭하며 시스템을 사용하게 되는 동기 요인을 포괄한다. 이러한 것들은 모두 기업과 기업 간 거래 환경에서의 변화를 일으키는 요소들이라고 하였다(이지현, 2010).

UX는 개인이 특정한 제품이나 서비스, 그리고 그것의 전달 과정을 설계된 방식대로 상호작용하면서 가지게 되는 모든 경험의 과정을 의미한다. 사용자 인터페이스 디자인에서도 사용되는 사용자라는 용어는 일반적으로 디지털미디어, 그중에서도 상호작용이라는 소프트웨어를 지칭하는 용도로 자주 이용된다. 쉐드로프(Shedroff)는 사용자 경험을 환경적 경험(Environment Experience), 매체적 경험(Media Experience), 감성적 경험(Emotional Experience)으로 나누고 있다(이승자, 2008).

- 사용자 경험 디자인 설계 및 구성요소

제품과 시스템은 한 번의 사용으로 끝나는 대상이 아니므로 시간이 흐르면서 경험은 달라진다. 사용자마다 관심, 능력, 배경, 목적 등이 다르므로 상황에 따라 경험은 달라질 수 있다. 이것은 시스템도 사람처럼 시간과 상황에 따라 바뀔 수 있다는 사실을 의미한다. 스스로 계산하고 판단할 수 있는 시스템은 일종의 유기체라고 볼 수 있으며, 이런 시스템에서 겪는 사용자 경험은 절대 단순하지 않을 것이다. 보이는 것이 전부가 아니듯, 사용자 경험도 쉽게 단정 짓지 말아야 한다(이수인 역, 2008). 사용자가 얻는 경험의 3가지 요소는 목표를 달성함으로써 얻는 경험인 Goal, 새로운 정보와 지식을 통한 의미 있는 경험인 Meaning, 그리고 미적이고 감성적인 경험인 Aesthetic으로 구성될 수 있다.

이 경험들을 창출하기 위해서는 사용자가 서비스나 제품의 원하는 정보에 몰입할 수 있게 배려된 정보의 의미체계, 미적 아름다움과 기능을 잘 접목한 인터페이스 디자인, 사용성이 충분히 반영된 인터랙션 방식, 그리고 사용자가 제품과 서비스를 사용하는 정황에 대한 고려가 중요하다. 특히 디지털미디어에서는 직관적인 사용 환경과 개인화(맞춤화)가 매우 중요한데 데이터가 폭증하는 빅 데이터 시대에는 사용자의 상황과 성향을 고려하여 적합한 콘텐츠를 골라 우선적으로 제공해 주는 것이 필요하다. 예를 들어 모바일 미디어는 매우 개인화된 기기로 사용자 개인 정보나 지리적 정보 획득을 기반으로 상황 기반(Context-based) 개인화/맞춤화를 제공하기에 더욱 용이한 측면이 있다. 최근에는 위치, 빛, 소리 혹은 움직임 같은 상황 정보 외에도 사용자의 취향이나 관심사를 반영할 수 있는 서비스 사용기록이나 소셜 정보를 기반으로 개인화/맞춤화를 제공하는 서비스들이 등장하고 있다.

- 감성 UX, 스마트 UX

감성디자인은 왜 사람들이 아름답거나 흥미 있는 물건을 좋아하는지, 또는 물건들을 사용할 때 어떤 요소가 사람들이 즐거움을 느끼게 만드는지를 연구하는 것이다. 소비자가 느끼는 감성이란 단순히 제품이나 서비스의 물리적 특성에만 국한되는 것이 아니라 그 제품이 사용자가 생각하게 만드는 이미지나 경험을 말한다.

미래학자인 다니엘 핑크(Daniel Pink)는 정보화 시대에서는 논리적 능력이 중요했지만, 앞으로는 창의성과 감성, 직관이 중시되는 시대로 이동할 것으로 전망하고 있다. 이 같은 감성을 중시하는 UX 기술은 미디어 분야에서도 3D TV, 실감형 미디어(VR), 증강현실, 상황인지 미디어 등의 등장에 따라 더욱 중요성이 커지고 있으며 앞으로 오감융합 기반 감성 UX 기술은 음성, 얼굴, 표정 인식 등 사용자 생체정보와 시·청·촉·후각 등 인간의 오감 메커니즘을 이용하여 기기와 소통하는 감성을 인지하는 방향으로 발전할 전망이다 (이해룡 외, 2011).

4 오감/감성 미디어 인터페이스로 발전

1) 오감과 미디어

인간은 오감(五感)을 갖고 태어나며 이를 통해 외부의 여러 가지 정보를 입수한다. 시각, 청각, 후각, 미각, 촉각의 다섯 가지 가운데 정보 입수에 가장 중요하게 이용되고 있는 것은 주로 시각과 청각이다. 그러나 인간이 획득하는 정보는 오감 가운데 어느 하나만을 통하는 일은 없으며, 보는 것과 듣는 것을 동시에 행하기도 하고, 후각이나 동작, 악수와 같은 행동을 수반하는 일도 있다. 즉 대부분은 정보를 주고받을 때 몇 개의 감각기관을 동시적으로 움직여 작용시키게 된다.

이때 감각 버퍼, 단기기억, 장기기억으로 이어지는 인간의 정보처리 과정을 이해할 수 있는 단서를 제공하는 징후로는 피부 저항, 심장박동 수, 혈압, 체온, 땀, 동공 확장 등 자율신경계(自律神經系)의 생리 반응과 인간의 의지에 따라서 자유로이 운동하는 수의운동(隨意運動)[3] 정보인 뇌척수신경계의 반응을 들 수 있다. 예를 들어 공포

---

[3] 의지에 따라서 자유로이 운동하는 수의운동(隨意運動)은 뇌척수 신경이 지배하고 있지만, 이와 반대로 의식을 떠나서 운동하는 것, 예를 들면 심장이나 위장의 운동은 불수의운동

를 느끼면 혈압이 상승해 심장박동 수가 올라간다든지 하는 생체정보는 의식과 관계없는 자율신경 반응으로 인간의 감정 상태를 이해하는 단서가 될 수 있다(Lang et al., 2002). 그러나 문제는 그러한 자율신경 반응 징후들을 측정했다고 해서 그 데이터가 전적으로 인간의 감정이나 사고를 설명해줄 수 없다는 점이다. 즉 날씨가 더워지면 자율신경 반응에 따라 땀이 나게 마련이지만 그렇다고 해서 그것이 기분이 좋다거나 나쁘다는 것을 의미하는 것은 아니다. 사람에 따라 사우나에서 땀을 흘리는 것을 기분 좋게 생각하는 경우도 있고 그 반대의 경우도 있기 때문이다.

이러한 문제는 미디어에서도 제기될 수 있다. 예컨대 뉴스와 같은 미디어 자극에 관한 노출의 결과로서 동공확대나 피부 전하 변동과 같은 흥분(arousal)[4]을 측정할 수 있지만, 그 결과를 주의의 투여가 증대했다거나 광고에 대한 기억 혹은 이해로 유추하는 것은 상당히 위험스러운 일(김태용·박재영, 2005, 92쪽)이다. 즉 주의(注意, attention)나 주목(注目)은 방향과 강도를 지닌 정신적 노력의 양과 초점(곽원섭, 1993, 1~2쪽)으로 사전 지식과 같은 개인적 요인이나 자극의 구조와 내용에 따라 달라질 수 있다. 따라서 단순한 자극에 대한 생리적 반응 측정만으로 인간의 내적 감정과 사고를 온전히 설명할 수는 없다.

이라 하며, 이 운동을 지배하는 신경계가 자율신경계이다. 뇌척수신경계를 동물 신경계라고도 하는 데 반해 자율신경계는 식물 신경계라고도 한다. 자율신경계에는 교감신경(交感神經)과 부교감신경의 두 종류가 있고, 신체의 여러 장기는 양 신경의 지배를 받고 있는데, 이들 양 신경이 지배하는 상황은 일반적으로 서로 길항적(拮抗的)이다. 예를 들면, 교감신경 자극에 따라 동공확대, 심박 수 증가, 기관지 확장 외에 위·장관의 운동과 분비의 억제가 되지만, 부교감신경 자극에 의해서는 동공수축, 심박 수 감소, 기관지 수축 외에 위·장관의 운동과 분비의 증가를 가져온다.
4) 흥분(arousal)은 각성, 환기, 자극 등으로 번역된다.

그러나 그와 같은 한계에도 불구하고 다양한 생체 반응과 인간의 내적 사고나 심리과정의 관련성을 설명해보려는 노력이 이어져 왔는데 이는 생리적 반응이 개인의 의지나 의도로 통제하기 힘든 자동적이고 비자발적인 반응이라는 특성이 강하기 때문이다(권만우·배소영, 2003, 276~277쪽). 인간은 자기 생각이나 느낌을 언제나 인식하고 있는 것은 아니며 무의식적인 과정을 통해 자기 기억이나 사건, 경험에 대한 해석이 변하는 경우가 많고, 또 의도적으로 숨기거나 왜곡하고자 하는 때도 있다. 따라서 자율적인 생리 정보를 측정하여 이 데이터와 인간의 주관적인 심리 간의 상관관계를 해석하려는 시도들이 생겨났다.

통칭 생리심리학(Psychophysiology)[5]으로 불리는 이러한 시도들은 심리적인 자극에 따라 야기되는 생리 시스템의 활동 변화를 탐구하는 심리학의 한 분과로(Turner, 1994), 인간의 제반 과정(정신과 육체의 관계, 유기체와 환경의 교류 등)에 관한 기본적인 문제를 제기할 뿐 아니라 생물학적, 행동주의적, 그리고 사회과학적 관점을 가로지르는 방법론적 도구와 개념적인 전망도 제공한다(Cacioppo & Tassinary, 1990, 3쪽). 심리학 분야에서 메시지를 포함한 모든 종류의 외부 자극을 인간이 어떻게 수용하고 해석하며, 또 그에 반응하는가에 관한 연구는 20세기 전반의 행동과학 전통에서부터 20세기

---

5) 심리과정과 생리 과정의 관계를 객관적으로 명백히 밝히려는 심리학의 분야로 그 중심과제는 심리과정을 실현하는 생리학적 메커니즘을 밝히는 데 있다. 어느 것을 우위에 두느냐에 따라 생리학적 심리학 혹은 심리학적 생리학으로 달리 부를 수 있다. 심리 생리학은 심리학적 조건의 변화에 대응해서 생리학적 상태가 어떻게 변화하는 것인가를 문제로 하여 연구하며 이에 대해서 생리심리학은 반대로 생체의 심리학적 조건을 바꾸었을 때 그에 대응해서 심리학적 상태가 어떻게 변화하는 것인가를 문제로 삼는다. 물론 연구가 언제나 이처럼 명확하게 구분되는 것이라고는 할 수 없으며, 연구하는 학자에 따라서도 용어법에 차이가 있는 때도 있다(이관용 역, 1996).

후반의 인지과학으로 그 흐름을 크게 변화시켜왔다.

미디어 분야에서 생리적 측정이 가장 활발하게 시도되어 온 분야는 광고효과 측정이나 TV 시청, 혹은 웹사이트 열독에 관한 실험연구들로서, 시선추적(Eye gaze tracking)이나 동공 반응 측정, 그리고 심장박동(cardiac response), 피부 저항(EDA : Electrodermal acitivity), 근전도(EMG: Electromyograph), 뇌파(EEG : Electroencephalogram) 등의 측정이 시도되었다. 특히 기능성 자기공명 영상(fMRI, functional Magnetic Resonance Imaging), 양전자 방출 단층촬영(Positron Emission Tomography, PET) 등 의용공학(medical engeneering)의 첨단화에 따라 뇌를 둘러싼 심리의 과학적, 객관적 분석이 심화함으로써 새로운 전기를 맞고 있다.

- 오감(MR) 미디어 사례

스티븐 스필버그 감독이 만들어 2018년 3월 말 국내에도 개봉된 영화 '레디 플레이어 원(Ready Player One)'. 여기에는 2045년 컨테이너 빈민촌에 사는 사람들이 가상 세계인 '오아시스(OASIS)'에 접속해 즐기는 장면이 등장한다. 이들은 머리와 손에 디스플레이(HMD)와 열 감지 촉각 장갑(haptic glove)을 각각 착용하고 오아시스에 들어가 모험과 오락의 스릴을 만끽한다. '일본 가상현실협회' 설립자인 스스무 다치 게이오대 교수는 "21세기 중반이면 대부분의 사람이 컴퓨터 영상과 현실 세계가 혼재된 사이버 세계에 살 것"이라고 했다. 영화에서처럼 컴퓨터로 만든 가상세계를 실감 나게 체험하는 '가상현실(VR)'과 현실 세계에 디지털 이미지를 겹쳐 보여주는 '증강현실(AR)'을 넘어 현실 세계와 가상세계가 상호작용하는 '혼합현실(MR)' 시대가 열린다는 얘기다. 이는 컴퓨터의 시각화 처리기술, 오감(五感)을 감지하는 센싱 기술, 현실감을 더하는 디스플레이 기술이 눈부시게 발달한 덕분이다.

2017년 7월 일본 게임사 반다이남코가 도쿄에 오픈한 테마파크 'VR 존 신주쿠'는 가상현실의 진수(眞髓)를 보여준다. '마리오 카트' 탑승자는 마치 게임 속에 들어온 듯 허공에 이리저리 손을 뻗어 화면 속 바나나를 던지고 뿅 망치를 휘두른다. '드래건 볼'에 나오는 필살기 '에네르기파(일종의 뜨거운 장풍)'도 체험할 수 있다. 손과 발, 허리에 센싱 장치를 착용하고 온 힘을 다하면 가상 화면에서 에네르기파(波)가 분출돼 눈앞의 바위가 깨진다. 고야마 준이치로 반다이남코 VR 존 총괄은 "낭떠러지에서는 한 발짝도 못 내딛겠다며 절규하는 사람도 많았다"라고 했다. 2018년 4월 미국 디즈니가 공개한 '포스(force) 재킷'은 혼합현실을 구현한 시제품으로 화제를 모았다. MIT, 카네기멜런대와 협업해 만든 이 재킷은 에어백과 고주파 진동으로 신체에 크고 작은 감각을 제공한다. 재킷을 입고 가상현실 안경을 쓰면 뱀이 몸통을 휘감거나 괴물한테 얻어맞는 등 가상세계의 다양한 감각을 실제 피부로 확인할 수 있다. 마이클 툴리 UC샌디에이고 대학 교수팀이 퀄컴과 함께 개발한 스마트 장갑도 흥미롭다. 장갑에 내장된 일종의 로봇 근육이 스프링처럼 반응해 손가락이 움직일 때 힘을 가한다. 사용자가 허공에 대고 피아노를 연주해도 실제로 건반을 누르는 것처럼 몰입하며 촉감(觸感)을 느낄 수 있다.

한국과학기술기획평가원(KISTEP)은 2018년 전 세계 AR·VR 시장 규모가 2022년에는 1050억 달러(약 119조 원)에 달할 것이라는 보고서를 내놓았다. AR가 전자상거래와 광고시장에 폭넓게 이용되면서 이 시장 규모가 VR 시장보다 6배나 클 것으로 전망한 것이다. 이 분야에서 한국의 기술력은 미국에 1년 7개월, 일본에 7개월 이상 뒤처졌다고 평가원은 밝혔다. 미치오 카쿠 뉴욕시립대 교수는 "앞으로 가상현실 안경이 콘택트렌즈만큼 작아질 것"이라며 "사람들은 세계 어디에 있든 마음만 먹으면 한자리에 있는 것처럼 놀고 회의하고 악수할 수 있게 된다"라고 했다. 한 예로 돌아가신 아버지가 가상으로 등장해 자신의 손자와 놀아줄 수도 있다. 녹음된 목소리의 패턴을 학습하는 인공지능을 활용하면 고인(故人)의 목소리도 상황에 맞게 생생하게 재현할 수 있기 때문이다(류현정, 2018).

2) 감성 미디어 인터페이스

인간 상호 간의 커뮤니케이션에서는 감성이 개입되지 않는 정보의 전달과 교환만이 아니라, 감성과 관계되는 정보의 전달과 교환이 흔히 행해지고 있다. 이러한 감성의 기능을 다루는 인터페이스를 감성형 인터페이스(affective interface)라고 부른다. 특히 감성의 기능을 다루는 정보통신기술과 소프트웨어, 콘텐츠 등을 더욱 넓은 의미로는 감성형 미디어(affective media)라고 부른다. 감성형 인터페이스와 감성형 미디어에 의해 취급되는, 감성과 관계되는 정보를 감성 정보(affective information)라고 하며 감성 정보는 다음과 같은 세 가지 종류를 생각할 수 있다.

① 인간에게 있어서 감성이라고 부를 수 있는 상태와 기능 또는 그 일부를 표현하는 정보
② 인간에 대한 감성의 변화를 일으키는 정보

③ ①과 ②의 정보에 대해 어떠한 처리를 하기 위한 정보

이러한 인간의 감성 상태는 다음과 같은 다양한 정보에 의해 인식할 수 있다.

① 피부 저항, 심장박동 수, 혈압, 체온 등 생리적인 정보: 예를 들어 공포를 느끼면 혈압이 상승해 심장박동 수가 올라간다. 이들 정보는 인간의 감성 상태를 이용하는 감성형 인터페이스에 대한 입력 정보로서 중요하다고 볼 수 있다.

② 제스처, 미묘한 행동, 음성의 억양 등 행동적 정보: 예를 들어 긴장하고 있으면 주먹을 꽉 쥔다거나 얼굴이 굳는다. 또 화를 내거나 놀라면 갑자기 음성의 피치(고저)가 올라간다. 이들 정보를 인터페이스가 정확하게 인식하는 것은 간단하지 않지만 매주 중요해질 가능성이 있다.

③ 자연언어에 따른 발화 내용, 표정 등의 인지적 정보: 예를 들면 어떤 사람이 상대에게 상처를 줄 것 같은 발언을 했다든가 어떤 사람이 언제나 어떤 사람과 함께 있다는 정보 등은 발화자나 발언 중인 인물의 감성을 추정하는 데 이용할 수 있다.

인간이 외부정보를 감성적으로 수용하는 과정을 생각하면, 몇 개의 단계를 거치고 있다고 생각된다. 즉, 첫 번째는 외부의 물리적 정보를 감지해서 체내의 정보형태로 바꾸는 단계이다. 여기에서는 시각적인 면에서 가시(可視) 영역 또는 시간·공간 분해능(分解能) 등의 센서의 특성에 의해 입력정보가 변형된다. 두 번째는 생리적인 처리 단계로, 각 감각 사이의 간섭과 신체의 상태에 관련된 처리가 더해진다. 다음의 제3단계에서는 심리 레벨의 정보변환이 이루어지고,

마지막 제4단계에서 인지적인 해석에 도달하게 된다.

이 가운데 제1단계는 물리적이기 때문에 처리 내용도 알기 쉽고, 개인차도 계측할 수 있다. 제2단계도 신경생리학과 생화학에 기초한 객관적인 연구가 가능하다. 여기까지는 인간의 지적인 정보처리의 흐름이 같은 방향이지만, 뒤의 두 단계는 감성 정보처리 특유의 분야로서, 인간 일반에 대해 규칙화할 수 있는 부분과 할 수 없는 부분이 있다. 특히 규칙화가 불가능한 부분이 감성의 본질적인 부분이며, 이것은 개개인의 뇌 하드웨어의 세부적 차이와 태어난 후의 체험의 차이에 의하나 소프트웨어적인 개별성을 원인으로 하는 감성의 상황의존성과 개별성을 낳는 부분이다. 이 부분은 어떠한 현상이 관찰된 후에는 개별적인 설명은 가능하지만, 사전 예측은 어렵다. 그러나 지금까지와 같은 보편적인 모델화가 아니라, 특정 개인을 장시간 관찰하고 정보를 교환하면서 지속해서 모델화를 이루어 가는 것은 가능하다.

감성 정보처리 연구는 인간의 감성 정보처리 과정의 연구와 기계(특히 컴퓨터)의 감성 정보처리방법 연구의 두 가지로 크게 나눌 수 있다. 전자는 심리학 분야에서 예부터 연구해온 것, 후자는 정보공학의 입장에서 연구되었다. 감성 정보처리는 감성 정보의 입출력에 관계되는 인간의 감각계측(感覺計測)과 정보제시, 감성 정보의 추출, 감성 정보처리 알고리즘 등 다양한 분야가 있다. 게다가 감성 정보처리의 목적이라는 측면에서 보면, 인간이 나타내는 감성 정보를 다루면서 인간을 이해하는 통찰력을 가진 시스템을 만드는 것과 인간으로 대체된 환경을 감성적으로 이해하고 그 결과를 환경 내의 인간이 적절하게 사용하는 것을 목적으로 하는 것이 있다. 따라서 감성 정보의 추출에는 인간에게서 나온 감성 정보의 이해만이 아니라, 환경이나 대상물에서의 감성 정보 추출이라는 문제도 있다.

3) 생체신호 피드백을 활용한 미디어

생체신호 피드백(Biofeedback) 연구는 주로 사람들의 정신 활동을 통해 생리현상을 조절할 수 있도록 하는 데 목표를 두고 있다. 이를 통해 사람들은 의식에서 감시되지 않는 생리적 과정들에 대하여 의지로 조정할 수 있는 수의(隨意)적 조절능력을 얻게 된다. 슈바르츠(Schwartz & Schwartz, 1993)는 다음과 같은 5가지 유형의 바이오피드백을 제안하고 있다.

(1) 근전도 바이오피드백 [electromyographic(EMG) biofeedback] : 근전도 측정
(2) 체온 바이오피드백 [thermal biofeedback] : 피부 온도 측정
(3) 피부 전기 활성 [electrodermal activity(EDA)] : 땀 분비 활성의 미세한 변화 측정
(4) 손가락맥박 [finger pulse] : 맥박수와 강도 측정
(5) 호흡 [breathing] : 호흡수, 폐활량, 리듬, 호흡 방식(흉식, 복식)

그러나 최근에는 이와 같은 생체신호 외에도 뇌전도 바이오피드백과 같은 생체신호 피드백 기술도 개발되고 있으며 미디어 분야에서는 시선의 움직임과 같은 안구 신호도 활용되고 있다. 2007년 미국의 '뉴로스카이'사는 뇌 전위신호를 이용해 운동성을 가진 장난감을 원격조종하는 기술을 개발한 바 있는데, 이는 바이오피드백 기술

을 이용, 장난감 사용자의 이마에 붙은 센서가 뇌파, 안구운동 등 각종 생체정보를 수집한 뒤 무선을 통해 장난감 자동차와 인형, 로봇 등의 전후좌우 이동 및 속도, 경적, 전조등, 엔진 소리 등을 조종할 수 있도록 한 것이다. 이 같은 뇌파 기반 감정인식 기술은 그림을 보거나, 음악을 청취할 경우 느낄 수 있는 평안함, 기쁨, 슬픔, 스트레스의 4가지 감정 상황을 체험자의 두피에서 측정한 뇌의 활동 양상을 통해 파악하는 기술로서 의료 또는 가상현실(VR : Virtual Reality) 분야의 산업화 및 실용화 가능성이 큰 것으로 인식되고 있다. BCI(Brain Computer Interface) 기술은 단순히 뇌파를 통한 컴퓨터 응용 프로그램과의 인터페이스 범주를 넘어 제어 가능한 임의의 외적 대상과의 인터페이스를 연구하는 기술로 확장되고 있다. BCI 기술의 응용 분야로는 의수, 의족, 휴먼로봇 분야에서부터 인공 신체 부위의 제어, 가상현실을 통한 외부 장치 제어, 우주 공간에서의 원격 장치 제어 등에 이르기까지 매우 다양하다.

다양한 생체신호 피드백 인터페이스 기술은 영화나 게임 같은 콘텐츠 분야에서도 바이오피드백 인터페이스를 활용한 몰입형, 오감형 디지털콘텐츠를 등장시키고 있다. 디지털콘텐츠는 기존의 시청각 위주에서 촉각, 공간감, 생체신호 등을 포함한 오감형 콘텐츠로의 진화가 진행되고 있어 생체신호 인식을 통한 바이오피드백 인터페이스 기술에 관한 연구와 투자가 세계적으로 급증하고 있다.

5 미디어의 미래 : 서비스로서의 미디어
(MaaS, Media as a Service)

1) 서비스의 중요성

'마케팅 원칙(Principles of Marketing)'에서, 필립 코틀러(Philip Kotler)는 서비스를 다음과 같이 정의하고 있다.

> '한 당사자가 다른 당사자에게 줄 수 있는 행동 또는 혜택으로서, 근본적으로 무형이며, 어떤 것의 소유를 의미하지 않는다. 서비스의 창출은 물리적 제품과 연계될 수도, 그렇지 않을 수도 있다.'

서비스란 사람, 프로세스, 사물 그리고 많은 경우 다른 서비스가 결합한 역동적인 서비스 시스템을 통해 제공된다. 서비스는 서비스 내의 자원 및 정보 등을 포함하는 물리적(tangible) 요소와 참여자 감성과 니즈 등과 관련된 비물리적(intangible) 요소로 구성된다(Bitner, 1992). 서비스 질의 전반적 향상을 위해서는 서비스의 물리적, 비물리적 요소를 모두 고려한 통합적이고 전체적인 서비스경험에 관한 연구와 이해가 필요하다.

서비스의 물리적 구성요소는 서비스 제공자와 수혜자를 모두 포함한 참여자(people), 서비스 경험과정에 대한 순차적 흐름을 나타내는 과정(process), 서비스 안에서 소요되는 모든 자원을 의미하는 물리적 자원(physical cue)이다. 서비스의 비물리적 구성요소는 참여자의 의도적 움직임과 상호작용을 의미하는 행동(behavior), 서비스 안에서 발생하는 참여자의 일시적, 지속적 감정을 의미하는 감성(emotion), 그리고 참여자가 궁극적으로 얻고자 하는 대상인 가치(value) 등이다.

현재 서비스 분야는 효율 및 경제성에 기반을 둔 생산적 관점에서 참여자의 전체 경험을 고려한 감성적 관점으로 변화하고 있다. 이러한 감성적 서비스 개발과 발전을 통해 고객의 서비스로의 접근도 및 재참여도를 높여 서비스의 질적 개선뿐 아니라 양적 개선을 도모할 수 있다.

서비스에 대한 인식과 정의가 시작된 것은 80년대 초반부터로 당시 은행, 호텔 등의 분야에서 서비스 개선의 사례들이 소개되면서 관심을 받게 되었다. 일례로 호텔의 경우 화장실 휴지의 양 모서리를 접어서 사용하기 쉽게 해놓은 시도는 무언가 서비스가 제공되고 있다는 경험을 전달하는 사례로 소개되었다. 이러한 단순한 사례들은 전 세계적으로 서비스라는 것에 대한 일종의 상징적인 의미가 되었는데 고객들에게 있어 서비스가 제공되고 있지 않다고 느끼는 것과 서비스를 받고 있다는 느낌 사이의 작은 차이는 매우 큰 경험의 차이를 가지고 오게 된다고 하겠다.

서비스는 은행, 보험, 의료, 교육, 여행, 종교, 교통, 문화시설 등 매우 다양한 분야와 행태에 걸쳐 있는 것이기 때문에 그것을 어떻게 개선하느냐 하는 것은 매우 복잡한 문제로, 사회과학 예술/인문과학,

공학 등이 접목된 융합지식으로 해결할 수밖에 없다. 특히 서비스 개선에 필요한 영역은 크게 인지과학, 공학, 사회학, 인문학 등이라 할 수 있다. 인지과학은 인간의 마음에서 그리고 동물과 인공물(컴퓨터, 로봇 등)의 지능에서 각종 정보처리가 어떻게 일어나며 그러한 정보처리를 통해서 마음과 지능이 어떻게 가능하게 되고 구현되는가를 탐구하며 이해하려는 과학이다(이정모, 2012).

– 서비스의 특징과 역할, 공유경제 시대의 서비스

서비스는 단순히 제품을 생산하는 것을 넘어서서 그것을 통해 서비스를 제공한다는 사고방식이 필요하다. 즉 제품은 서비스의 도구이며 제품과 함께 편리함, 소통, 감성 등과 같이 다양한 요인들이 함께 전달될 수 있어야 한다. 서비스는 제품과 달리 무형의 것이며 경험을 통해서만 소비할 수 있는 특징을 갖고 있다.

서비스는 또한 소유하는 것이 아니라 그것을 사용할 수 있는 일종의 열쇠를 주는 것이라 할 수 있다. "물건을 사는 것은 즐겁지만 그것을 소유하는 것은 좌절감을 준다(Buying is Fun. Owning is Frustration)"라는 이야기는 최근 새로운 경제로 떠오르고 있는 공유경제에도 적합한 말이라 할 수 있다. 예를 들어 사람들은 가구를 구매하기 위해 고가의 비용을 지급하지만, 그것을 당장 사용하기 어려운 경우 보관 서비스를 요청하게 되는데 여기서 구매한다는 것과 소유한다는 것에 대한 개념의 차이가 발생하게 된다. 즉 필요하지 않은 것을 직접 구매하는 것과 필요한 것을 서비스를 통해 충족하는 것에는 차이가 있다. 이 같은 구매와 소유에 대한 관점의 변화는 서비스 혁신에 큰 영향을 미치게 된다.

이러한 서비스의 특징으로 인해 무형의 서비스를 시각화, 실제화시키고 표준화하여 고객에게 일관된 경험을 제공할 방법에 관한 연구가 필요한데 그것이 바로 서비스 사이언스이다. 세계 산업구조가 서비스산업 중심으로 빠르게 변화 중이며 선진국일수록 서비스산업의 비중이 높은 것도 서비스의 중요성을 잘 보여준다. 우리나라 또한 선진국형 경제로의 전환에 따라 서비스 시장이 확대되고 제조 기업의 서비스 기업화가 급속도로 이행되고 있다. 즉 가치이동의 개념에 따라 제조업에서 경쟁으로 부가가치를 낼 수 있는 폭이 점차 좁아지고 있어 제조 기업들이 수익성이 높은 서비스 영역으로 나아가고 있으며 이러한 기업들의 서비스화는 더욱 가속화될 전망이다.

새로운 경제 환경에서 서비스가 창출하는 부가가치는 제품에 의한 부가가치를 훨씬 능가한다. 간단한 예로, 커피 원두가 가공되지 않은 상품으로 판매될 때는 대량으로 판매되지 않는 이상 그 가치가 매우 작다. 그런데 이러한 원두를 볶아서 포장하면 그 부가가치, 잠재적 가격, 차별화 기회가 훨씬 커지게 된다. 여기서 한 걸음 더 나아가 즉석에서 우려낸 커피를 제공하게 되면 서비스를 통해 가치를 증대시킬 기회가 더 커진다.

스타벅스(Starbucks)와 같은 기업은 심지어 경력 있는 바리스타(barista)를 고용해 편안한 환경에서 다양한 음료(여전히 주된 제품은 커피)를 선보이기에 이르렀다. 이러한 기업은 단순히 커피 한 잔만을 제공하는 것이 아니라 친구와 공유할 수 있는 일관성 있는 경험을 제공하고, 이를 통해 고객의 충성도를 높이고, 경쟁에서 차별화를 만들고, 수익을 높인다.

제조업체이든 서비스업체이든 모든 유형의 기업에 있어 좋은 고객 서비스를 제공하는 것이 주요 차별 전략이 되어가고 있다. 새로운 경제 환경에서 정말로 중요한 것은 판매 전, 판매 중, 판매 후 전 과정에 걸친 고객 서비스이다. 이러한 사항을 미디어 기업에 대응해 보면 현재 전통적 언론기업이 가진 문제점이 적나라하게 드러난다. 그것이 뉴스든 콘텐츠든 대부분의 언론은 자사의 제품(뉴스와 콘텐츠)을 판매하고 나면 그만인 것이 대부분이다.

고객들은 그들의 삶을 보다 편리하고, 즐겁고, 흥미롭게 만들어 주는 제품과 서비스에 기꺼이 프리미엄을 지급한다. 서비스의 시대를 맞아 애플과 IBM 등 대형 제품 브랜드들조차 고객을 위한 서비스를 개발하고 있으며, 그들의 제품이 이러한 서비스 제공을 가능하게 하는 수단이라는 사실을 깨닫고 있다. IBM도 전체 IT 솔루션의 제공을 통해 더 이상 하드웨어 업체가 아닌 서비스 제공업체로 자신을 포지셔닝(positioning)하고 있다.

좋든 싫든 이제 모든 기업은 서비스 제공자이기 때문에 직원들도 자신이 서비스 제공자임을 깨달아야 한다. 예를 들어 모든 것이 제대로 작동하는지 확인하기 위해 안테나 기둥에 올라가는 통신회사 엔지니어는 고객이 경험하는 서비스에 엄청난 영향을 미치고 있다.

서비스 과학에서 제시하는 좋은 서비스의 다섯 가지의 요소는 다음과 같다. 이러한 다섯 가지 요소를 미디어 기업과 그 기업에서 제공하는 콘텐츠 서비스에 대입해서 읽어보길 권한다.

- 시스템

서비스는 시스템과 관계를 통해 제공되고 경험된다. 대부분의 서비스는 다른 서비스들 속에서 또는 다른 서비스들의 지원을 받아 생성되고 소비된다. 좋은 서비스 디자인을 위해서는 항상 전체적으로 서비스 인프라를 살펴봐야 한다. 서비스 인프라란 한 서비스 내의 각기 다른 부분들이 어떻게 서로 연결되는지, 하나의 서비스가 다른 서비스들로부터 어떤 지원을 받는지 등을 의미하는 것이다.

즉 고객의 경험을 향상하기 위해서는 고객 응대 직원을 위한 교육 프로그램 이행 등 겉으로 드러나지 않는 부분들을 변화시켜야 할 수도 있다.

- 가치

서로 다른 서비스는 각각의 방법으로 가치를 창출하고 측정하지만, 대부분 서비스는 공통으로 사용자와 제공자 모두를 위한 최상의 가치를 제공하려고 한다. 좋은 서비스 디자인이란 제공자와 사용자 사이에 표면적으로 상이한 이해관계를 조율해 양쪽 모두에게 최상의 가치를 창출하는 경우가 많다. 서비스 디자인은 비용 절감에 관한 것일 수도 있지만, 일반적으로는 가치증대에 보다 중점을 두고 있다.

페덱스(FedEx)와 같은 기업들은 고객이 스스로 업무를 처리할 수 있게 도와줌으로써 가치를 창출하고 비용을 절약하고 있다. 온라인 배송 조회 시스템을 제공해 고객이 직접 발송한 물품의 배달 시점을 확인할 수 있도록 했다. 이러한 시스템의 제공으로 바쁜 콜센터를 이용해 배송에 대한 고객 문의를 처리할 필요가 없어졌다.

- 고객 경험

서비스에 대한 모든 경험은 시간에 걸쳐 이루어진다. 사람들은 또한 서비스의 시작부터 종료까지 다른 경험을 하게 된다. 좋은 서비스 디자인이란 이러한 차이점을 인식하고 제공자와 사용자 모두에게 있어 핵심이 되는 서비스의 경험 이전, 경험 중, 경험 이후에 어떤 일이 발생하는지 조사한다.

즐거운 경험을 제공하기 위해 기업은 사용자와 제공자 사이의 각 접점이 서비스 제공에 어떤 영향을 미치는지 파악해야 한다.

- 사람

서비스는 항상 사람을 포함하며 상호작용하는 사용자와 제공자 모두에 따라 달라진다. 상당히 제품 중심적인 서비스도 있긴 하지만 서비스는 결코 단순한 제품이 아니므로 항상 사람이 관련된다. 좋은 서비스 디자인이란 항상 사람을 가장 먼저 고려하며 사용자와 제공자 모두를 디자인 프로세스에 적극적으로 참여시켜야 한다.

결과적으로 고객을 응대하는 일선의 직원들이 회사의 얼굴인 것이다. 고객에게 즐거운 경험을 제공하기 위해서는 일선 직원을 적절하게 선발하고 교육해야 한다.

- 제안

일반적으로 서비스는 고객이 구매할 '제안(proposition)'이라는 형태를 띠게 된다. 서비스 제안이란 경쟁적인 시장에서 서로 경쟁하는 서비스 제의를 나타내는 유용한 용어이다. 좋은 서비스 디자인이란 사용자와 제공자에게 가치 있고 혁신적인 제안을 개발하고 디자인하며, 이러한 제안을 진행하기 위해 흥미진진한 비전을 만들어 내는 과정을 의미한다.

즉 성공적인 기업들은 일반적으로 무형의 서비스 제안을 유형의, 고객이 원하는 제안으로 전환한다. 예를 들어, 과일음료 제조업체인 '이노센트(Innocent)'는 사람들이 더욱 쉽게 건강을 유지할 수 있도록 하겠다는 목표를 토대로 설립되었다.

2) 서비스로서의 미디어

컴퓨터의 사용방식이 소유에서 서비스로 바뀌고 있다. 이제 필요한 프로그램을 다운받아 설치하여 작업하는 것이 아니라 가상의 저장 공간인 클라우드(Cloud) 서버에 설치된 소프트웨어를 사용하는 유비쿼터스 환경으로 바뀐 것이다. 이에 따라 고정된 장소에서 일하지 않고 유목민처럼 자유롭게 이동하면서도 창조적 사고와 활동을 벌이는 진정한 디지털 노마드(digital nomad) 족이 생겨나고 있다. 클라우드 컴퓨팅(cloud computing)은 '소유'에서 '서비스'로 컴퓨팅의 개념이 변화된 것이라 할 수 있다.

세계적인 OTT 업체인 넷플릭스는 자사의 모든 서비스를 아마존 웹서비스(AWS) 클라우드에서 운영하고 있다. 직접 데이터센터를 구축해서 운영하는 대신 클라우드 환경에서 서비스를 운영하는 것이다. 이외에도 세계적인 하드웨어와 소프트웨어업체, 심지어 자동차회사인 BMW도 클라우드를 이용해 차량 소유자를 위한 서비스 '오픈 모빌리티 클라우드'를 제공하고 있다. 어도비시스템스도 클라우드 환경에서 포토샵과 일러스트레이터 등을 이용할 수 있는 '어도비 크리에이티브 클라우드(Adobe Creative Cloud)'를 출시했으며 게임업체들도 이제 클라우드 서비스를 이용해 게임 서비스를 운영 중이다.

클라우드 서비스는 초기에 소프트웨어를 인터넷 환경에서 쓸 수 있는 SaaS(Software as a Service, 서비스로서의 소프트웨어)로 시작했다. SaaS 는 클라우드 환경에서 운영되는 애플리케이션 서비스로 소프트웨어를 구매해서 컴퓨터에 설치하지 않아도 모든 단말기에서 소프트웨어를 빌려 쓸 수 있다. 대표적인 SaaS 서비스로는 MS 오피스 365, 한글과컴퓨터의 '넷피스' 등을 들 수 있다. 그러다가 서버와 스토리지, 네트워크 장비 등의 IT 인프라 장비를 빌려주는 IaaS(Infrastructure as a Service, 서비스로서의 인프라스트럭처), 플랫폼을 빌려주는 PaaS(Platform as a Service, 서비스로서의 플랫폼)로 진화했다.

"4차 산업혁명 시대에는 새로운 산업과 서비스를 만들려면 구름(클라우드, Cloud)에 올라타야 한다"라는 말처럼 이제 인공지능(AI)도 서비스로 제공하는 시대가 열렸다. 클라우드의 지원을 받아 누구나 쉽게 인공지능 서비스를 구현할 수 있게 된 것이다. AI는 자율주행차·제조산업·에너지 등 거의 모든 분야에 영향을 끼치고 있으며 나아가 4차 산업혁명의 시작점을 알리는 핵심 기술로 평가받고 있다. 알파고 쇼크가 일어난 해에 세계경제포럼(WEF)은 4차 산업혁명 시대를 공식 선언한 바 있다.

대기업은 자본이 많으므로 연구개발(R&D)에 투자할 능력이 있지만, 중소기업은 그럴 여유가 없다. 이러한 격차는 정보통신기술(ICT) 분야에만 해당하는 것이 아니며 4차산업 핵심 기술인 AI도 마찬가지다. 따라서 중소 규모의 제조 공장에서는 AI를 적용할 엄두를 낼 수 없어 중소기업이 4차 산업혁명 시대에 도태될 수도 있다.

이러한 문제를 해결해주는 방법이 바로 '서비스형 인공지능(AIaaS)'이다. AIaaS(AI as a Service)는 클라우드에 AI를 구현해 제공하는 서비스로 중소기업이 AI에 쉽게 접근할 수 있도록 하는 것이다. 얼라이드 마켓 리서치에 따르면 AIaaS는 2017년부터 2025년까지 연평균 56.7%의 성장률을 보일 것으로 예측한다. 클라우드 산업은 장차 반도체 산업의 규모를 넘어서는 시장으로 떠오르고 있다.

새로운 서비스산업이 이처럼 클라우드 방식과 인공지능을 결합해 부가가치를 극대화하기 위해 기존에 생각지 못했던 혁신적인 제품과 서비스를 다시 창출해내는 선순환 구조의 혁명을 가져오고 있을 때 과연 한국의 미디어 기업들은 아직도 스스로를 단순히 뉴스(콘텐츠)라는 제품을 제조하여 독자나 시청자에게 파는 제조 기업이라는 패러다임에 빠진 것은 아닌지 반문해봐야 한다. 미디어 기업은 콘텐츠 제조업이 아니다. 물론 그 본질적인 밑바탕에는 저널리즘이라는 기본이 자리 잡고 있겠지만 콘텐츠의 생산, 유통, 소비에 이어 이제는 미디어도 사용자 중심의 맞춤형 서비스를 지향하면서 기존의 미디어와 새로운 혁신기술이 융합하여 누구도 생각할 수 없었던 혁신적 미디어 서비스를 선보여야 할 때가 왔다.

참고문헌

강동구·서홍수(2005). 차세대 디지털방송기술. 서울:동일출판사.

강민정(2011). 크로스 플랫폼에서의 매끄러운 읽기 경험 강화를 위한 디자인 가이드, 디자인학연구, 제97호, Vol. 24. No4. pp 228~238.

강민정(2014). 크로스 플랫폼 환경에서 지식 정보 읽기의 몰입감 강화를 위한 멀티모달 UX/UI 디자인 연구, 서울대학교 박사 논문.

강성중(2002). 인터페이스의 지향점, 디자인정글 연재기사 인터랙션디자인 제6회, 디자인정글.

강정수(2014). 뉴욕타임스 혁신보고서의 교훈: 멋지게 실패하자, 슬로우뉴스 블로그, http://slownews.kr/25859

고찬수(2011). 스마트 TV 혁명: 미래 미디어의 중심, 21세기 북스.

곽원섭(1993). 광고에서 주의의 역할, 한국심리학회지, 6권 1호, pp. 1~11.

권만우(2004). 휴먼미디어 인터페이스, 한국학술정보.

권만우(2013). 미디어 신경과학, 헤이밸리.

권만우·배소영(2003). Experimental research about the correlation of sound and image in Motion Graphic, Journal of the Asian Design International Conference, Vol. 1, pp. 131~139.

Chatman, Seymour(1978). Story & Discourse-Narrative Structure in Fiction and Film, 김경수 역(1995). 영화와 소설의 서사구조, 민음사.

김강석(2014). TV 뉴스 편집, 커뮤니케이션북스.

김대원·지영환(2016). 드론 저널리즘 전개과정에서 부각될 형사법적 쟁점에 대한 탐색, 경찰학연구, Vol. 16(3), pp. 63~99.

김대호(2006). 모바일 미디어, 커뮤니케이션북스.

김동완(2013). 빅 데이터의 분야별 활용 사례, 경영논총 34, pp. 39-52.

Chris Ravan & Jeudie Williams, Joy of Psychology, 김문성 역, 심리학의 즐거움 - 사람이 알아야 할 마음의 모든 것, 휘닉스, 2005.

김민정(2015). 디지털 네이티브의 특성에 따른 디지털 사이니지 수용에 관한 연구, OOH 광고학 연구, 제12권 제2호, 한국 OOH 광고학회.

김상선(2015). 디지털 혁신은 좋은 언론 되기 위한 필수 작업" 중앙 미디어 콘퍼런스, 중앙일보 2015. 9. 22 http://news.joins.com/article/18717296

김선진·권만우(2007). 디지털미디어의 이해, 부산: 세종출판사.

김성민(2011). N 스크린 시대의 스마트 광고, 한국광고학회 세미나(2011. 11. 18).

김성환·김경준(2015). 한국일보 닷컴 1년 실험과 도전, 한국일보(2015년 5월 19일 자).

김영석(2005). 디지털미디어와 사회. 서울:나남출판.

Jacob Nielson 저, 김옥철 역(1999). 사용하기 쉬운 웹사이트가 성공한다 : Disgning Web Usability, 안그라픽스.

김영주·정재민(2011). 신문기업의 혁신경영: 저널리즘, 비즈니스, 조직구조, 한국언론진흥재단연구서 2011-03.

김영주·이은주(2015). 스마트 시대의 미디어 소비, 한국언론진흥재단.

김영환(2007). 미디어 삼국지, 삼성경제연구소.

김옥철 역(1999). 디지털 시대의 정보디자인, 클레멘트 목 지음, 안그라픽스.

김원용 역(1995). 통신과 방송의 자유경쟁 논리, 로렌스 개스맨 지음, 박영률출판사.

김위근(2015). 파이낸셜 뉴스의 디지털 CMS 혁명, 특집 한국 언론의 디지털 퍼스트를 생각한다, 여기자 23호, 한국여기자 협회.

김종성(2005). 춤추는 뇌 : 뇌과학으로 풀어보는 인간 행동의 비밀, 사이언스북스.

김종우(2016). 미 상업용 드론 시대 개막, 연합뉴스(2016. 8. 30).

김중수(2015). 드론의 활용과 안전 확보를 위한 항공법상 법적 규제에 관한 고찰, 법학 논총, Vol. 39(3), p. 267.

김지섭(2015). 알리바바 중 도심서 드론 택배 성공, 조선일보(2015. 2. 5).

김창남(2016). 과감한 투자, 끈질긴 혁신, 디지털 퍼스트 안착 좌우, 한국기자협회, http://www.journalist.or.kr/news/article.html?no=39017

김태용·박재영(2005). 발성 사고법(Think Aloud)을 이용한 인쇄신문 독자의 기사선택 과정 연구, 한국언론학보, Vol. 49(4), pp. 87~109.

Steven Pinker 저 김한영 역(2007). 마음은 어떻게 작동하는가, 도서출판

소소.

김현정(2011). CMC(Computer Mediated Communications)상황의 여론화 과정에 관한 탐색적 연구, 한국광고홍보학보, 13권 2호. pp. 94~133.

김형택(2013). 게이미피케이션 마케팅, 영진닷컴.

김혜지(2017). 영상처리를 활용한 드론추적 및 넷건을 사용한 드론 포획, 한국항공우주학회 학술대회발표논문집.

김홍탁(2014). 디지털 놀이터, 중앙 M&B.

노기영 · 김경희 · 이진영(2010). 미디어 기술 발전에 따른 소비자 행태의 변화 한국 언론 진흥재단 지정 주제 연구보고서 2010-11, 한국언론진흥재단.

도날드 노만(2006). 박경욱, 이영수, 최동성 역. 이모셔널 디자인. 학지사.

로널드 B. 토비아스(2015). 인간의 마음을 사로잡는 스무 가지 플롯, 김석만 역. 풀빛.

류현정(2018), 테크트렌드: 혼합현실(MR) 시대, 조선일보 2018. 7. 18일 자.

박기수(2018). 호모나랜스 참여와 체험 공유와 공감의 즐거움, 한국방송학회 세미나 "디지털미디어, 신인류의 탄생", 2018. 7. 4, 세미나 발표자료집.

박대민(2013). 뉴스 기사의 빅 데이터 분석 방법으로서 뉴스정보원 연결망 분석, 한국언론학보, Vol 57(6), pp. 234~262.

박석민(2015). 이륙 준비하는 드론 택배, 이코노미스트 1313(2017, 12. 7).

박상익 외(2016). 테마별 마케팅론, 한국전자도서출판.

박선희(2004). 주류 인터넷 언론과 대안 인터넷 언론의 이용비교, 한국언론정보학회보, 2004. pp. 259-289.

박성희 · 김창숙(2018), 언론 공공성 강화를 위한 한국형 '민주주의 펀드' 조성에 관한 연구, 한국 신문협회 연구보고서.

박성희 · 박수미(2005). 포털 뉴스 제공자와 이용자 간 상호지향성 연구, 한국언론정보학보 30권.

카이호 히로유키, 하라다 에츠코, 쿠로스 마사아키, 박영목, 이동연 역 (1998). 인터페이스란 무엇인가, 도서출판 지호(원서 : 認知的 イ ン タフェース(Ninchiteki Interface), Kauho Hiroyuki, Harada Etsuko, Kurosu Masaaki, Shinyosa Co).

박승근(2014). 드론 저널리즘에 있어서 AR. Drone 2.0 운용평가와 발전 가능성에 대한 탐색. 한국사진학회지, 32호, pp. 140~156.

박아란(2018). 기술 발전과 언론자유의 확장: 드론 취재와 프라이버시 침해에 대한 법률적 논의, 한국언론정보학회.

박종일 외(2015). 모바일 트렌드 2016: 모바일, 온디맨드의 중심에 서다, 미래의 창.

박주연(2010). 융합 환경에서 미디어 산업의 패러다임 변화에 따른 미디어 공급자와 이용자의 변화 연구, 커뮤니케이션연구, 18권 1호, pp. 89~113, 한국커뮤니케이션학회.

박진우·송현주(2010). 멀티미디어 뉴스 콘텐츠: 생산 유통 소비의 현황과 전망. 한국언론진흥재단.

박형준(2013). 통합 뉴스룸 도입에 따른 기자의 직무만족도 연구, 한양대학교 박사 논문.

배인선(2015). 중국산 드론의 공습, 글로벌시장 70% 장악, 아주경제(2015. 7. 14).

손재권(2017). 해외 AI와 미디어 융합 현황, 신문과 방송 2017년 3월호 pp 18~21, 한국언론진흥재단.

송혜원(2013). 뉴욕타임스의 디지털스토리텔링 실험 7년 - 수익모델과 저널리즘 두 마리 토끼를 잡다, 저널리즘의 미래 15, Acase, http://acase.co.kr/2013/08/26/

신동희(2017). VR, AI, 저널리즘, 커뮤니케이션북스.

심산(2004). 한국형 시나리오 쓰기, 해냄.

안민호·김택환(2010). 신문 독자의 특성 및 온라인 뉴스 이용행태, 한국신문협회 연구총서 23, 한국 신문협회.

안영민(2012). 스마트 미디어 시대 방송 소외계층의 방송 접근권 보장방안 연구, 한국언론학회 학술대회 발표논문집, pp. 155~155.

안형택·이명호·황준석(2007). 디지털 융합, 새로운 게임의 법칙, 삼성경제연구소.

안홍준(2006). 디지털 컨버전스 시대 지상파방송 서비스 전략. 홈네트워크 기념 세미나. 2006. 10.

양희돈(2016). 민간용 드론 산업 현황 및 기술 동향, 한국멀티미디어학회지, Vol. 20(1·2), pp. 1-5.

오세일(2015). 민간용 드론 활용 연구, 한국방송미디어공학회 학술발표대회 논문집, pp. 315~318.

오세정(2011). 스마트폰 이용자의 유형과 구매행위의 영향요인에 관한 연구, 한국외국어대학교 박사 논문.

오탁번/이남호(1999). 서사문학의 이해, 고려대학교 출판부.

장가브리엘 가나시아 지음, 오현금 역(2000). 인지과학, 영림카디널.

딘 라딘저, 유상구 역(1999). 의식의 세계, 도서출판 양문.

우병현(2014). 전통 언론 클라우드 컴퓨팅서 활로 찾아야, 조선닷컴, http://blog.chosun.com/besetohan/7437706

우형진(2009). 신문기업의 뉴스 콘텐츠 디지털화 전략에 대한 문제점 인식 연구, 한국언론학회.

원우현 외(2006). 인터넷 커뮤니케이션. 서울:박영사.

Ithiel de Sola Pool, The Technologies of Freedom, 원우현 역(1985). 자유언론의 테크놀로지, 전예원

원철린(2012). 통합 뉴스룸에 대한 기자의 인식과 수용도가 신문사의 조직성과에 미치는 영향, 중앙대 박사 논문.

유경한(2018). 블록체인 미디어의 현재와 미래, 한국방송·미디어 공학회, 방송과 미디어방송과 미디어 제23권 제3호.

유성현·안춘기·김정훈(2017). 드론의 기술과 발전 동향 소개, 전기의 세계, Vol. 66(2), pp. 19~23.

유재복(2014). 빅 데이터 분석을 통한 방송 분야 활용에 대한 전망 및 제안, 방송공학학회지 19권 4호.

유재천 외(2005). 컨버전스와 미디어 세계. 서울:커뮤니케이션북스.

윤세한(2011). 방송과 통신의 융합은 인터넷, 삼성경제연구소.

이강준(2014). 국내외 언론의 뉴스 앱 UI 디자인 비교분석 연구: 주요 신문사의 뉴스 앱을 중심으로, 한양대학교 석사 논문.

이기현·유은경·이명호(2001). 텔레비전 보도프로그램의 뉴스 가치 분석, 159P, 서울: 한국방송진흥원.

이금주(2005). 드라마 어떻게 쓸 것인가, 한국방송작가협회 편, 드라마 아카데미, 펜타그램.

Ong, Walter, Orality and Literacy-The Technologizing of the world, 이기
　　우/임명진 역(1995). 구술문화와 문자문화, 문예출판사.
이민규(2012). 드론(Drone) 저널리즘: 취재 영역의 새로운 플랫폼, 방송기
　　자 연합회.
이민규·강남준·권혜진(2009). 멀티미디어 뉴스 콘텐츠 제작 지원 센터
　　구축방안, 서울: 한국언론재단.
이상헌(2010). 모바일 시대 뉴스 미디어 수익창출 방안, 2010년 제80회
　　INMA. 총회보고서, 한국언론진흥재단.
이상호·김선진(2011). 디지털미디어 스마트 혁명, 미래를 소유한 사람들.
이수범(2007). 채널 브랜드 이미지 영향요인이 브랜드 연상과 채널 충성
　　도에 미치는 영향, 홍보학연구, 2007년 제11-2호
이수인 역(2008). 인터랙션 디자인, 댄새퍼 지음, 에이콘출판.
이승자(2008). 브랜드 아이덴티티 구축 요소로서의 사용자 경험 디자인,
　　한국디자인학회 국제학술대회 논문집, pp. 165~167.
이원규(2015). 드론(Drone)을 활용한 도시관리, 부산발전연구원 BDI 정책
　　포커스 288, pp. 1~12.
이윤희(2002). 채널 브랜드 이미지가 채널 충성도에 미치는 영향에 대한
　　연구, 고려대학교 석사 논문.
이인화 외(2003). 디지털 스토리텔링, 황금가지.
이재복(2008). 스토리텔링이란 무엇인가, 한국문화콘텐츠진흥원 사이버
　　문화콘텐츠 아카데미 스토리텔링 전문가 과정 강의안.
이재섭·김대원(2017). 드론 저널리즘의 효과와 문제에 대한 인식 연구,
　　한국방송학보, 2017, Vol. 31(4), pp. 130~169.
이재현(2013). 빅 데이터와 사회과학 : 인식론적, 방법론적 문제들, 커뮤니
　　케이션 이론 9(3), pp. 127~165.
이정모(2001). 인지심리학, 아카넷.
이정모(2012). 인지과학; 과거 현재 미래, 학지사.
이준웅·심미선(2005). 지상파방송의 프로그램 품질 평가, 채널 브랜드 자
　　산, 채널 충성도 간의 관계 연구, 방송과 커뮤니케이션 제6권 제2호.
이준웅(2014). 커뮤니케이션 모형과 은유, 커뮤니케이션의 새로운 은유들,
　　언론학회 편, 서울: 커뮤니케이션북스.

이준웅(2014). 시청률의 해체인가 진화인가? 제도적 유효 이용자와 방송의 미래, 방송문화연구, 26(1), pp. 33~62.

이준웅·문태준(2007). 포털 뉴스의 대두와 대중매체 뉴스이용, 한국방송학회.

이준호(2014). 위기의 미디어와 저널리즘, 탐구사.

이지현(2013). 사용자 경험 디자인을 위한 퍼소나 기반 브레인스토밍 기법의 활용에 관한 연구, 한국디지털디자인협의회, 디지털 디자인학연구, 13(1), pp. 79~88.

이재현(2013). 빅 데이터와 사회과학, 커뮤니케이션 이론.

이진천(2015). 활용범위를 넓혀가는 드론(Drone), 설비저널, Vol. 44(11), pp. 90~91.

이창훈(2008). 디지털 뉴스 핸드북, 커뮤니케이션북스.

이창균(2015). 2015년을 휩쓴 글로벌 히트상품; 퍼스널 모빌리티 스마트워치 드론, 이코노미스트(2015. 12. 14).

이천종·정필재(2018). 세계가 놀란 평창 드론 오류기, 세계일보(2018. 4. 17).

이태희(2018). 한국미디어경영학회 세미나 발표자료집, 2018. 9. 19 프레스센터.

이해룡 외(2011). 감성 UX 기술 동향, 전자통신 동향분석 26(5).

Donald A. Norman(1993). Things that makes us smart, 인지 공학 심리연구회 역(1998), 생각 있는 디자인, 학지사.

임경수·김항곤(2011). 앱스토어 창업의 모든 것, 서울: 원앤원북스.

리처드 레스탁 지음, 임종원 역(2004). 새로운 뇌 : 뇌는 어떻게 스스로를 변화시키는가, 휘슬러.

임현찬(2013). 통신기술 발달에 따른 정보전달 방식의 변화 연구보고서 pp. 5~6, 한국외국어대학교.

임현찬(2014). 크로스미디어 저널리즘의 현황과 실태분석 연구, 동서언로 36호, 한국외국어대학교 언론정보연구소.

임현찬(2017). 디지털미디어 시대 신문기업의 브랜드 경영전략에 관한 연구, 한국외국어대학교 박사 논문.

이환경(2006). 이환경이 말하는 TV 드라마 작법, 시나리오친구들.

장두현(2006). 무인항공기, 상상 커뮤니케이션.

장원호(1998). 미국신문의 위기와 미래: 21세기 한국신문의 과제, 나남.

전경란(2003). 컴퓨터 게임 스토리텔링의 이해와 분석, 이인화 외, 디지털 스토리텔링, 황금가지.

전경란(2005). 디지털 게임의 미학: 온라인 게임 스토리텔링, 살림.

정경렬(2017). 나 홀로 방송한다, 나남출판사.

정선희·이경원(2004). 인터랙티브 미디어의 경험 그리드 모델, 기초조형학연구, Vol.5 No.1.

수전 그린필드 지음, 정병선 역(2000). 브레인 스토리 : 뇌는 어떻게 감정과 의식을 만들어 낼까?, 도서출판 지호.

이건표 역(2003). 제프 래스킨 저, 인간 중심 인터페이스, 안그라픽스.

조영신(2014). 여덟 개의 키워드로 읽는 <뉴욕타임스> 혁신보고서 2014, 해외 미디어 동향 03, 한국언론진흥재단.

채광현(2013). Snowfall하다 온라인 저널리즘의 미래를 쓰다, http://peak15.tistory.com/425

최민영(2014). 뉴욕타임스 혁신보고서에 비춰본 한국 언론의 '디지털 퍼스트'실태와 한계. 여기자 23호, 한국여기자협회.

최민재·신동희(2014). 디지털 광고 환경변화와 언론사의 대응 전략, 한국언론진흥재단.

최윤정·권상희(2014). 빅 데이터' 관련 신문기사의 의미연결망 분석, 사이버 커뮤니케이션 학회 31호.

최영(2013). 공유와 협력, 소셜미디어 네트워크 패러다임, 커뮤니케이션북스.

최원영(2015). 페이스북-구글, 언론사와 상생 전략, 한겨레신문(2015년 5월 2일 자).

최종술(2017). 드론의 공공분야 활용 사례와 운용방안 연구, 공공정책연구, Vol. 33(2).

크리스 바이쉬(2001). 전기가 어디로 갔을까, 한솔교육.

편석준·최기영·이정용(2015). 왜 지금 드론인가, 서울: 미래의 창.

한국언론재단(2108). 2018년 언론수용자 의식조사, 한국언론재단.

한국온라인신문협회(2006). 온라인 신문, 경쟁과 생존: 한국의 온라인 미디어 10년의 현장 전략, 커뮤니케이션북스.

한미희(2016. 3. 27). 운전기를 멈추다…英 인디펜던트 마지막 종이신문

발행, 연합뉴스.

Lucy Kung.(2015). Innovators in Digital News, 한운희, 나윤희 옮김, 한국
언론진흥재단.

홍창덕(2001. 8. 31, 3쪽). 편집-취재, 두 마리 토끼를 잡는다 -편집기자를
중심으로 본 '순환 근무' 현실, 편집기자협회보 제29호.

홍화순·주동광(2009). 신문 산업 환경변화에 따른 한국 중앙일간지 사업
전략에 관한 연구: 조선일보, 중앙일보, 동아일보 사보를 중심으로,
기업연구저널 제4권 1호.

해외문헌

Aaker, D. A.(1996). Building strong brands. New York: Free Press.

Adams, J. W.(2008). Innovation management and U.S. weekly newspaper
web site: An examination of newspaper managers and emerging
technology, International Journal on Media Management, 10, 64-73.

Ahlers, D.(2006). News consumption and the new electronic media.

Alexander B. Howard(2014). The Art and Science of Data-Driven journalism,
Columbia Journalism School/Tow Center for Digital Journalism.

Alexandra Gibb(2013), Droning the Story." Masters of Journalism Diss.,
The University of British Columbia,

Amy Mitchell(2014). State of the News Media 2014, Pew Research Center.

Appelgren, E.(2004). Convergence and divergence in media: different
perspectives. In ICCC 8th International Conference on Electronic
Publishing 2004, Brasilia, Brazil.(pp. 237-248).

Auletta, K.(1998a). Synergy City : Chicago's Tribune Co. Is Revolutionizing
How It does Business – But at What Cost to Its Newspapers?,
American Journalism Review, May 1998.

Bitner, M. J.(1992). Servicecapes: The inmpact of Physical surrounding on
customer and Employees, Journal of Marketing, 1992.

Boll, S.(1999). Proceedings of the seventh ACM international conference on Multimedia(Part 1) Pages 37-46 ACM New York.

Bensinger, G.(2009). "New York Times to Get $45 Million for Radio Station". Bloomberg News, 2009.7.4.

Bradley, D.(2002). Why Converge?, Poynter Forums : Convergence Case Studies, posted May 5, 2002, Poynter Institute.

Bruckner, R.(1995). "How the Earlier Media Achieved Critical Mass" :Printing Press;Yelling 'Stop the Presses!' Didn't Happen Overnight. The New York Times. http://www.nytimes.com/1995/11/20/business/ earlier-media-achieved-critical-mass-printing-press-yelling-stop-presses- didn-t.html.

Cacioppo, J. T., & Tassinary, L. G.(1990). Inferring psychological significance from physiological signals. American Psychologist, 45(1), 16-28.

Caddell, B.(2009). Core Principles of Transmedia Storytelling. http://whatconsumesme.com/2009/posts-ive-written/core-principles-of-trans media-storytelling/http://whatconsumesme.com/2009/osts-ive-written/ core-principles-of-transmedia-storytelling/(15 July 2014).

Calder. B, Malthouse. E.(2008). Media Brands and Consumer Experiences, Ots, M(ed.) Media Brands and Branding, Jonkoping International Business School.

Carbone, G.(2002). Convergence : The next CueCat, Poynter Forums : Convergence Case Studies, posted May 7, 2002.

Carr, F.(2002). The Tampa Model of Convergence : Seven Levels of Cooperation, Today in Journalism : Today's Centerpiece, Poynter Insitutue, available from http://legacy.poynter.org/centerpiece/0501 01_2.htm

Carr, F.(2002a). Common Convergence Questions, Today in Journalism : Today's Centerpiece, Poynter Insitutue, available from http://legacy. poynter.org/centerpiece/050101_3.htm

Carr, F.(2002b). The Truth About Convergence: WFLA's News director reflects on his first 12 months, Today in Journalism : Today's Centerpiece, Poynter Insitutue, available from http://legacy.poynter.org/

centerpiece/050101_1.htm

Castaneda, L.(2003). Teaching Convergence, Online Journalism Review, posted 2003-3-6, USC Annenberg, available from http://www.ojr.org

Chan-Olmsted, S. M.(2006). Competitive Strategy for Media Firms: Strategic and Brand Management in Changing Media Markets, Routledge.

Chan-Olmsted, Sylvia M.(2008). Competitive strategy for media firms— Strategic and Brand Management in Changing Media Markets, Lawrence Erlbaum Associates, Mahway: New Jersey.

Chan-Olmsted, S., Cho, M., Yim, M.(2013). Social Networks and Media Brands: Exploring the Effect of Media Brands' Perceived Social Network Usage on Audience Relationship, Handbook of Social Media Management.

Charnley Mitchell(1966). REPORTING, Published by Holt Rinehart & Winston, New York NY, 1966.

Chatterjee & Wernerfelt(1994). Customer satisfaction incentives JR Hauser, DI Simester, B Wernerfelt, Marketing science 13(4), 327-350.

Cho, C. & Leckenby, D.(1999). "Interactivity as a Measure of Advertising Effectiveness", Proceedings of the 1999 Annual Conference of American Academy of Advertising, Albuquerque, New Mexico.

Christensen, C.M.(1997). The innovators dilemma: When new technologies cause great firms to fail. Boston: Harvard Business School Press.

Chyi, H., & Lasorsa, D.(2002). An explorative study on the market relationship between online and print newspapers. Journal of Media Economics, 15(2).

Cleland, R. S.(2000). Building Successful Brands on the Internet⌟ University of Cambridge, MBA Dissertation.

Comaroff J. and Comaroff J. L.(2001). Millennial Capitalism and the Culture of Neoliberalism, Duke University press.

Dailey, L. & Demo, L. & Spillman.(2009). Newspaper survey suggests TV partnerships in jeopardy, Newspaper Research Journal, 9, 59-68.

Dailey, L. & Lori Demo, Mary Spillman(2003). The Convergence Continuum: A Model for Studying Collaboration Between Media Newsroom, A paper submitted to the Newspaper Divisition of AEJMC, Kansas City, Missouri, July-August

Davenport & Beck.(2002). The Attention Economy: Understanding the New Currency of Business, Boston: Havard Business School Press.

David,G., Ofek, E., Sarvary. M.(2009). "Content vs. Advertising: The Impact of Competition on Media Firm Strategy." Marketing Science 28, no. 1(January–February 2009): 20–35.

Davidson, D.(2009). Cross-Media Communications: an Introduction to the Art of Creating Integrated Media Experiences, ETC Press.

Deacon D.(2007). Yesterday's Papers and Today's Technology Digital Newspaper Archives and 'Push Button' Content Analysis, European Journal of Communication March 2007 vol. 22 no. 1 5-25.

Dewar, James, A.(1998). The Information age and the Printing Press: looking backward to see ahead, RAND Corporation.

Doyle, G(2002). Understanding Media Economics, SAGE, Apr 4, 2002 - Language Arts & Disciplines - 184 pages.

Engwell, L.(1978). Newspapers as organizations. Farnborough, UK : Saxon House.

Eisenstein, E.L.(1983). The Printing Revolution in Early Modern Europe, Cambridge Univ. Press.

Erica Negro Cousa, Eleonora Brivio, Silvia Serino, Vahé Heboyan, Giuseppe Riva, and Gianluca de Leo(2017). New Frontiers for Cognitive Assessment: An Exploratory Study of the Potentiality of 360° Technologies for Memory Evaluation, Cyberpsychology, Behavior, and Social Networking, Vol. 22, No. 1.

Frank L. Mott(1962). American Journalism : A History of Newspapers, the University of Michigan.

Friedman, V.(2008). "Data Visualization and Infographics" in: Smashing Magazine.

Gambarato, R.(2013). Transmedia Project Design: Theoretical and Analytical Considerations, Baltic Screen Media Review, Vol 1.

Gardner, H.(1993). Frames of Mind: The Theory of Multiple Intelligences, Basic Books.

Giles, R. H.(1987). Newsroom management : A guide to theory and practice. Indianapolis, IN : R. J. Berg.

Glaser, M.(2004). Business Side of Convergence Has Myths, Some Real Benefits, Online Journalism Review, posted 2004-5-19, USC Annenberg, available from http://www.ojr.org

Glaser, M.(2004a). Lack of Unions Makes Florida the Convergence State, Online Journalism Review, posted 2004-04-07, USC Annenberg, available from http://www.ojr.org

Gordon, R.(2003). Convergence Defined, Online Journalism Review, posted 2003-11-13, USC Annenberg.

Graham, G. & Hill(2009). The British newspaper industry supply chain in the digital age, prometbeus, 27(2),

Grainge, P.(2007). Brand Hollywood: Selling Entertainment in a Global Media Age, Routledge.

Guardian.com(2011). Guardian and Observer to adopt 'digital-first' strategy, http://www.theguardian.com/media/2011/jun/16/guardian-observer-d igital-first-strategy

Gynnild, A.(2014). Journalism innovation leads to innovation journalism: The impact of computational exploration on changing mindsets. Journalism 15(6): 713–730.

Halliday, J.(2010). Times confident of success in 'leap in the dark' paywall plan, 2010.6.25. http://www.theguardian.com/media/2010/jun/25/times-online-paywall-plans

Hamilton, A.(1982). "The Times bids farewell to old technology". The Times, 1 May 1982.

Hayes, G.(2006). Social Cross Media – What Audiences Want, webblog Personalizemedia.com.

Hayes, G.(2013). Social Media Charts & Graphs. http://www.flickr.com/groups/participatecreate/pool/tags/crossmedia/(23 July 2014)

Heeter, C.(1985). Program selection with abundance of choice: A process model. Human Communication Research, 12, 126–152.

Holmes, N.(1991). Designer's Guide To Creating Charts and Diagrams, Published February 1st 1991 by Watson-Guptill Publications.

Howard, Theresa.(2004). Super Bowl advertisers' Web sites get super boost, USA Today.

Jones, A.(2009). The future of the news that feeds democracy, Oxford: Oxford University Press.

Karlsen & Stavelin(2014). Computational Journalism in Norwegian Newsrooms, Journalism Practice 8(1):34-48.

Keller, K. L.(1993). Conceptualizing, measuring, and managing customer-based brand equity, the Journal of Marketing, American Marketing Association, 1-22.

Kaiser, M.(2000). Convergence : Cooperation logical but challenging, The American Editor, July 01 2000, ASNE.

Kramer, S. D.(2002). KR Bids for Hub Status, Online Journalism Review, posted 2002-4-14, USC Annenberg.

Lang et al.(2002). Captured by the World Wide Web: Orienting to structural and content features of computer-presented information Communication Research 29(3), 215-245.

Lasica, J. D.(2002a). The Rise of Digital News Network : CanWest Interactive, Online Journalism Review, posted 2002-4-11, USC Annenberg.

Lasica, J. D.(2002b). The Rise of Digital News Network : Tribune Interactive, Online Journalism Review, posted 2002-4-11, USC Annenberg.

Lasica, J. D.(2002c). The Rise of Digital News Network : Knight Ridder Digital, Online Journalism Review, posted 2002-4-11, USC Annenberg.

Lasica, J. D.(2002d). Oklahoma: Where Convergence is Sooner, Online Journalism Review, posted 2002-7-26, USC Annenberg,available from http://www.ojr.org

Lasica, J. D.(2002e). The Rise of Digital News Network : Belo Interactive, Online Journalism Review, posted 2002-4-11, USC Annenberg.

Luzadder, D.(2002). Future of Convergence not Much Clearer Despite FCC Ruling, Online Journalism Review, posted 2003-06-12, USC Annenberg, available from http://www.ojr.org

Lauer, Claire.(2009). Contending with terms: Multimodal and multimedia in the academic and public sphere. Computers and Composition 26, 225-239.

Lavine, J. M. & Wackman, D. B.(1988). Managing media organizations: Effective leader ship of the media, New York: Longman.

Lei, Zhang(2012). News media design: A comparative study of digital application format, Iowa State University, p. vii.

Seth. C. Lewis & N. Usher(2013). Open source and journalism: toward new frameworks for imagining news innovation, SAGE Journals Volume: 35 issue: 5, page(s): 602-619, Article first published online: June 28, 2013; Issue published: July 1, 2013.

Lichtenberg. L.(1999). Influences of electronic developments on the role of editors and publishers-strategic issues. The International Journal on Media Management. 1(1), 23~34.

Lin, M.(2013). A primer for journalism students: What is digital-first strategy? posted on March 26, MulinBlog: A digital communication blog, accessed 2016. 5. 6.

McManus Jonh H.(1994). Market-Driven Journalism - Let the Citizen Beware?, April 1994 | 264 pages | SAGE Publications, Inc.

McKinsey(2011). Big data: The next frontier for innovation, competition, and productivity, McKinsey May 2011 | Report.

Madigan, C. M.(2007). The collapse of the great American newspaper, Chicago: Ivan R. Dee Publisher.

Matthews, M. N.(1997). Pathway to the top : How the top newspaper chains train and promote publishers. In C. Warner(Ed.), Media management review(pp.147~156), Mahwah, NJ : Lawrence Erlbaum Associates.

Mitchell, B.(2010). Rusbridger: Openness, Collaboration Key to New Information Ecosystem, http://www.poynter.org/latest-news/106389/rusbridger-openness-collaboration-key-to-new-information-ecosystem/

Moses, L.(2000). Tribune Media Net's fast start, Editor & Publisher Online, Aug 7, 2000.

Murray, J.(1997). Hamlet on the Holodeck: The Future of Narrative in Cyberspace, NewYork: The Free Press.

New York Times.(2014). New York Times Innovation Report, http://mashable.com/2014/05/16/full-new-york-times-innovation-report/#uZLOk3Q_FOkX.

Norbäck, M.(2005). Cross-promotion and branding of media products. In Picard, R. G.(Ed.) Media Product Portfolios. Issues in Management of Multiple products and Services. Lawrence Erlbaum Associates, Mahway: New Jersey, pp.139-166.

Novak, Hoffman, & Yung.(1999). Measurang the Customer Experience in Online Environments: A Structural Modeling Approach.

Ong, Walter, Orality and Literacy-The Technologizing of the world, 이기우/임명진 역(1995). 구술문화와 문자문화, 문예출판사.

OTS, M.(2008). Media and Brand: New Ground to Explore, OTS, M(ed.) Media Brands and Branding, Jonkoping International Business School.

Patel K. & McCarthy M.(2000). Digital Transformation, 장경환 옮김, 디지털변형(2000), 물푸레.

Pryor, L.(2005). A Converged Curriculum : One School's hard-won Lessons, Online Journalism Review, posted 2005-2-24, USC Annenberg, available from http://www.ojr.org.

Parsons, A.(2000). A Look at Media Convergence : Experiment with TV leads to cable channel, The American Editor, March 1 2000, ASNE.

Pavlik, J. and Steven K. Feiner(1998). Implications of the Mobile Journalist.

Pew Research Center(2002). State of the News Media 2014,

https://www.pewresearch.org/topics/state-of-the-news-media/2014/

Phillp Kotler(2010). Marketing 3.0. 안진환 옮김, 타임비즈.

Quinn S.(2005). Convergent Journalism: The Fundamentals of Multimedia Reporting, Peter Lang Inc.

Readership Institute(2000). 'Newspapers selected for Readership Impact study'ASNE on the move, American Society of Newspaper Editors.

Readership Institute(2005). Reinventing the Newspaper for Young Adults-A joint project of the Readership Institute and Star Tribune, Readership Institute, <http://www.mediamanagementcenter.org/wp-content/uploads/sites/14/2015/05/startrib_overview.pdf>

Roberts, D., Hughes, H. Kertbo, K.(2014). Exploring consumers' motivations to engage in innovation through co-creation activities, European Journal of Marketing, vol. 48(Jan), pp. 147-169).

Rucker, F. W. & Williams, H. L.(1955). Newspaper Organizations and Management, Ames: Iowa State College Press.

Rui Zhang, Yanchao, Zhang(2012). Fine-grained private matching for proximity-based mobile social networking, Arizona State University, Tempe, USA.

Rusbridger, A.(2010). Brave News Worlds: Navigating the New Media Landscape, The International Press Institute

Sandeen, R.(2000). A Look at Media Convergence : How much multimedia should students learn?, The American Editor, March 1 2000, ASNE.

Schneiderman(1992). Designing the user interface: strategies for effective human-computer interaction, Addison-Wesley Longman Publishing Co., Inc. Boston, MA, USA.

Schwartz & Schwartz(1993). Biofeedback, Fourth Edition: A Practitioner's Guide, The Guilford Press.

Siegert, G.(2008). Self Promotion: Pole Position in Media Brand Management in OTS, M.(ed.) Media Brands and Branding. Jonkoping International Business School에서 재인용.

Singer, J. B.(2008). Five Ws and an H: Digital Challenges in Newspaper

Newsrooms and Boardrooms, The International Journal on Media Management, 10: 122–129.

Steuer, J.(1992). Defining Virtual Reality: Dimensions Determining Telepresence. Journal of Communication Volume 42, 73-93.

Stevens, J.(2002). TBO.com: The Folks with the Arrows in Their Backs, Online Journalism Review, posted 2002-4-3, USC Annenberg, available from http://www.ojr.org

Stevens, J.(2002a). Backpack Journalism is here to Stay, Online Journalism Review, posted 2002-4-2, USC Annenberg,available from http://www.ojr.org.

Stevens, J.(2003). Moving Online into the Newsroom, Online Journalism Review, posted 2003-12-3, USC Annenberg,available from http://www.ojr.org.

Skene, N.(2000). The Changing culture of the newsroom, Interactive Media Committee, March 10, 2000, ASNE.

Stone, M.(2002). The Backpack Journalist Is a "Mush of Mediocrity", Online Journalism Review, posted 2002-4-2, USC Annenberg, available from http://www.ojr.org.

Sweeney, M.(2006). The Guardian, Open Road Intergrated Media, Inc.

Sweeney, M.(2012). Guardian News & Media names Wolfgang Blau digital strategy director Editor of German weekly Die Zeit's online operations to take up, The guardian.

Thelen, G.(2003). Convergence is an evolutionary process, The American Editor June 13, 2003, The American Society of Newspaper Editors.

Thelen, G.(2000). Convergence, The American Editor, July 01 2000, ASNE.

Tompins, A.(2002). Sun-Sentinel Courts Radio, Poynter Forums : Convergence Case Studies, Poynter Institute, available from http://legacy.poynter.org/centerpiece/043002_ss.htm

Tompkins, A.(2002a). Convergence Needs a Leg to Stand On, Poynter Forums : Convergence Case Studies, Poynter Institute, available from http://legacy.poynter.org/centerpiece/022801tompkins.htm.

Tompkins, A.(2002b). Washington Post Extends Its Reach, Poynter Forums : Convergence Case Studies, Poynter Institute, available from http://legacy.poynter.org/centerpiece/043002_wp.htm

Tomkins, A.(2002c). Bridging TV and Cable in New England, Poynter Forums : Convergence Case Studies, Poynter Institute, available from http://legacy.poynter.org/centerpiece/050102_bos.htm

Tomkins, A.(2002d). Minnesota Public Radio Gest Visual, Poynter Forums : Convergence Case Studies, Poynter Institute, available from http://legacy.poynter.org/centerpiece/050102_mpr.htm

Tungate, M.(2004). Media Monoliths—how great media brands thrive and survive, London: Kogan Page, 강형심 옮김, 세계를 지배하는 미디어브랜드(2007). 프리윌.

Tungate, M.(2007). Media Monoliths, How Great Media Brands Thrive and Survive.

Turner, B. A.(1994). The Future for Risk Research1, Journal of Contingencies and Crisis Management Volume 2, Issue 3.

Wall, E., Schoendach, K., & Lauf, E.(2004). Online newspapers : A substitute for print newspapers and other information channels? Paper presented at the 6th World Media Economics Conference, Montreal, Canada.

Warren,C.(1959). Modern News Reporting ,New York: Harper & Brothers.

Wendland, M.(2001). Convergence : Repurposing Journalism, Today in Journalism, posted Feb 26, Poynter Institute, 2001, available from http://legacy.poynter.org/centerpiece/022601.htm

Wirtz, W. B.(2005). Medien- und Internetmanagement, 4th Ed. Wiesbaden.

Wolff, P.-E.(2006). TV MarkenManagement. Strategische und operative Markenführung. Mit Sender-Fallstudien, München: Verlag Reinhard Fischer.

임현찬

한국외국어대 미네르바 교양대학 특임교수다. 1986년 〈조선일보〉기자로 언론계에 입문한 후 편집국 사진부, 사회부, 편집위원, 그리고 문화사업단과 AD본부 등을 거쳐 〈TV조선〉보도본부 전문위원과 〈조선영상비전〉대표이사를 지냈다.

언론계에서 보기 드물게 보도사진, 취재, 방송영상, 영상편집, 방송기술, CG, 문화사업, 광고영업 등 신문과 방송 거의 전 분야의 제작과 업무를 맡았다. 조선일보 노조위원장과 조선영상비전 대표를 지낸바 있어 노사 양쪽 시각에서 문제를 인식하고 해결해가는 오픈 마인드형 언론인으로 평가받고 있다.

2011년 조선영상비전 대표 취임 후 AR, VR, 드론 등 새로운 ICT 기술을 콘텐츠 제작 현장에 도입했고, 뉴스에 백팩 생중계도 본격 도입했다. 2012년 세계 최초로 마라톤 전 구간을 백팩 생중계에 성공해 방송기술 분야의 새로운 장을 개척했다.

최근에는 미디어의 미래 기술과 서비스, 그리고 시장, 수용자, 콘텐츠 변화에 대한 연구, 융합 미디어 플랫폼을 둘러싼 사회, 문화, 제도, 산업 변화 등에 관심을 갖고 탐구하고 있다. 한국대학교교육협의회 산업계관점대학평가 미디어분야 평가위원과 한국연구재단 인문학대중화사업운영위원회 위원을 역임했고 2017년 한국외국어대학에서 언론학 박사학위를 받았다.

권만우

경성대학교 디지털미디어학부 교수이다. 조선일보 기자를 거쳐 20여년동안 사회과학(신문방송학과), 공학(디지털디자인), 예술(디지털영상) 계열의 교수를 역임하여 융합형 지식을 생산하는데 매진하고 있다. 국내 최고의 R&D 지원기관인 한국연구재단의 문화융복합단장, 인문학대중화위원회 위원등을 지냈다. 부산국제영화제 전문위원, KNN 시청자위원, 코레일 홍보자문위원, 조선일보 지면비평위원, 멀티미디어정보연구소장, 디자인&문화콘텐츠 연구소장등을 맡은 바 있다. 컴퓨터취재보도실무, 현대방송의 이해, 디지털미디어의 이해, 공학과 디자인, 미디어신경과학, 디지털엔터테인먼트, 융합연구 이론과 실제등 미디어, 디자인, 신경과학등에 관한 20여권의 저서와 역서를 출간하였다.